中國史學基本典籍叢刊

宋史全文

六

汪聖鐸 點校

中華書局

宋史全文卷二十一中

宋高宗十四

癸亥紹興十三年春正月癸巳，醴泉觀使韓世忠請以其私產及上所賜田，紐計從來未輸之稅，併歸之官。從之，仍賜詔獎諭。庚子，遣太師秦檜册加徽宗謚曰「體神合道駿烈遜功聖文仁德憲慈顯孝皇帝」。辛丑，立春節，學士院始進帖子詞，百官賜春幡勝。自建炎以來久廢，至是，始復之。癸卯，詔以錢塘縣西岳飛宅爲國子監太學。舊太學七十七齋，今爲齋十有二，曰禔身、服膺〔一〕、守約、習是、允蹈、存心、養正、持志〔二〕、誠意、率履、循理、時中。丁未，安吉縣布衣談庚言：「本邑去秋有圓瓜並蒂合而爲一，此實皇帝孝治天下，故見祥瑞，以昭天意。」詔勿受，自今有似此投獻者皆卻之。己酉，上謂宰執曰：「朕不畏多事，事若多，必入思慮，大抵無事則怠忽易生，不可不戒。」詔大理寺丞袁柟、燕仰之往靜江府，推劾提舉江州太平觀胡舜陟不法事以聞。先是，舜陟帥廣西，因奉詔討郴賊駱科餘黨，以饋餉不繼，與轉運副使吕源有隙。源即奏舜陟因生日受知邕州俞僧百金，又盜官馬八百餘匹，贓污僭擬，傲慢不恭。又以書抵秦檜，言舜陟非笑朝政。檜素惡舜陟，入其說，遂奏遣枏等雜治。戊午，右迪功郎畢良史獻春秋正辭二十卷，遂特改京官。

趙甡之曰〔三〕：良史初補文學，既得三京地，東京留守司俾權知東明縣。良史乃搜求京城亂後遺棄古器書畫。金人敗盟，良史乃教學講春秋，及復得還歸，乃盡載所有骨董而至行在。上大喜，於是以解春秋改京秩。自此人號良史爲畢骨董。

二月乙丑，殿中侍御史李文會入對，文會以朝廷方守和議不言兵，乃奏仁義之說曰：「陛下至孝格天，文德來遠，慈寧以寧親，永固以寧神，偃兵息民，天下大安則其仁固大矣。曩者，金人犯闕，陛下毅然請行，志存社稷，及登大寶，力圖恢復，任賢去邪，斷自宸衷而宗社再安，則其義固大矣。臣以是知陛下足以大有爲，願慎守此道而力行之。太平之基實在於此。」後五日，上謂秦檜曰：「文會力陳仁義甚善，朕令録一本置之几案，欲常觀覽。」丙寅，上曰：「爲君不知春秋，昧爲君之道。爲臣不知春秋，昧爲臣之道。此書褒貶甚嚴，真萬世之法。」上又曰：「爲政之要，在辨忠邪，此治亂所由分也。」秦檜曰：「書生喜論王霸，臣謂推誠任德是爲儒學，施於有政是爲王道，挾術任數是爲雜學，施於有政是爲霸道。」上以爲然。太傅、醴泉觀使、潭國公韓世忠進封咸安郡王。

張俊勳譽在世忠左，特以主和議故，爲秦檜所厚，顧先得王。至是，世忠願輸積年租賦於官，乃有是命。己巳，上謂大臣曰：「古人琴制不同，朕今出意作盾樣以示不忘武備之意。」乙亥，蠲雷、化、高、融、宜、廉、邕、欽、賀、貴十州免行錢。用去年七月詔旨也。己卯〔四〕，國子司業高閌言：「太學者，教化之本，而最所當先者，經術是也。自漢以來，多置博士，而後世所得詩賦論策，皆經術之餘耳。太學舊法，每旬有課，月一周之，每月有試，季一周之，亦皆以經義爲主，而兼習論策，爲三場，苟加一場，則旬課季考之法，遂不可行。臣今參合條具太學課試及科舉三場事件〔五〕，第一場大經義三道，論語孟子義各一道，第二場欲以詩賦，第三場以子史論一首，並時務策一道，永爲定式。」閌又言：「今比歲郡國雖有學，而與選舉不相關。今參取祖宗舊制，通以當今之宜，補太學生，以諸路住本貫學滿一年，三試中選，不曾犯第三等以上罰，或雖不住學而曾經發解，委有士行之人，教授保委申州給公據，赴國子監補試。諸路舉人以住本貫學半年，或雖不住學而兩預釋奠及齒於鄉飲酒禮者，本學次第委保，教授審實，州縣取應。仍自紹興十四年爲始。」皆從之。

龜鑑曰：或者乃曰：虜勢如焚〔六〕，國勢如綫，彌文縟典，何暇蒐舉，得無蹈宣、靖之覆轍乎。愚應之曰：不然。科舉固所以沮天下豪傑之氣，亦所以收天下豪傑之心。當是之時，苟無科舉以取之，學校以養之，則士之不知愛重者，不入於虜，則入於盜矣。張九成之策、李時雨之書，何由而來哉。

辛巳，秘書省著作郎王揚英〔七〕、周執羔並爲尚書吏部員外郎。先是，日曆所修書，自建炎元年至去年〔八〕，成五百九十卷。秘書少監秦熺因與揚英等書皇太后回鑾本末上之。壬午，詔熺、揚英、執羔各進官一等。自秦檜再相，取其罷相以來一時詔旨，與夫斥逐其門人章疏，或奏對之語稍及於己者，悉皆更易焚棄。由是，日曆時政記亡失極多，不復可以稽考。逮其擅政以來凡所記録，莫非其黨奸佞之詞，不足以傳信天下後世矣。真州州學教授楊邦弼、左迪功郎陳鵬飛並爲太學博士。初除博士員也。詔令臨安府景靈宮創於新莊橋之西，以劉光世賜第爲之，築三殿，聖祖居前，宣祖至徽宗居中，昭憲而下二十一后居後。

大事記曰：秦檜始則倡和議以誤國，中則挾虜勢以要君，終則飾虚文以爲中興。使一世酣豢於利欲之中，奉賊稱臣而不以爲恥，忘讎事虜而不以爲怪，用夏變夷而不以爲非，其弊可勝言哉。國家靖康之禍，乃二晉之所未有，中國衣冠禮樂之地，宗廟陵寢郊社之所，盡棄之虜。禮器、樂器、犧牲、彝鼎、駕輅、服冕、鹵簿、儀仗之物，盡入於虜。渡江以來，庶事草創，皆至檜而後定。然耕籍、朝覲、祀明堂、養老，更武王克商後事也。辟雍、靈臺、明堂、籍田，光武平隴、蜀後事也。今果偃武修文時耶？果息馬論道時耶？宮室雖備，而忘前日巡幸之懼矣。郊廟雖具，而忘前日宵旰之憂矣。朝儀雖肅，而忘前日扈從之勞矣。文物雖新，而忘前日根括之慘矣。趙霈告高宗曰：「願陛下毋忘親征時。」王庶謂秦檜曰：「公不思東都抗節存趙時，而忘此虜乎？」洪皓曰：「錢塘暫居，而太廟、景靈宮皆極土木之華，豈非示無中原意乎。」

三月辛卯，詔宴殿陳設止用緋、黄二色，勿以文繡。上以祖宗朝殿帷但用純綵，後來寖多文繡，故屏去之也。國子司業高閌請：「在學人依徽宗御筆，復立三年歸省之限，以彰孝治。」上曰：「舊有九年之法，至徽廟方改作三年，豈有士人九年而不省其親者乎。其從之。」乙未，詔文宣王廟門立戟二十四。乙巳，詔臨安府建太社、太稷。丙午，詔臨安府同殿前司修築圜丘於龍華寺之西。辛亥，湖州言：「自廢廣德湖田，歲失官租三千餘斛。請復以爲田。」從之。

夏四月壬戌，知嚴州淳化縣孔括爲右宣義郎。先是，浙西提點刑獄公事王鈇言括治狀，輔臣進呈，上曰：「可與轉一官令再任。任滿，使與陞擢[九]。縣令最親民，而員最多，難於一一選擇。但有治狀者進用之，有過惡者黜責之，使知所勸懲，則人自勵而不害吾民矣。」癸亥，詔禮部以鄉飲酒儀制鏤板，遍行郡國。庚辰，兩浙轉運副使張叔獻等乞依元祐古迹，於華亭置閘，以捍鹹潮。上曰：「今邊事息，當於民事爲急，民事當以農爲先。朕觀漢文帝詔書多爲農而下，以農者，天下之本。置閘，其利久遠，不可憚一時之勞也。」乃令叔獻措置。殿中侍御史李文會論：「寄居士大夫干擾州縣。又監司、郡守類皆親故，莫敢誰何。望嚴加戒約，儻或不悛，令監司、郡守密具姓名聞奏，重寘典憲，不以赦原。」從之。時士大夫與秦檜異論者多奉祠里居，或僑寄他郡，自是以次被罪矣。丁亥，國子司業高閌言：「舉人春秋欲依舊制，止以正經出題。」從之。先是，有旨許於三傳解處出題。閌謂如此則是三家者與六經並行，以春秋之法繩之三家者，當被僭聖作經之罪。乃下禮部，如所請。是日，蒙國復叛，金主亶命將討之。

閏四月戊子朔，上曰：「祖宗時，殿宇皆用赤土刷染，飾以桐油。蓋以國家上火德故也，所以只用赤土、桐油者。敝則易以更修〔一〇〕。後來多用朱紅漆，不惟所費不貲，且難以修整。」檜等曰：「此有以見陛下追述祖宗之儉德也。」己丑，立貴妃吴氏爲皇后。丁酉，提點江淮荆浙福建廣南路坑冶鑄錢韓球請籍坑場户姓名，約定賣納銅數。許之。時郡邑或毁錢爲銅以應其命，民大以爲擾。其後歲收銅二十萬斤、鐵二十八萬斤、鉛十九萬斤、錫二萬斤，皆不登祖額〔一一〕。戊戌，殿中侍御史李文會論前知閩縣李汝明贓污。上謂大臣曰：「縣令最衆，安得人人而知之。若一一待臺諫論列，何用監司？今後贓污人爲臺諫所論，而監司失按發者，量與降官，庶知所懲。行之數年，贓吏自然少矣。」

時本路提、轉黃積厚、陳桷、賀允中〔一二〕、余應求已代去，皆貶秩焉。己亥，詔紹興府守臣即直秘閣陸寘家録所藏書以實三館。壬寅，詔人户應管田産，雖有契書，而今來不上砧基簿者，並拘没入官。用兩浙轉運副使、措置經界李椿年請也。時椿年行經界法，量田不實者罪至徒流。江山尉汪大猷覆視龍游縣，白椿年曰：「法峻民未喻，固有田少而供多者，願許首復改正。」又謂：「每保各圖頃畝林塘，十保合一大圖，用紙二百番，安所展視。」椿年聽其言，輕刑省費甚衆。甲寅，上諭大臣曰：「昨日上殿，楊大任其人昏老，難當郡寄，可處以宮祠。似此等人作郡，臺諫欲論又無顯過，但千里之民陰被其害。今後郡守卿等宜審擇之。」乙卯，參知政事王次翁提舉臨安府洞霄宮。

五月〔甲子〕〔一三〕，詔：「奉議郎張九成昨與宮觀〔一四〕，今令南安軍居住。」〔一五〕九成既免喪，秦檜取旨。上曰：「可與宮觀。此人最是交結趙鼎之甚者。自古朋黨惟畏人主知之，此人獨無所畏。」檜曰：「陛下知人之明如此，誠帝王之大德也。」既而右司諫詹大方言：「頃者鼓唱浮言，九成實爲之首。徑山僧宗杲從而和之〔一六〕。今宗杲已遠竄，爲之首者豈可置而不問。望罷九成宮觀，投之遠方，以爲傾邪者之戒。」故有是命。乙丑，川陝宣撫副使鄭剛中節制諸將，極其尊嚴，三都統每入謁，必先庭揖，然後就坐。及右護軍都統制吴璘陞檢校少師來謝，語主閽吏，乞講鈞敵之禮。剛中曰：「少師雖尊，猶都統制耳。儻變常禮，是廢軍容。」璘皇恐聽命。丁卯，右迪功郎何補獻中興龜鑑十卷〔一七〕。詔遷一官。辛未，詔左從事郎鄭厚自今不得差充試官及堂除。厚嘗著書，號藝圃折衷，其言有詆孟軻者。駕部員外郎王言恭言於朝。詔建州毀板，其已傳播者皆焚之。壬申，詔國子監置博士、正、録各一員，學生權以八十人爲額。丁丑，天申節，宰臣率百官上壽，京官任寺監簿已上，及行在陞朝官並赴。始用樂。近臣進金酒器、銀香合、馬，郡縣錫宴如承平時。壬午，上諭大臣曰：「太后未與皇后相識，今此一見便相喜。如太后飲食衣服皆皇后親自供承。太后未嘗有所需求，每云飲食衣服只取飽煖，不欲以細故擾思慮。自太后歸，朕於宫中事更不費力，遂得專意外治。」

六月戊子，倉部員外郎王循友言：「國家平昔漕發江淮荆浙六路之粟六百二十餘萬，和糴之數又在其外。而近歲上供之數纔二百八十餘萬，除淮南、湖北凋殘最甚，蠲放之外，兩浙號爲膏腴沃衍，粒米充羨，初無不耕之土，而較之舊額亦虧五十萬石。此蓋税籍欺隱，豪强巨室詭名挾户，多端以害之也。比者兩浙漕臣建議欲正經界，朝廷從而行之。若使盡究隱田，庶幾供輸可足舊額。欲望訓敕諸路漕臣，各令根檢税籍之失。」上謂輔臣曰：「所論可行。蓋農桑，衣食之本。然須有所勸懲，勿爲文具。」壬辰，殿中侍御史李文會論簽書江陰軍判官廳公事蔡棨不法，勒停。上曰：「不按發監司須當行遣。天下事必待臺諫論列，臺諫豈能盡知之。監司乃朝廷耳目，豈可坐視不舉。」於是提、轉王鈇、李椿年、張叔獻皆坐降官。癸巳，壽星院乞撥放度牒。上曰：「朕觀昔人有惡釋氏者，即非毁其教。有好釋氏者，即崇尚其徒。二者皆不得中。朕於釋氏但不使其太盛耳。言者皆欲多鬻度牒以資國用。朕謂不然，一度牒所得不過一二百千，而一夫不耕，其所失豈止一度牒之利。若住撥十數年，其徒當自少矣。」戊戌，輔臣准呈鈞容直乞推賞〔一八〕。上曰：「樂人無出官法，可與支賜及轉資。昔有教坊官求爲郡者，太祖以唐莊宗爲監〔一九〕，不與之，止令於樂部遷轉。此祖宗之良法也。」吏部員外郎周執羔轉對，乞戒諸路監司檢視簿書無主簿書押者。又乞廣行搜訪徽宗御製。皆從之。辛丑，温州進士蔡大中上書，獻太平十慎論。詔與永免文解。壬寅，簽書樞密院事程克俊提舉臨安府洞霄宫。甲辰，全州文學師維藩權國子録〔二〇〕。國子司業高閌等言：「維藩博通古今，士人推服，建學之初，宜得老成，誘掖後進。」輔臣進呈，上曰：「師儒之任尤當遴選，須心術正者爲之。將以經旨諭後進，一有邪説，學者從而化之，爲害不小。」庚戌，金人遣通問使洪皓、張邵、朱弁還行在。中興奉使幾三十人，生還者三人而已。癸丑，上謂輔臣曰：「近觀諸郡所奏便民五事，固有法已該載，亦有一方之便，朝廷未知者。宜委都司看詳，其便民者即與於行〔二一〕，無事虚文也。」是月，提舉江州太平觀胡舜陟死於静江獄。初，大理寺丞燕仰之、袁柟至静江，遂以舜陟屬吏。居兩旬，辭不服而死。舜陟再守静江，有惠愛，邦人聞其死，皆爲之哭，丐者亦斂數十千致祭。既而舜陟妻汪氏訴於朝，詔左朝奉郎、通判德慶府洪元英究實。元英言：「舜陟受金事涉曖昧。其得人心，雖古循吏無以過。」上謂秦檜曰：「舜陟從官，兼罪不至死，勘官不可不懲。」於是仰之、柟皆送吏部。

秋七月戊午，上謂大臣曰：「昨訪遺書，今猶未有至者。朕觀本朝承五代之後，文籍散逸，太宗留意於此，又得孟昶、李煜兩處所儲益之，一時始備。南渡以來，御府舊藏皆失，宜下諸州搜訪。其獻書者，或寵以官，或酬以帛，蓋教化之本，莫先於此也。」己未，復置國子監書庫官一員。甲子，詔求遺書。丙寅，上謂秦檜曰：「朕嘗與卿言，候國用足日，蠲賦以寬民力。若一概除之，又恐用或不足。浙西駐蹕之久，民供不易，臨安尤甚，本路三等下户與蠲一料，庶貧民被實賜也。」壬申，詔：「兩浙民户丁鹽錢多，欠負者其除之。」上曰：「民間所以不舉子者，正以是也。朝廷法禁非不嚴，終不能絶其本，乃在於此。」是日，雨雹。初，命國子司業高閌等補試生員，四方來者甚衆。丙子，有司上合格三百人，以徐驟爲首。癸未，奉安至聖文宣王於國子監大成殿，命太師秦檜行禮。時監學初成，上自題賜書閣榜曰「首善」。

八月丙戌，遣權吏部侍郎江邈奉迎景靈宫、萬壽觀祖宗神御於温州，自海道至行在。丁亥，有司言：「將來郊禮合用珠子坐褥。」上曰：「事天以誠爲主，如器用陶匏之類，貴其質也。若惟事華麗，恐非事天之本意。」乙未，國子司業、崇政殿説書高閌乞率諸生上表，請車駕臨幸太學。上曰：「太宗幸學，嘗令學官講經，及各有恩例。其令有司檢故事來上。」既而閌侍經筵，講畢，奏曰：「國學落成，臣奉詔試補諸生幾六千人。自中興以來，雖三年省闈，亦未有如此之盛。」上曰：「乍脱干戈，人皆向學，此誠可喜。」閌曰：「臣待罪學官，見此美事，諸生以謂陛下方偃武修文，與太祖初定天下之時同符。宜舉建隆故事，願陛下講臨雍之禮。」言未畢，上曰：「已令討論矣。」戊戌，徽猷閣待制洪皓至自金國。上即日引見内殿，諭皓曰：「卿志不忘君，雖蘇武不能過。」賜内庫金幣鞍馬，黄金三百兩、帛五百匹，象齒香綿酒茗甚衆。翊日，見於慈寧殿，帝人設簾，后曰：「吾故識尚書矣。」命撤之。皓退見秦檜，語連日不止，曰：「張和公虜所憚〔三〕，乃不得用。錢塘暫居，而景靈宫、太廟皆極土木之華，豈非示無中原意。」檜不悦，謂其子祕書省正字适曰：「尊公信有忠節，得上眷，但官職如讀書，速則易終而無味，須要知黄鍾大吕乃可。」壬寅，左朝散大夫宋宙知興州還，入見，乞諸路州學已嘗治者並置教授員〔三〕。又請罷諸縣武令。上曰：「學官須逐州置，昨已降旨，宜擇通經心術正者爲之。武官安能治民。然亦難頓罷，第令宣撫司以漸易置可矣。」丁未，湖南安撫司參議官王銍獻太元(玄)經解義，賜白金三百兩。己酉，上與宰執論糴買事，因曰：「今漕司各管一路，有無不能相通。宜倣舊來發運，置都轉運使一員，通管諸路，米賤處糴，米貴處糶，如此則有濟，公私皆利，可於從官中選通曉錢穀者付之。」秦檜言：「劉晏能權萬貨低昂〔二四〕，使天下無甚貴賤，而物常平。」上曰：「漢唐以來，所可稱者晏一人而已。自來人多恥言財利，不知國家之所急。孟子言：『無政事則財用不足』，此豈小事也。」庚戌，詔諸路監司、守臣講究寬恤民力事件。壬子，初，錢塘江有石隄以捍水，故無水患。歲久隄且圮，乃置捍江兵二千人，專令采石修隄，人以爲便。

九月甲子，權直學士院洪皓出知饒州。時金人來取趙彬輩二十人家屬〔二五〕。詔歸之。皓曰：「昔韓起謁環於鄭，鄭，小國也，能引誼不與。虜既限淮〔二六〕，官屬皆吳人，留不遣。蓋慮知其虛實也。彼方困於蒙兀〔二七〕，姑恃强以嘗中國，若遽從之，彼將謂秦無人而輕我矣。若恐以不與之故致渝盟，宜謂之曰：俟淵聖皇帝及皇族歸乃遣。」秦檜大怒。皓又言：「王倫輩以身徇國，棄之不取，緩急何以使人。」初，檜在完顏昌軍中，昌攻楚州，久不下，欲檜草檄諭降。有室燃者，在軍知狀，皓與檜語及虜事，因曰：「憶室燃否〔二八〕？別時託寄聲。」檜色變而罷。翌日，侍御史李文會即奏皓貪戀顯列〔二九〕，不求省母，若久在朝必生事端。望與外任。檜進呈，因及宇文虛中事。上曰：「人臣之事君，不可有二心。爲人臣而有二心，在春秋之法皆所不赦。」乃命出牓。尚書吏部侍郎魏良臣、户部侍郎沈昭遠並罷。良臣與秦檜里舊，一日言於檜曰：「昨日不寐，偶思得一事。昨晚郊祀如遷客之久在遐方者，可因赦内徙，以召和氣。」檜曰：「足下今爲何官？」良臣曰：「備員吏部侍郎。」檜曰：「且管銓曹職事，不須胡思亂量。」侍御史李文會即奏良臣卑凡，昭遠朋附。乃以良臣知池州，昭遠知袁州。丁卯，左司諫詹大方論張邵奉使辱命，乃以邵主管台州崇道觀。已而邵又遺秦檜書，言虜有歸淵聖及宗室諸王意，勸其遣使迎請。於是檜浸怒之。戊辰，上謂大臣曰：「諸處有癃老廢疾之人，依臨安例，令官司養濟，窮民無告，王政之所先也。」壬申，尚書右司郎中梁弁稱疾乞奉祠。上曰：「士大夫有操守、安分而以疾乞去者甚可惜，不比奔競之人。朕嘗觀寶訓太宗朝士人有奔競躁進者，必痛抑之。抑奔競則廉恥之道興。」乃除直龍圖閣、主管洪州玉隆觀。癸酉，左朝奉郎、知建昌軍李長民言：「宣和以前，應知通令佐階銜並帶主管學事。自軍興以來，學校之教中輟。今和議既成，儒風復振，謂宜依舊結銜，以示聖朝偃武修文之意。」從之。丁丑，詔知成都府張燾依所乞，提舉江州太平觀。初，燾開府，適當歲旱，大發積粟以振飢民，撫存黎雅蕃部，禁戢貪吏，開修渠堰，蠲落江田税，決遣獄訟。修文翁舊學，時與諸生講論經旨，政無不舉，蜀人大悅。

冬十月己丑，太師、尚書左僕射、提舉詳定一司敕令秦檜等上國子監太學武學律學小學敕令格式二十五卷。戊戌，詔川陝諸州秋試舉人並用六月前鎖院。先是，成都府路安撫使張燾乞春月發解，庶使得解舉人可赴行在省試。禮部言：「自來發解年係三月降詔。」故改用夏季焉。己亥，上諭大臣曰：「自今宗子許於所在入學，令與寒士同處，第別作齋，仍選士人爲長諭，庶盡變積習，文行皆可取也。」

十一月庚申，日南至，合祀天地於圜丘，太祖、太宗並配。

龜鑑曰：過宗廟則必有敬心，見墟墓則必有哀心。桐宮爲自怨自艾之地，郊祀見基命宥密之意。今景靈之輪奐一新，圜丘之規制一定，風景雖殊，山河頓異，固不能不起秋風黍離春日蒲柳之嘆。然天子建國，宗廟爲先，祭祀之典，天地爲重。鳴條之師，正可告於皇天，孟津之舉，亦嘗類於上帝，則郊祀之舉亦未害也。

丁卯，秦檜奏：「前日蒙付出御書尚書，來日欲宣示侍從官，不惟觀陛下書法之妙，又令知陛下聖學不倦如此。」上曰：「朕之性與人異，無事惟靜坐觀書，所得甚多。」又曰：「朕觀古之人君有嗜殺人者，蓋不能養性，故多恣暴。大率知足更無事，貴爲天子，誰能制之，若不知足，更爲侈靡，未有不亂，如唐明皇是也。」時上所寫六經與論語孟子之書皆畢，檜因請刊石於國子監，仍頒墨本賜諸路州學。詔可。己巳，福建轉運司進錦樣，上諭輔臣曰：「儻可備禮物之用，亦無庸遠取，第須令官給其直，毋使及民，恐閩中又生此一擾也。」戊寅，上因說及梁師成：「蘇軾文字首尾都記得，此人雖是內侍，卻讀書，只是不合干預朝廷，如薦引士大夫，皆非所當爲。內侍引用人才，最害政之大者。此等人便當重置於刑。歷觀諸古內侍薦引人才，未有不至於亂者。」

十二月癸未朔，日有食之。詔避殿、減膳。是日，陰雲不見。太師秦檜率百官上表稱賀。自是率如之，逮檜薨乃止。庚寅，太師秦檜以瑞雪應時，率百官詣文德殿拜表稱賀。自是歲如之，迄今不改。辛卯，詔：「民間所鑄當二毛錢悉毀之，違者抵罪。自不及百錢已上，並許告賞。」癸巳，詔試中監學生，依嘉祐故事，給綾紙。用新知永州熊彥詩請也。彥詩言：「主上登用真儒，載興太學，監貼之制，似可復行。」秦檜進呈，上曰：「學校者，人才所自出。人才須素養，太宗皇帝置三館養天下士，至仁廟朝人才輩出，爲朝廷用。」檜曰：「國朝崇儒重道，變故以來，士人雖陷金者，往往能守節義，乃教育之效也。」上曰：「然。三代之季〔三〇〕，學校不修，故當時士人多無名節。今日若不興崇學校，將來安得人才可用耶。」祕書丞嚴抑言：「本省藏祖宗國史、歷代圖籍，舊有右文殿、祕閣、石渠及三館四庫，自度江後，權寓法慧寺，與居民相接，深慮風火不虞。欲望重建，仰副右文之意。」於是建省於天井巷之東，以故殿前司基爲之。上自書右文殿、祕閣二牓，命將作監米友仁書道山堂牓，且令有司即直祕閣陸宰家録所藏書來上。是日賜喜雪御筵於尚書省。初復故事也。癸卯，有司進呈賜北使弓矢，上以其不精工，命出内庫所造者賜之。翌日，諭大臣曰：「此朕自指教，雖軍中人亦未必能之。賜予使人不惟觀美，兼器械之良亦可使遠人知所畏服。」乙巳，太師秦檜辭生日賜宴。詔曰：「以不世之英，值難逢之會，其始生之日，可不爲天下慶乎。宜服異恩，無守沖節。」檜每生日，四方獻壽者金玉爲不足，至於搜盡世間之希奇以爲侑〔三一〕，錫賚踵至〔三二〕。賜教坊樂佐酒〔三三〕。一日伶人作雜劇之戲，嬉笑言微高，檜目之不語，少頃檜起更衣而不出，其夫人王氏使人候之，乃在一室中默坐。論者謂檜歎其子不足以相副也。嗚呼，深哉。

史臣曰：子之賢不肖，皆天也。雖然，亦前人積累之報。如洪皓忠義，則二子皆中詞科。秦檜平生所爲，既不忠於事君，又以殘忍而害賢士大夫，其報可知矣。猶且歎其子熺不足以相副，至於當宴而罷權〔三四〕，默坐以懷怨，是亦不能反思之甚也。積善之家必有餘慶，易經之訓明甚，以不善之積，而責其餘慶之應，誠恐餘殃踵至矣，何慶之有哉。爲人父者盍思夫。

己酉，大金賀正旦使完顔曄、馬謂見於紫宸殿。上謂秦檜曰：「今次使人來，大體皆正，其他小節不足較。觀虜人之意，和議必須堅久，非卿學識過人，堅主和議，安得如此。」

初，申嚴淮海銅錢出界之禁，而閩、廣諸郡多不舉行。於是，泉州商人夜以小舟載銅錢十餘萬緡入洋，舟重風急，遂沈於海。官司知而不敢問。關外初行營田。

甲子，紹興十四年春正月丁卯，提舉江州太平觀黄龜年落職，令本貫福州居住。龜年爲御史，嘗論秦檜之罪故也。丁丑，詔四川路内藏錢帛並易輕齎赴行在，惟絹以本色。戊寅，内出鎮圭付國子監，以奉文宣王。

二月癸未，宰執奏榷貨務茶鹽推賞事。上因論：「祖宗茶鹽之法，納粟於邊，請鈔於京，公私皆便，不惟邊面可實，而又免轉輸之勞。朕嘗思祖宗立法，無不善者，豈可輕議變易。」上又曰：「朕因前日虜使須要射〔三五〕，以謂武備不可一日弛，深慮邊事寧息，諸軍稍怠。朕見造金銀椀，將因暇日親閱，用此旌賞以勸激之。」潼川府路轉運判官楊椿改本路提點刑獄公事。時諸路漕臣多獻羡餘，獨椿無所獻，常曰：「今瘡痍未瘳，愧不能裕民力，其肯掊尅以資進身耶。」戊子，國子司業高閌等率諸生上表，請視學。手詔宜允。己丑，福建安撫使葉夢得乞將見拘留海船，與不係籍船户輪流差使。上曰：「不惟海船一事，民間積欠亦可放。」因言：「朕頃在山東、河北，備見民間利病。如官司錮吏下鄉催科，此適足資其爲奸耳。」乃詔江浙等路紹興八年以前拖欠，並與蠲之。辛卯，復置教坊，凡樂工四百十有六人，以内侍充鈐轄〔三六〕。甲午，上諭大臣曰：「昨嘗降旨，諸軍揀汰人數令便招填，可嚴切行下，不然闇損軍額，不可不慮，恐緩急誤事。」時皇太后築外第，有遷徙居民處。上命臨安倍支般挈之費，仍對撥官屋居之，毋令失所。丙申，上謂大臣曰：「近見鄭剛中奏減民間科須，數目不少。朕聞之頗喜，自是四川之民當少蘇矣。」丙午，參知政事万俟卨提舉江州太平觀。先是，卨使金還，太師秦檜假金人譽己數十言，囑卨奏於上。卨不可。他日奏事退，檜坐殿廬中，批上旨輒除所厚官吏，鈐紙尾進，卨拱手曰：「偶不聞聖語。」卻不視。檜大怒，自是不交一語。御史中丞李文會、右諫議大夫詹大方聞之，即奏卨黷貨營私，窺探國是。卨再章求去，上命以資政殿學士出守。及入謝，上問勞甚悉，檜愈怒。給事中楊愿因封還録黄，乃有是命。同知大宗正事士㒟請宗學生以百員爲額，大學生五十，小學生四十，職事人各五人。從之。己酉，新知紹興府樓炤過闕入見，即日除簽書樞密院事兼權參知政事。

三月壬子朔，上謂大臣曰：「聞臨安府官地民間見佃者，近日頗爲豪强所奪，至毁其屋宇。此事在民利害甚大，宜令禁止，仍舊給與小民。」癸丑，秦檜等奏還除武岡軍守臣。上曰：「猺人當安不可擾，煙瘴之地遣兵討伐，視他處尤難，不可不慎。」乙卯，輔臣進呈諸路未發上供錢糧數。上曰：「江浙京湖積年拖欠皆虛數。紹興十年以前，除形勢及第二等以上户外，悉蠲除之。」乃出榜曉示，官吏故違，許之越訴於朝。庚申，户部尚書張澄乞：「諸路坑冶委的有名無實去處，令憲、漕司別立酌中課額，仍覺察無令有力之家計囑幸免，致下户受弊。」上曰：「寧於國計有損，不可有害於民。若富藏於民，猶國外府。不然民貧爲盜，常賦且將失之。此有若所謂百姓足君孰與不足者也。」已巳，上幸太學祗謁先聖，止輦於大成殿門外，步趨升降，退御敦化堂，命禮部侍郎秦熺執經，國子司業高閌講易泰卦。權侍郎、正刺史已上並與坐。講畢，賜諸生席於廡下，啜茶而退。遂幸養正、持志二齋，觀諸生肄業之所，賜閌三品服，熺與學官皆遷官，諸生授官、免解、賜帛如故事。壬寅，太師秦檜言：「陛下文德誕敷，干戈載戢，乃者祗謁先聖，遂幸太學，躬行之化，乃在斯舉。臣不勝慶幸，乞宣付史館，仍許拜表稱賀。」上曰：「非卿力主和戎之議，兵革休息，則學校何由興。所請宜依故事。」國子司業高閌權尚書禮部侍郎。徽猷閣直學士胡寅聞之，移書責閌曰：「太學者，明人倫之所在也。閣下召自閑廢，有成均之命。竊自計曰：今天下方無三綱，斯人之所以來乎？及見請幸太學之表，寅心愓然，不意閣下有斯請而有斯言也。昔秦、楚敵國，懷王不還，楚人憐之如悲親戚，蓋忿秦之以强力奸詐加於其君，使不得其死，其慘勝於加之刃也。太上皇帝，我中原受命之主，受制夷狄〔三七〕，生往死歸，此臣子痛心切骨，坐薪嘗膽，宜思所以必報者也。而柄臣者，乃敢欺天罔人，以大讎爲大恩乎。昔宋公爲楚所執，楚子釋之，孔子筆削春秋乃曰：『諸侯盟於薄，釋宋公，不許夷狄之人得制中國之命也。』大母天下之母，其縱釋乃在夷狄之君，此中華大辱，臣子所不忍言者也。而柄臣者乃敢欺天罔人，以大辱爲大恩乎。大宋基業封疆，皆太祖、太宗收用英俊，勤恤民隱，躬擐甲冑，與天下大夫勞苦以得之。又累聖嚴恭寅畏，不敢荒寧，而守之者也。今關河重地，悉爲虜封〔三八〕，園陵暴露，不得瞻守，宗族拘隔，不得相見。土地分裂，人民困苦，不得鳩集。冤恨之氣，外薄四海，不得伸雪。而柄臣者方且施施然厚誣天下，自以爲有大功乎。閣下受其知遇，何不勤勤懇懇而爲之言乎。言而或聽，天下國家實幸也。晉朝廢太后，董養游太學，升堂嘆曰：『天人之理既滅，大亂將作矣。』則遠引而去。今閣下日睹忘讎逆理，北面夷狄〔三九〕，以苟晏安之事，猶偃然爲天下師儒之首。既不能建大論，明天人之理以正君心，乃阿諛柄臣，希合風旨，求舉太平文具之典。又爲之詞曰云云，欺天罔人，孰甚焉。是黨其惡也。人皆謂閣下平生志業掃地盡矣。數十年積之，而一朝毀之乎。春秋之義，誅國賊者必先誅其黨，歷觀往古人君，以無道行者猶不能終，況人臣而敢肆然以無道行之乎。一旦明天子監亂亡之禍，赫然震怒，以咎任事者，嗚呼危哉，豈不與董養異哉。閣下不及今翻然改圖，則必與之俱矣。」御史中丞李文會言：「提舉江州太平觀解潛，本趙鼎之客，不附和議。」詔責濠州團練副使、南安軍安置。癸酉，秦檜進呈講筵闕官，因言：「陛下聖學日躋，實難其人。」上曰：「朕學問豈敢望士大夫，但性好讀書。」檜曰：「士人讀書固多，但少適用。若不適用，或託以爲姦，則不若不讀之爲愈。」上又曰：「王安石、程頤之學，各有所長，學者當取其所長，不執於一偏，乃爲善學。」乙亥，上出文宣王贊刻石，賜學官。高閌言：「陛下贊文形容先聖盛德，無愧於古。」上曰：「唐明皇作贊文，乃斥先聖先師之名，非尊儒重道之意。」閌曰：「此尤見聖學高出前代帝王之上。」其後，上又悉贊七十二子。戊寅，新湖南安撫司參議官王銍獻祖宗八朝聖學通紀論。詔遷一官。己卯，新利州路提點刑獄公事李志行乞戒飭諸路帥臣、監司將前後所承寬恤民力及恤刑詔書，恪意奉行，違者重置典憲。上曰：「二事皆切中時病〔四〇〕。方今兵革既息，惟寬恤民力、欽慎庶獄，是爲急務。可令有司申嚴立法行下。」

夏四月庚辰，詔諸州軍應有刻板書籍，並用黃紙印一秩送祕書省。甲申，詔刑部將半年以上未結絶公事，行在委本部，外路委監司，責限結絶。內日月稍遠者，取問因依申奏。以都省言四方多滯獄也。丙戌，命太師秦檜提舉製造渾儀。詔有司求蘇頌遺法來上。上謂檜曰：「宮中已製成小範，可以窺測，日以晷度，夜以樞星爲則。蓋樞星，中星也，非久降出，用以爲式，但廣其尺寸爾。」將作監蘇籀面對：「乞取近世儒臣所著經說，集而成編，以補唐之正義遺闕。」上諭秦檜曰：「此論甚當。若取其說之善者頒諸學官，使學者有所宗一，則師王安石、程頤之説者不至紛紜矣。」丁亥，知虔州薛弼言：「江東鎮民居木柱内有『天下太平年』五字，適符上元甲子之歲，此殆天啓其祥，非人力所能爲。」詔侍從同觀，仍送史館。

五月丙辰，饒州言：「右迪功郎姜樓等獻錢十萬緡，以助國用。」上曰：「國用有常，自不至闕，不然，雖多亦有不足之患。其還之。」詔四川宣撫司募兵赴行在。先是，右護軍都統制吴璘言西邊可募衛兵。上諭輔臣曰：「諸軍招填闕額類是南人，恐西北寖損，數年之後，始見其弊。兼諸路軍器物料近多不到，方閑暇時，尤宜整治。」甲子，簽書樞密院事兼權參知政事樓炤罷。乙丑，御史中丞兼侍讀李文會言：「權尚書禮部侍郎高閌、權工部侍郎王師心、起居舍人吴秉信，此三人者，若久在朝，必害至治。」詔以閌知筠州，師心知袁州，秉信知江州。先是，上在經筵，嘗謂閌曰：「向來張九成嘗問朕左氏傳載一事或千餘言，春秋只一句書之，此何也？朕答之云：『聖言有造化，所以寓無窮之意。若無造化，即容易知，乃常人言耳。』」閌曰：「説春秋者雖多，終不能發明，正如窺造化也。」上曰：「九成所問極是。」閌曰：「陛下所答亦極是。」上因問九成安否。翌日，謂秦檜曰：「張九成今在何處？」檜曰：「九成頃以唱異惑衆，爲臺臣所論，既與郡，乃乞祠，觀其意終不爲陛下用。」上曰：「九成清貧，不可無禄。」檜疑閌薦之，呼給事中楊愿詢其事。文會即劾閎。是日，拜文會簽書樞密院事兼權參知政事。自是執政免，即以言者代之。戊辰，尚書吏部員外郎黃達如降一官放罷。坐前知南雄州日〔四一〕，私役禁軍販易物貨故也。達如爲提點坑冶司，所案贓污鉅萬，獄既上，雖秦檜亦不能掩，僅止罷黜，人亦快之。甲戌，初，兩浙轉運副使李椿年置經界局於平江府，守臣周葵問之曰：「公今欲均税耶？或遂增税也？」椿年曰：「何敢增税。」葵曰：「苟不欲增，胡爲言本州七十萬斛？」椿年曰：「若然，當用圖經三十萬數爲準。」時秦檜怒葵不已，椿年因奏葵在郡錫宴北使，飲食臭腐，致行人有詞。葵坐落職、主管台州崇道觀。自是投閑十一年。丁丑，王之望行太學録。之望初舉進士，考官孫道夫異其文，知貢舉朱震持以示人曰：「此小東坡也。」

六月辛巳朔，右朝奉郎曾惇知台州。惇嘗獻秦檜詩，稱爲「聖相」，故以郡守處之。自檜擅權，凡投書啓者，以皋、夔、稷、卨爲不足比擬，必曰元聖，或曰聖相。甲申，詔：「江浙等路州縣酒税欠折，坊場廢壞，綱運沈失，倉庫漏底，委非侵盜者，皆蠲之。」乙未，上謂大臣曰：「浙東、福建被水災處，可令監司躬往悉力賑濟〔四二〕，務使實惠及民，毋爲文具。」時江、浙、福建同日大水。建州水冒城而入，俄頃深數丈，公私廬舍盡壞，溺死數千人。嚴州水暴至，城不没者數板。通判州事洪光祖集舟以援民，且區處山阜，給之薪粥，卒無溺者。衢、信、處、婺等州民之死者甚衆。丙申，華州觀察使、提舉祐神觀白鍔特刺面配萬安軍。時閩、浙大水，鍔乃自北方從太后歸者，宣言：「燮理乖繆，洪皓名聞華夷，顧不用。」太師秦檜聞之，奏繫鍔大理寺。鍔館客張伯麟嘗題太學壁曰：「夫差爾忘越王之殺而父乎！」伯麟亦下獄。獄具，鍔坐出言指斥，乃有是命。伯麟亦杖脊、刺配吉陽軍。御史中丞詹大方即奏皓與鍔爲刎頸交，更相稱譽，誑惑衆聽。丁酉，詔皓提舉江州太平觀。甲辰，淮東轉運判官湯鵬舉言：「五月乙亥，楚州鹽城縣海水一概澄清。」秦檜率百官入賀。上曰：「自太祖平定天下，太宗時干戈偃息，真宗時祥瑞甚多，祖宗聖語，止以豐年爲瑞，第可付史館，不必受賀。」乙巳，詔國子監置小學。

秋七月壬子，詔藤州安置李光俟牽復日特降三官。坐前爲江東大帥，擅用上供錢帛也。戊午，同簽書樞密院事王倫爲金人所殺。倫留居河間者六年，至是，金人欲以爲河間、平、欒三路都轉運使〔四三〕。倫曰：「倫奉使而來，非降也。大宋之臣，豈受大金爵祿耶。」虜遣使來趣倫〔四四〕，又不受，虜人杖其使，俾縊殺之。倫厚賂使人，冠帶南向再拜慟哭，乃就死。於是河間地震，雨雹三日不止，人皆憐之。辛未，詔諸州以御書孝經刊石，賜見任官及係籍學生。時已頒孝經於郡庠，而殿中侍御史汪勃言：「陛下獨擅聖人之德，上天昭鑒，果定和議於衆論鼎沸之中，極天下之至養。望降明詔，令募工摹刻，使家至户曉，以彰聖孝。」故有是命。丙子，上幸祕書省，遂幸祕閣，召群臣觀晉唐書畫、三代古器，還御右文殿，賜群臣茗飲。省官及史官皆遷官〔四五〕。戊寅，上曰：「祕府書籍尚少，宜廣求訪。」檜曰：「陛下崇儒尚文，翕然向化。」李文會曰：「若非干戈偃息，此事亦未易舉。」

八月庚辰朔，判紹興府孟忠厚特放罪。忠厚以郊赦加恩，令所親吴棫爲表，其間有「本無時才，出爲世用」之語，乃有是命。秦檜尋物色知棫所代，由是廢斥以終。甲申，右正言何若爲國子監發解所監試，祕書少監游操等三人充考試官，詳定一司敕令所删定官駱庭芝等六人爲點校試卷官，尚書刑部員外郎吴桌考别試，駕部員外郎葉廷珪等二人爲點檢試卷官。監學降敕差試官自此始。辛卯，上謂大臣曰：「言者多乞選縣令，蓋令非其人，則爲民害。可令吏部長貳審察注擬，或老病則更授他職，庶得人而民受其惠。」後二日，都省請：「申嚴近制，因民事被罪及老病之人，不得注守、倅、縣令。」從之。庚子，上謂秦檜曰：「朕於晉書取王羲之傳凡誦五十餘過，其與商皓書及會稽王牋所謂自長江以外，羈縻而已，其論用兵誠有理也。」癸卯，殿中侍御史汪勃言：「陛下兼愛南北之民，力定和議，與天下更始。崇儒重道，同符祖宗。臣愚以爲今年科場當國學初建，萬方多士將拭目以觀取舍，爲之趨向。欲望戒敕攸司，苟專師孔孟，而議論粹然一出於正者，在所必取。其或採摭專門曲説，流入迂怪者，在所必去。」甲辰，進呈，上曰：「勃論甚善，曲學臆説，誠害經旨，當抑之使不得作，則人之心術自正矣。可如所奏。」

九月庚戌，禮部員外郎陳鵬飛面對，言：「凡有獻利害者，乞加討論，必合於祖宗之舊。如已試無成，必加黜責。」上謂大臣曰：「祖宗之法，思慮已精審，講究已詳備，不必改作，天下自治。」秦檜曰：「天下本無事，宜遵成憲爲善。」上曰：「小人喜更法，往往謂朝廷無所建明，不知本無事，然法至於弊，乃不得已而更之耳。」辛酉，詔分利州爲東西兩路。用四川宣撫副使鄭剛中請也。剛中請以興元府、利、閬、洋、巴、劍州，大安軍七郡爲東路，治興元府。興、階、成、西和、文、龍、鳳七州爲西路，治興州。從之。時和議方堅，而吴璘獨嚴備，日爲敵至之虞，故西路兵爲天下最。上覽剛中奏，謂秦檜曰：「川陝地遠，爲將尤難得人。如璘統兵有法，肯爲朝廷出死力，諸將所不及也。」壬戌，宰執奏大理寺詞訴事。上曰：「皆官吏弛慢所致。可委長吏親察之，如非其人，即與沙汰。又獄吏但以諸州吏充，逐時更替，漏泄獄情非便。宜令吏久於其職，不可替也。」甲子，詔守臣終更入見，各舉所部縣令一員，所舉稱職，特與推賞；不當，坐繆舉之罰。辛未，御史中丞詹大方奏：「責授清遠軍節度副使、潮州安置趙鼎，輔政累年，不顧國事，邪謀密計，深不可測。與范沖輩咸懷異意〔四六〕，以徼無妄之福。用心如此，不忠孰甚焉。」壬申，秦檜進呈，上曰：「可遷之遠地，使其門生故吏知不復用，庶無窺伺之謀。」於是，移吉陽軍安置。癸酉，詔臨安府根刷蔡攸家屬押赴元貶所，取收管狀奏。時攸之妻、子漸至行都，殿中侍御史汪勃論：「靖康之變，由於京、黼〔四七〕，望令密切搜索，特加處分。」故有是旨。仍命京子孫二十三人永不量移，如初詔。丙子，祕書郎張闡罷。時秦檜用事久，每除臺諫，必以其耳目。知闡久次，喜論事，一日微諷闡謂當入臺。闡曰：「丞相苟見知，老死祕書足矣。」檜默然。殿中侍御史汪勃因劾闡，由是罷去。

冬十月甲午，右正言何若言：「自趙鼎唱爲伊川之學，高閌之徒從而和之，乃有橫渠正蒙書聖傳十論，大率務爲好奇立異，而流入於乖僻之域。頃緣閌爲國子司業，學者爭投所好，於是曲學遂行。伏望申戒內外師儒之官，有爲乖僻之論者，悉顯黜之。如此則專門曲學不攻自破矣。」輔臣進呈，上曰：「若所論甚當。程頤當哲廟之初，在經筵奏曰：『陛下記得臣說否，如記得，明日可對臣說過。』是時宣仁聖烈皇后聞之，大怒曰：皇帝雖年少，然宮中自不廢學，措大家不識事體如此。」己亥，御筆除永道郴州、桂陽監茶陵縣民丁身錢絹禾麥。自馬氏據湖南，四州始增丁賦〔四八〕。上謂大臣曰：「天德好生，今民爲身丁錢，至生子不舉，誠可憫也。若更循馬氏舊法，非所以上當天意。」庚子，詔州縣文臣初至官，詣學祇謁先聖，乃許視事。用左奉議郎羅長源請也。長源言：「士大夫皆學夫子之道以從政，而不知所自。望令先詣學宮，以彰風化之本。」後遂著爲令。

十一月癸丑，吏部員外郎嚴抑面對，乞春秋三傳釋經處許出題以取士。上謂大臣曰：「爲人君，爲人臣，皆不可不知春秋。往者，建言之臣欲罷讀春秋，蓋不思之甚矣。如不可讀，則聖人不修此經也。」甲子，上即宮中閱試殿前馬步諸軍將士，藝精者錫賚有差。自是，歲以冬月行之，號内教。乙丑，提舉臨安府洞霄宮朱勝非薨。勝非與秦檜有隙，奉祠八年。壬申，上曰：「宗室中之賢者，如嘗中科第及不生是非之人，可收置行在。如寺、監、秘書省皆可以處之。祖宗以來不用宗室作宰相，其慮甚遠，可用至侍從而止。」秦檜奏：「乞依舊置宗學，教育宗子。」上可之。御史中丞楊愿言：「數十年來，士風澆浮，議論蜂起，多飾虛名，不恤國計。沮講和之議者，意在避出疆之行。騰用兵之說者，止欲收流俗之譽。甚者私伊川元祐之説，以爲就利避害之計。窺摇國論，詿誤後生，此風不革，臣所甚憂也。願下臣章，揭示朝堂〔四九〕，裨中外洗心自新，以復祖宗之盛。」從之。癸酉，楊愿言藤州安置李光之罪。先是，知藤州周某者，誘光唱和，其間言及秦檜和議，有諷刺者，積得數篇，密獻於檜。檜怒，令言者論之，乃移光瓊州安置。甲戌，户部員外郎李朝正言〔五〇〕：「今歲浙右間有水災，而江西、湖南粒米狼戾，望嚴遏糴之禁。」上曰：「所論甚當。如有遏糴州縣，可許鄰郡越訴，仍責監司按劾。」

十二月丁丑朔，潼川府路轉運判官宋蒼舒獻嘉禾一莖九穗者二〔五二〕。上曰：「凡赤烏白雉之類，止可一觀而已，不足爲瑞。惟五穀豐稔乃上瑞耳。」戊寅，上曰：「縣令有清廉愛民者，令監司每路各舉數人。其老耄不任事者，並令按劾。縣令得人，則民受實惠矣。」戊子，雪。百官入賀。上諭宰執曰：「天下窮民宜加養濟。孟子所謂『文王發政施仁，必先斯四者』。」於是，詔諸路常平官以時散米，務令實惠及民。己丑，知資州楊朴獻禮部韻括遺，詔遷一官。丁酉，端明殿學士、簽書樞密院事李文會罷。御史中丞楊愿等疏六上，詔文會落職提舉江州太平觀。愿等又攻之，詔文會筠州居住。自秦檜再居相位，每薦執政，必選世無名譽、柔佞易制者，不使預事，備員書姓名而已。百官不敢謁執政，州縣亦不敢通書問。如孫近、樓炤、万俟卨、范同、程克俊及文會等，不一年或半年必以罪罷。尚疑復用，多使居千里外州軍，且使人伺察之。庚子，御史中丞楊愿充簽書樞密事。辛丑，詔愿兼權參知政事。

乙丑紹興十五年春正月丁未朔，初行大朝會禮於大慶殿。戊申，瀘南安撫使馮檝獻嘉禾九穗。上曰：「近日州郡所奏嘉禾甚多，大有年之慶，庶幾可望也。」壬子，秦檜因論士大夫之弊，曰：「軍興以來，士大夫無肯爲國出力者，所以不能勝敵。臣嘗謂敵之所以勝我者，以其用心樸實故也。」上曰：「朕觀太祖、太宗以來，多用樸實之人，所以風俗忠厚。卿等嘗出使，見彼北人雖使蹈河赴海皆所不辭也。」己未，分經義、詩賦爲二科以取士。辛酉，初籍千畝。用司封郎中李澗請也。丁卯，四川宣撫副使鄭剛中乞減成都府路對糴米三分之一，本司激賞錢二十萬緡。時剛中於階、成二州營田，抵秦州界，凡三千餘頃，歲取十八萬斛，而宣撫司激賞錢已減爲一百萬緡，至此復有此請。上謂秦檜曰：「累年民力少寬，此休兵之效也。其從之。」戊辰，命權户部侍郎王鈇措置兩浙經界。李椿年既以憂去，秦檜請用鈇。上因言：「經界之法，細民多以爲便。」檜曰：「不如此則差役不行，賦税不均，積弊之久，今已盡革。去年陛下放免積欠，天下復覺少蘇。」己巳，左諫議大夫何若知貢舉。權吏部侍郎陳康伯、祕書少監游操同知貢舉。若、操嘗爲發解所試官，及是再命之，非故事也。庚午，知撫州晁謙之知建康府。謙之嘗言：「崇仁縣民婦産三男，足驗生齒蕃息之盛。」又言：「臨川縣禾登九穗，足爲瑞應。」皆乞宣付史館。」秦檜喜，故擢用之。辛未，初命諸路僧道士納免丁錢。乙亥，主管台州崇道觀向子忞特降三官。子忞寓居衡山，帥臣劉昉希秦檜意〔五三〕，劾其强横虐民。故有是命。

二月戊寅，上曰：「朕觀史册，見古之養士有至二三千人，亦朝廷一盛事。」於是增國學弟子員百人，通舊以七百人爲額。尋命置上舍三十人，内舍百人。福建運判徐琛爲兩浙西路提點刑獄公事。

揮麈録曰：徐獻之琛與秦會之爲中表，而師川之族弟也。會之知高宗眷念師川不替，一日奏事，啓上云：「徐俯身後伶俜可憐〔五三〕，有弟琛能承兄之業，願陛下擢用之。」上從其請。其後獻之爲貳卿。會之並緣罔上，率皆類此。

己亥，崇國公璩進封恩平郡王。以將出閤故也。

夏四月丙子朔，賜太師秦檜甲第一區。戊寅，檜遷居賜第。命内侍東頭供奉官王晉錫押教坊樂導之，賜檜銀、絹、緡錢各萬，綵千匹，金銀器皿錦綺帳褥六百八事，花千四百枝。是夜，彗出東方。癸未，賜正奏名進士劉章等三百人及第、出身、同出身，正奏名張鎡新科明法及第。甲申，特奏名林洵美等二百四十七人，武舉正奏名應褎然等〔五四〕，特奏名三人授官有差。丁亥，赦天下。前四日，上謂秦檜曰：「彗星見，朕甚懼焉。卿等可圖所以消弭之道。」檜奏：「太宗、真宗朝，嘗緣彗星疏決獄囚等事。」上曰：「且降詔，以四事爲主，避殿、減膳，寬民力，出滯獄。」於是手詔監司、郡守條具便民事目，憲臣巡行親決獄事。至是，肆赦。庚寅，知敍州邵隆卒。隆在金州，數以兵出北境，秦檜恨之。至是，因飲酒暴卒，或謂檜密使人酖殺之。敍人皆悲哭，爲之罷市。甲午，上諭大臣曰：「比遣將捕盜閩中，第令殲其渠魁，脅從者皆釋。若措置得宜，優與推恩。

不然罰亦隨之。」庚子，省四川都轉運司，以其事歸宣撫司。辛丑，新和政縣令湯思退〔五五〕、行太府寺主簿王曮並爲祕書省正字，左承務郎洪邁爲敕令所删定官。邁，皓子也。三人皆以博學宏詞合格賜第，故有是除。既而言官汪勃論邁：「其父不靖之謀，同惡相濟。」乃以爲福州州學教授。

五月丙辰，詔減東南和預買絹一千匹，以寬民力。戊子，詔貧民産子者予義倉米一斛。以大理寺丞周楙轉對有請也。壬戌，復置六部架閣官四員。

六月乙亥朔，日有食之。丁丑，上幸秦檜新第。戊戌，秦檜爲上言：「士大夫多横議，無益國事。」上曰：「靖康之事是也。朕見當時士大夫奏狀，多是李綱、耿南仲等紛争議，無肯以國事爲慮者。」檜曰：「靖康之初，誠有人肯任國事，則大計久已定矣。」上曰：「後來生靈塗炭之甚，皆由於此，所以國家大事須在得人肯任。」辛丑，江東轉運判官趙不棄乞令監司察部内縣令老病不職者，與嶽祠〔五六〕。上曰：「朕嘗謂縣令最爲親民，又非郡守之比，贓吏固不可，而庸繆之人尤害百姓，蓋因其庸繆，則吏計得行。若十吏用事，是有十縣令矣。」

秋七月乙巳朔，罷夔路軍興以來所置酒店，以寬民力。用四川宣撫副使鄭剛中奏也。夔路舊無酒禁，爲場店者百四十餘所而已。建炎末，增至六百餘。然土荒民少，人不以爲便。剛中既以本司錢四萬餘緡代撥贍軍，遂弛其禁。丙午，新添差浙東安撫司幹辦公事司馬伋言：「建州近刊行一書，曰司馬温公記聞，其間頗關前朝政事。緣曾祖平日論著，即無上件文字，顯是妄借名字，售其私説。伏望降旨禁絶。」詔委建州守臣將不合開板文字盡行毁棄。伋特遷一官。初，范沖在史館，上出光記聞，命沖編類進入。沖乃繕寫成十册上之。至是秦檜數請禁野史，伋懼罪，遂諱其書。然後其書卒行於世。辛亥，執政進呈處州守臣徐度準詔條上便民事件。上曰：「因此亦可以觀人才，如議論平正，留心國事，其説自然可見。不然，矯訐迂闊者，亦可見也。」戊午，詔廬、光州上供錢米展一年。用轉運司請也。上曰：「人皆知取之爲取，而不知予之爲取。若稍與展免，俟其家給人足，税斂自然易辦。」己巳，秦檜進呈，放免四川轉運司因贍軍借用常平錢十三萬緡。上曰：「休兵以來，上下漸覺富實。大抵治道貴清静，人君不生事，則天下自然受福。」

八月丙子，上與大臣論事，因曰：「朕謂進用士大夫，一相之責也。一相既賢，則所薦皆賢矣。」上因論史事，秦檜曰：「圍城中失節者，相與作私史，反害正道。」上曰：「卿是時獨不推戴異姓，圍城中人自然不容。」楊愿曰：「檜非獨是時不肯雷同，宣和間，耿延禧爲太學官，以其父在東宫，士皆靡然從之，獨檜守正不爲易節。」檜曰：「臣嘗聞范仲淹與其友書云：『致意某官，爲渠作東宮官，不敢通書。』聖主於忠義之臣與夫失節之徒，灼然如此，誠立國之本也。」

李心傳曰：「臣謹按，范仲淹祥符末登第，終真宗之世爲小官。自爲陳州通判，以至執政而薨，仁宗未有子，安得有東宮官。檜之誕妄無稽皆此類也。

丁亥，國子監丞文浩面對，乞：「自今試教授，並於六經中臨時取二經，各出兩題，不拘義式，以貫穿該贍爲合格。」戊子，詔禮部看詳行之。己亥，權户部侍郎王鈇言：「常平之法，本以抑兼并，備水旱，科條實繁，其利不一。有義倉和糴之儲，坊場河渡之入，以產制役，欲使平均，以陳易新，俾無紅腐，一有饑饉，則開發倉廩，以濟艱食。豈一主管官能勝其任哉。望復置提舉官，庶良法美意不爲虛文。」乃命諸路茶鹽官改充提舉常平茶鹽公事，惟四川、廣西以憲臣，淮西、京西以漕臣兼領。仍令檢察所部州，有擅用常平錢物者，按劾以聞。辛丑，增太學弟子員二百人。以國子司業嚴抑有請也。

九月壬子，金主亶祀天於郊。先是，資政殿大學士宇文虛中既爲金人所用，虛中知東北之士憤爲左衽，密以信義感發之，從者如響。乃與其翰林學士高士譚等同謀，欲因亶郊天，就劫殺之。先期以蠟書來告於朝，欲爲之外應。秦檜拒不納。會事亦覺，虛中與其子師瑗皆坐誅〔五七〕，闔門無噍類。丙辰，詔諸路安撫使見帶待制以上者，所舉京官狀，理爲職司。甲子，夜，太廟旁居民遺火，上令於左右各撤屋二十間，以備不虞。

冬十月乙亥，上書秦檜第賜書閣曰「一德格天之閣」，遣中使就第錫宴，仍賜檜青羅蓋，塗金從物如蔡京、王黼例。

大事記曰：我高宗之待檜，既賜之相第，又賜之家廟祭器，既賜之畫像贊，又賜之「一德格天之閣」六字，而孫二人，尚在襁保，並賜之三品服，果何負於其臣，而檜忍於負其君如此。此檜之罪，所爲上通於天，萬死而不可贖也。

丙子，簽書樞密院事兼權參知政事楊愿提舉江州太平觀。癸未，樞密都承旨兼侍讀李若谷簽書樞密院事尋兼權參知政事。戊子，提舉亳州明道宮晏敦復力詆屈己之非，秦檜患其不附己，使腹心之人啗敦復以利，曰：「公若曲從，兩地旦夕可至。」敦復曰：「吾終不以身計而誤國家。況吾薑桂之性，到老愈辣，請勿言。」檜卒不能屈。上嘗面諭曰：「卿鯁峭敢言，無所問避，可謂無忝爾祖矣。」甲午，提舉臨安府洞霄宮折彥質郴州居住。彥質方居信州，侍御史汪勃希秦檜意，奏彥質與守臣吳説私相議論，妄及朝政。説坐免官，而彥質有是命。庚子，詔置四川宣撫司總領錢糧官。金都元帥梁國王宗弼卒。宗弼且死，語其徒以宋朝軍勢强盛，宜益加和好，俟十餘年後，南軍衰老，然後可爲寇江之計云。

十一月癸卯朔，饒州童子戴松十歲，其弟槐九歲，皆能誦書。詔免文解一次。癸亥，宰執奏新製祀享禮器事。上曰：「今天下無事，郊祀廟享，禮莫大焉，不可不留意。」庚申，江南東路轉運判官趙不棄充四川宣撫司總領官。時秦檜既疑鄭剛中，乃薦不棄而命之。兵部言：「秦州舊買馬二萬匹，今僅發五十八綱，乞省押馬使臣。」許之。自紹興後，秦州茶馬司歲市馬九千八百有奇。成都、潼川府、利州路漕司歲應副博馬紬絹十萬餘匹，成都、利州路二十三茶場歲産茶二千一百餘萬斤，而茶馬司歲輸總領所錢四十萬緡，此其大略也。

閏十一月戊寅〔五八〕，提舉祕書省秦熺言：「祕府多闕書。」詔本省即諸路藏書之家借書録本，且訪先賢墨迹。己卯，詔罷新科明法。癸未，權尚書兵部侍郎米友仁充敷文閣待制、提舉佑神觀，奉朝請。上好米芾書，友仁能世其業，上眷待甚厚。甲申，司農寺主簿宋敦樸面對，言：「望詔守、令以來春耕耤之後，出郊勸農，諭以天子親耕，使四方曉然知陛下德意。仍自今每春行之。」上曰：「農者，天下之本。守、令有勸農之名，無勸農之實，徒爲文具，何益於事。」乃詔從之。丁酉，進呈太學博士王之望面對，乞倣端拱、咸平故事，悉取近郡所開群經義疏及經典釋文，令國子監印千百秩，俾郡縣各市一本置之於學。上曰：「古人讀書，須親師友，雖未必盡得聖經妙旨，然亦有淵源。今士大夫未有自得處，便爲注説，以爲人師，此何理也。」

十二月戊申，上謂大臣曰：「今雖無事，諸軍教閲，亦不可少廢。宜丁寧戒飭之。」丁巳，孫道夫知蜀州。道夫入對，上諭曰：「軍興以來，蜀民應副不易。朕將詔鄭剛中條具，盡與蠲減，止存經賦而已。」甲子，詔右司員外郎李朝正仍舊同措置經界。戊辰，詔諸路提舉常平官復爲監司，歲舉屬吏五人改京官。

校證

〔一〕服膺　原作「伏膺」，再造本、文海本同，據繫年要録卷一四八、徐松宋會要輯稿崇儒一之三四校改，另潛自牧記纂淵海卷三八太學、潛説友咸淳臨安志卷一一太學記紹興初太學十齋，亦有「服膺」齋，可爲佐證。

〔二〕養正、持志　原作「持正、養志」，再造本、文海本同，據同上引繫年要録、宋會要輯稿崇儒校改。另本書下文及繫年要録卷一五一、王應麟玉海卷一一二紹興太學、中興小曆卷三一等均載宋高宗親臨養正、持志二學齋事，同上引記纂淵海、咸淳臨安志記紹興初太學十齋内，亦有養正、持志二齋。可知原文係將「正」、「志」兩字易位而致誤。

〔三〕趙牲之　原作「趙性之」，再造本、文海本作「趙牲之」。繫年要録卷一四八注作「趙牲之」。作「趙牲之」是，詳見本書「插引史論文獻研究」。

〔四〕己卯　李校：原作「乙卯」，據（繫年）要録卷一四八改。汪按：再造本、文海本均作「乙卯」。從時序看，作「己卯」似是，今從李校。

〔五〕科舉　原作「課舉」，再造本、文海本同，據繫年要録卷一四八、宋丁度等貢舉條式引紹興十一年二月二十二日敕中書門下省尚書省送到國子司業高閌劄子校改。

〔六〕虜　此「虜」與下文「入於虜」之「虜」，原均作「敵」，並據再造本、文海本回改。

〔七〕秘書省　李校：原脱「省」字，據繫年要録卷一四八補。汪按：再造本、文海本均無「省」字，然補「省」字較佳，故從李校補。

〔八〕自　原作「目」，文海本同，據文義及再造本、繫年要録卷一四八校改。

〔九〕陞擢　原作「陛擢」，據再造本、文海本、繫年要録卷一四八校改。

〔一〇〕易以更修　「易」原作「更」，據再造本、文海本、繫年要録卷一四八校改。

〔一一〕祖額　原作「租額」，據再造本、文海本、繫年要録卷一四八校改。宋代「祖額」、「租額」常常因形近相混，此處依文義當作「祖額」。

〔一二〕賀允中　李校：原作「質允中」，據繫年要録卷一四八改。汪按：再造本、文海本均作「賀」，應作校改依據。

〔一三〕甲子　李校：二字原闕，據繫年要録卷一四九改。汪按：再造本、文海本均無「甲子」，然據本書體例當補，今從李補。

〔一四〕昨與　李校：原作「作與」，繫年要録、中興聖政同，均誤。兹據文意改正。汪按：再造本、文海本均作「作與」，然中興聖政紹興十三年紀事全佚闕，不當誤作「作與」。李校可成一説，惜無確證。今暫從李校，待考。

〔一五〕今令　國學叢書本繫年要録一四九作「仍令」，再造本、文海本、四庫本繫年要録作「人令」。

〔一六〕宗杲　原作「宗果」，文海本同，據再造本、繫年要録卷一四九校正。後一「宗杲」，原亦作「宗果」，文海本作「宗昊」，亦據再造本、繫年要録卷一四九校正。

〔一七〕何補　再造本、文海本同。繫年要録一四九、玉海卷五五藝文紹興中興龜鑑作「何俌」。繫年要録注文凡十七次徵引何俌龜鑑亦均作「何俌」。宋人文集中「何俌」也多次出現。故作「何俌」似是。

〔一八〕准呈　再造本、文海本均同，繫年要録卷一四九作「進呈」，從文義看，似作「進呈」是。

〔一九〕爲監　李校：當作「爲鑒」。汪按：監、鑒義通，可不改。

〔二〇〕國子録　原作「國子監」，再造本、文海本同，繫年要録卷一四九作「國子録」，宋史卷四三三儒林高閌傳：「薦全州文學師維藩，詔除國子録。」據校改。

〔二一〕於行　再造本、文海本均同。繫年要録卷一四九作「施行」。疑「於行」爲「施行」形近訛，似作「施行」是。

〔二二〕虜　原作「敵」，據再造本、文海本回改。

〔二三〕已嘗治　再造本、文海本均同，繫年要録卷一四九作「已葺治」。作「已葺治」義較佳。

〔二四〕能　原作「罷」，文海本同，再造本字難辨，作「罷」句不通，據繫年要録卷一四九校改。

〔二五〕二十　文海本同，再造本、繫年要録卷一四九、洪适盤洲文集卷七四行狀先君述均作「三十」。

〔二六〕虜　原作「敵」，下文「語及虜事」、「虜有歸淵聖及宗室諸王意」、「虜人之意」之「虜」，原均作「金」，並據再造本、文海本回改。

〔二七〕蒙兀　原作「蒙古」，據再造本、文海本回改。

〔二八〕室燃　再造本、文海本作「室撚」。

〔二九〕貪戀顯列　原作「貪變顯烈」，文海本同，據再造本、繫年要録卷一五〇、李幼武宋名臣言行録續集卷五洪皓校改。

〔三〇〕三代之季　再造本、文海本、繫年要録卷一五〇均同，章如愚群書考索後集卷二七士學制作「五代之季」，可參。

〔三一〕以爲侑　原作「以爲有」，文海本同，據再造本、繫年要録卷一五〇校改。徐夢莘三朝北盟會編卷二二〇作「以爲賄」，可參。

〔三二〕錫賫 原作「錫資」，文海本同，據再造本、繫年要録卷一五〇校改。

〔三三〕教坊 原作「教方」，文海本同，據再造本、繫年要録卷一五〇校改。

〔三四〕罷權 再造本、文海本、繫年要録卷一五〇注文均同，然義不明，疑爲「罷懽」之形近訛 。

〔三五〕虜 原作「敵」，下文「使虜還」之「虜」，原作「金」，並據再造本、文海本回改。

〔三六〕鈐轄 二字原脱，再造本、文海本均同，然教坊樂人不可能全由内侍充，故據繫年要録卷一五〇、宋會要輯稿樂五之三七補「鈐轄」。

〔三七〕夷狄 原作「金人」，下文二「夷狄」，前者原作「四裔」，後者原作「敵國」，並據再造本、文海本回改。

〔三八〕虜封 原作「彼疆」，據再造本、文海本回改。

〔三九〕夷狄 原作「事敵」，據再造本、文海本回改。

〔四〇〕二事 原作「一事」，據再造本、文海本、繫年要録卷一五一校改。

〔四一〕南雄州 原作「南雍州」，據再造本、文海本、繫年要録卷一五一校改。

〔四二〕躬往 原作「躬任」，據再造本、文海本（字不規範）、繫年要録卷一五一校改。

〔四三〕欒 文海本同，再造本、繫年要録卷一五二作「灤」。

〔四四〕虜 此「虜」與下一「虜」字，原均作「金」，並據再造本、文海本回改。

〔四五〕史官 原作「吏官」，不文，再造本、文海本均同，據文義及繫年要録卷一五二校改。陳騤南宋館閣録卷六故實：「詔秘書省、實録院官各轉一官」，可爲佐證。

〔四六〕范沖　原作「范仲」，繫年要録卷一五二同。據再造本、文海本、李心傳建炎以來朝野雜記乙集卷一上德壬午内禪志、宋史卷四七三姦臣秦檜傳校改。

〔四七〕黼　原作「輔」，據再造本、文海本、繫年要録卷一五二校改。

〔四八〕四州　原作「四川」，據再造本、文海本、繫年要録卷一五二、劉時舉續宋編年資治通鑑卷五校改。

〔四九〕揭示朝堂　「揭示」原作「獨示」，文海本同。據再造本、繫年要録卷一五二校改。「朝堂」，再造本、文海本同，繫年要録卷一五二作「廟堂」。

〔五〇〕李朝正　李校：原作「字朝正」，據（繫年）要録卷一五二、一五四改。汪按：再造本作「李朝正」，文海本作「字朝正」。再造本應作校改依據。「李朝正」在當時文獻記載頗多見，李校是，今從之。

〔五一〕二　原作「二」，文海本同，據再造本、繫年要録卷一五二、玉海卷一九七祥瑞紹興瑞粟嘉禾瑞麥校改。

〔五二〕帥臣　原作「師臣」，據再造本、文海本、繫年要録卷一五三校改。

〔五三〕徐俯　原作「徐府」，再造本、文海本同，據繫年要録卷一五三注文、王明清揮麈後録卷一一、宋史卷三七二徐俯傳校改。

〔五四〕應褎然　「褎」，再造本、文海本同，繫年要録卷一五三作「褒」。

〔五五〕和政縣令　再造本、文海本、繫年要録卷一五三均同，然「和政縣」殊少見記載，又宋史卷三七一湯思退傳：「湯思退字進之，處州人，紹興十五年，以右從政郎授建州政和縣令。」疑「和政縣」爲「政和縣」之訛。

〔五六〕嶽祠　原作「獄祠」，文海本同。「獄祠」不文，「嶽祠」則爲宋代職官常用術語，據再造本、繫年要録卷一五三校正。

〔五七〕師瑗　「瑗」字原空闕。文海本作「師琝」。據再造本、繫年要録卷一五四、宋名臣言行録續集卷四宇文虛中肅愍公補。

〔五八〕十一月　李校：原作「十二月」。按本年無閏十二月，兹據（繫年）要録卷一五四改正。汪按：再造本作「十一月」、文海本作「十二月」，再造本應作校改依據。又閏十二月不可能在十二月之前，李校是，今從之。

宋史全文卷二十一下

宋高宗十五

丙寅紹興十六年春正月戊寅，上謂大臣曰：「將來耤田降詔，須語簡意足，使人曉然知敦本之意。漢文帝勸農之詔，頻年有之，不過數十語，當時民知務農，遂至富庶。」辛卯，上齋於内殿。壬辰，上親饗先農於東郊，配以后稷。詣親耕位，上親九推乃止。命宰執、使相、侍從、兩省、臺諫行五推、九推之禮，庶人終千畝焉。

二月辛丑，提舉佑神觀韓公裔提舉洪州玉隆觀，在外州軍任便居住。公裔，上康邸内知客也。檜欲賞公裔橋，使來請〔一〕，會有詔除公裔承宣，檜疑其舍己而有求於上。右諫議大夫汪勃乃劾公裔「出入公卿之門，陰有窺伺」。故有是詔。癸丑，詔太師秦檜合蓋家廟，令臨安府應副，務要如法。知宣州秦梓移知湖州。未上，卒於建康。辛酉，除資政殿大學士致仕，恩數視參知政事。壬戌，上曰：「縣令之職，本欲撫育百姓，乃掊斂以待過往，科率以奉權貴，害及一方，殊失張官爲民之意。宜令有司措畫以聞。」甲子，殿前司乞起復李邦光充正將。上曰：「從軍起復，一時權宜，然不能無弊。若元在本軍則可，或在外請囑，宜禁止之。」尋詔自今規求起復之人，重行黜責，令御史臺覺察彈奏。

三月庚午朔，詔有司建武學。先是，士人上書者多以爲言，上數諭大臣，以文武之道不可偏廢，祖宗自有故事。至是，乃考上焉〔二〕。戊寅，左宣教郎鄭邦哲進左氏韻類，詔特遷一官。辛卯，經筵講孟子徹章。翌日，賜宰執、講讀修注官燕於皇城司。初復故事也。詔禮器局造太師秦檜家廟祭器。己亥，工部奏立淮東、江東、兩浙、湖北諸縣歲較營田賞罰格。其法，以紹興七年至十三年所收課利最多酌中者爲額。每路縣令以十分爲率，取二分賞之。歲收增三分至一分以上，並減磨勘年。仍以最虧一縣爲罰。

夏四月癸卯，用前荆湖等路撫諭司幹辦公事胡駿請，立祚德廟於臨安府。尋加封程嬰爲安節成信侯〔三〕，公孫杵臼爲通勇忠智侯，韓厥爲忠定義成侯。［乙巳］〔四〕普安郡王免喪還故官。司封員外郎邊知白面對，乞令郡邑以藉田手詔刊石，置於廳事〔五〕。上曰：「凡治天下，惟賞與罰。有賞而無罰，雖堯、舜不能治天下。守、令有勸農之責，若不能奉行朝廷德意，當痛黜之。」知道州李佾條上便民事件，請以真宗御製文臣七條，凡守、令朝辭之日，悉令拜賜。權吏部侍郎王循友等言：「守、令多外除，恐不周遍，欲令鏤板於廳事揭示。」己酉，從之。庚戌，上曰：「近日全無事，前此文字極多，朕有至夜分不寐，頓如此減省，豈非議和之效乎。」丙辰，新通判成州郭伸獻易解。上曰：「易象深微，極難窮究，須自有得，仍不穿鑿，始可謂之通經。伸議論亦粗通，可略加旌擢。」於是進伸一官。戊午，兵部上武士弓馬及選試去留格。初補入學，步射弓一石，若公試試步騎射不中，即不許試程文。其才格自一石五斗以下至九斗，凡五等。上可其奏，因諭輔臣曰：「國家武選所繫非輕，今諸將子弟皆恥弓馬，來換文資，數年之後，將無人習武矣。豈可不勸誘之。」

五月壬申，命諸路漕臣兼提舉學事，如本司官俱無出身，即從上一員兼領。詔浚臨安府運河。時北關門外河道堙塞，乃諭大臣令開撩之。丙子〔六〕，詔學校、科舉取士，如經義、詩賦人數不等，即以文理優長通融收補，不得過三分。庚辰，左朝請大夫周綰爲淮南轉運判官。上覽除目，曰：「監司，朝廷耳目之官。今天下安靜，恤民爲先，得人則一路安，否則煩擾百出，豈可不慎擇。」辛巳，命權吏部侍郎王循友、權户部侍郎李朝正編類諸路監司、郡守條上裕民事件，俟成書頒之。癸未，初作太廟祏室，於室之西牆金釘朱户黑漆趺坐，如承平之制。甲申，德興縣士民仇取新等請知縣陳鼎再任〔七〕。鼎嘗權監進奏院，以上書請備邊忤秦檜故逐。至是，檜進呈，上曰：「德政果及於民，則固可留。然其間不能無計囑，須加覈實。」御史中丞何若即奏鼎朋附廖剛。鼎坐免去。鼎爲邑有惠愛，至今人思之。丙戌，詔作景鍾。鍾高九尺，天子親祠上帝則用之。以皇祐黍尺爲準。既成，命秦檜銘之曰：「德純懿兮舜文繼，躋壽域兮孰内外。薦上帝兮偉兹器，聲氣應兮同久視。貽子孫兮彌萬世。」上大悦。甲午，知瀘州馮檝奏天雨豆，甘露降於郡園。右承務郎康與之監尚書六部門。與之，倬子也。上之以星變求言也，倬以選人上書，言彗不足畏。秦檜大喜，遂特改京官。

六月己亥朔，知信陽軍馮榮叔代還〔八〕，言：「京西、淮南民之歸業者尚少，望詔有司止收半税以勸耕墾。」上諭大臣曰：「若荒田耕墾得遍，大爲國家之利。今邊境寧静，人思歸業，然所在尚有占留之弊，可令户部措置。」

秋七月己巳，上謂大臣曰：「今旱雨甚霑足〔九〕，方欲祈禱，遂得之，歲事有望，聞米麥甚賤，小民易活，亦可慶也。」時嶺南州縣多不雨，而廣之清遠、韶之翁源、英之真陽三邑尤苦鼠害，雖魚鳥蛇皆化爲鼠，數十爲群，禾稼爲之一空焉。壬申，檢校少傅、和國公張浚依舊特進、提舉江州太平觀、連州居住。先是，浚因星變，欲力論時事，以悟上意。以其母太夫人計氏年高，言之必被禍，恐不能堪。計氏見其形瘠，浚具言所以，計氏誦其父咸紹聖初舉制科策曰：「臣寧言而死於斧鉞，不忍不言而負陛下。」浚意遂決。即上疏言：「當今事勢如養大疽於頭目心腹之間，不決不止，決遲則禍大而難測，決疾則禍輕而易治，惟陛下謀之於心，斷之以獨，謹察情僞，豫備倉卒，庶幾社稷有安全之理。不然，日復一日，後將噬臍。異時以國與敵者，反歸罪正議，此臣所以食不下咽，而一夕不能安也。」於是秦檜以謂時已太平，日興彌文，諱言兵事，見之大怒。御史中丞何若即奏：「浚居常怨恨，以和議非便，惟欲四方多事，僥倖再進，包藏禍心，爲害實大。」故有是命。戊寅，國子監言：「今年秋試額外補中之人，乞令待闕，至科場年，許赴監依不滿年人例取應，仍自來春住補。俟科場了畢有闕日檢舉施行。」先是，四方就補者益多，乃分場引試，士有更名冒試至於再三者。御史中丞何若嘗以爲言。上曰：「士人進取之弊一至於此，不可不革。今日之所養，則他日之所爲可見矣。」於是學官以爲言，乃改用三歲之法焉。丙申，江東轉運司、建康府言：「本府民户所欠官錢六萬餘緡，委是貧乏無可催理，乞特賜蠲免。」〔一〇〕權户部侍郎李朝正乞令總領所審實蠲放。從之。

八月戊戌朔，尚書吏部員外郎周執羔守右司員外郎。上覽除目，曰：「人才須廣訪而選用之。所薦者君子，其人自君子，所薦者小人，其人自小人。觀所薦者，其人可知矣。」辛丑，築高禖壇。初，監察御史王鎡以上繼嗣未立，請行親祠高禖之禮。禮官言：「自祖宗以來，惟兩制侍祠，乞命執政侍祠。」乃改築於圜丘之東。庚戌，秦檜奏：「臣昨准玉牒所取臣向者圍城中推戴趙氏事迹，乞經聖覽，降付本所。」上曰：「忠義之節，書之信史，萬世不朽。」辛酉，監察御史王鎡獻戚里元龜三卷。詔遷一官。鎡初爲皇后宅教授，上命採歷代戚里故事可爲法則及鑒戒者，論次成帙。至是上之。金人遣蕭保壽奴與蒙國議和，蒙人不肯。

九月己巳，撫州布衣吴澥進宇内辨歷代疆域志，吴沆進易璇璣三墳訓義。太學博士王之望言：「三墳書無所傳授，疑近世好事者所爲。」詔澥永免文解，沆以書犯廟諱，故賞不及焉。己丑，進呈戚方已到供職。上曰：「自今諸將出入，如身之使臂，臂之使指，無不如意，兹爲可喜。」丙申，詔：「武成王廟從祀諸將，升趙充國於堂，降韓信於廡下。」用權國子司業陳誠之請也。是月，左朝奉郎陳剛充荆湖北路提舉常平司幹辦公事。剛投匭上書，論恢復事，大略謂：「當以和好爲權宜，戰守爲實務。」疏入，上諭秦檜令除郎官。檜不樂，乃言：「剛資歷未深。」遂有是命。剛秩滿代歸，遂不復仕。後數歲卒於家。剛爲人强直，登第三十年，莅官纔九考，所至皆有可稱。

冬十月，新禮器成。戊戌，上觀於射殿。宰執、侍從、臺諫、南班宗室、禮官、正刺史以上皆與。觀景鍾奏新樂，用皇祐故事也。己酉，上曰：「今天下無事，民事最急。監司、郡守須是擇人。監司得人，爲縣者自不作過，蓋縣官皆銓注，難别賢否，全在考察，昏繆不任者別與差遣，清强有才則宜擢用之。」庚戌，知臨安府沈該乞展兩淮起稅之限。上謂宰執曰：「財賦須知取予之道。如知取之爲取，不知予之爲取，非久利也。淮南民若盡歸業，則其利甚廣矣。」

十一月庚午，言者奏：「近來詩賦、經術，各以就試人數分取，大抵習詩賦者多，故取人常廣，治經術者鮮，故取人常少。恐寖廢經術之學矣。欲望命有司再加討論。」上曰：「當日行詩賦，爲士人不讀史。今若專用詩賦，士人不讀經。大抵讀書當以經義爲先，所論宜令禮部看詳以聞。」丙子，合祀天地於南郊。始命普安郡王亞獻，恩平郡王璩終獻。是歲，備祭器，設八寶，如政和之儀。太史局令胡平言三台星見。上謂秦檜曰：「此國家大典禮，及期而晴，誠可慶也。非卿等協贊，何以致此。」辛卯，上曰：「爵禄所以勵世，如有可與，則文臣便至於侍從，武臣便至於建節，如其不可，雖一命亦不容輕授。」

十二月，四川宣撫副使鄭剛中奏減兩川米脚錢三十二萬緡，激賞絹二萬匹，免創增酒錢三萬四千緡。許之。戊戌，詔以四川總制錢五十萬緡備邊費。夜，彗星出西南方。己亥，詔避殿減膳。乙巳，彗星滅。辛亥，進士章公奎上書言預借之弊。上曰：「此事有否？朕與鄰國通和，止爲百姓，若預借以擾民，失朕本意。」乃詔户部取索措置。

丁卯，紹興十七年春正月乙卯，手詔曰：「朕惟軍興二十餘年，黎元騷動，故力圖罷兵以冀休息。今疆埸無虞，流徙有歸，四境之内，舉獲安堵，朕心庶幾焉。尚慮監司、郡守不能深體朕意，致或刻削苛細，進獻羨餘，失朕愛民本旨。自今敢有違戾，仰御史臺彈劾。監司各許互察，部内犯而失按，必與併坐，布告中外，咸體朕意。」左朝議大夫李椿年權尚書户部侍郎，專一措置經界。椿年以憂去，有司因稍罷其所施行者。及是，椿年免喪還朝，復言：「兩浙經界已畢者四十縣，其未行處若止令人户結甲，慮形勢之家尚有欺隱。乞且依舊圖造簿，本所差官覈實。若先了而民無争訟，則申朝廷推賞。如守令慢而不職，奏劾取旨。」從之。己丑，詔：「近免税米，而所過尚收力勝錢〔二〕，其除之。其餘税則，並與裁減。」上因言：「薪麵亦宜免税。商旅既通，更平物價，則小民不致失所矣。」辛卯，左迪功郎陳介言：「國家須降鄉飲酒儀式，而州郡所行疏數不同，望令三歲科舉之年行之於庠序。」國子監言：「欲依介所請，如願每歲舉行者，聽從其便。」從之。壬辰，簽書樞密院事李若谷參知政事。御史中丞何若簽書樞密院事。

二月辛丑，進呈臨安府減定官私房緡。上曰：「公私須令均一，天下事皆當如此。」乙巳，上親祠青帝於東郊，以伏羲、高辛配。普安郡王亞獻，恩平郡王終獻。又祀簡狄、姜嫄於壇下，樂舞如南郊之制。辛酉，參知政事李若谷提舉江州太平觀。以御史中丞汪勃論其不忠不孝也。

三月丁卯，捧日天武四廂都指揮使、御前左軍統制牛皋卒。前一日，都統制田師中大會諸將，皋遇毒而歸，至是卒。或謂秦檜密令師中毒之，聞者莫不歎恨。己巳，上謂秦檜曰：「人材難得，惟在賞罰勸沮。卿可選用所知，若協濟國事，得三五人即庶僚胥化，其不靖害治者顯黜勿貸，庶知懲畏。」乙亥，簽書樞密院事何若引疾罷，提舉江州太平觀。丁丑，知光州鄭絪代還，乞令國子監裒集上即位以來惠民愛物手詔，編類刊印成書，守、令陛辭門謝日，人賜一秩。從之。己卯，翰林學士段拂參知政事。乙酉，太師、尚書左僕射、魏國公秦檜以郊恩徙封益國公。戊子，太傅、醴泉觀使、清河郡王張俊移節靖江、寧武、靖海軍，太傅、醴泉觀使、咸安郡王韓世忠移節鎮南、武安、寧國軍。辛卯，上曰：「士大夫有專於爲己而不肯任事者，但當與之祿食，使不失所而已。」金人與蒙國始和，歲遺牛羊、米豆、綿絹之屬甚厚。於是，蒙王敖羅孛極烈自稱祖元皇帝〔三〕，改元天興。

夏四月丙申，減諸路免行錢三分之一。己亥，御史中丞汪勃簽書樞密院事。辛丑，右正言巫伋兼崇政殿說書。自秦熺兼侍讀，每除言路，必與經筵，朝廷動息，臺諫常與之相表裏焉。庚戌，上謂秦檜曰：「近覽吴適所進大衍圖辨證易中差誤，卿當審詢其人，當處以庠序之職。」丙辰，制造御前軍器所監造官馬元益特勒停，送桂陽監編管。元益上疏乞出兵。秦檜奏：「其語言狂妄，擬編置。」上曰：「真宗皇帝澶淵之盟，虜人百年不犯邊塞。今者和議人多異論，朕不曉所謂，止是不恤國事耳。若無賞罰，望其爲國實難。自今用人宜求靖共之操，如其不然，在朝廷者與之外任，外任者置之閒散，閒散而又不靖者，加以責罰。庶幾勸懲，不至專爲身計。賞罰既行數年後，可望風俗丕變矣。」己未，詔責授清遠軍節度副使、吉陽軍安置趙鼎，遇赦永不檢舉。

五月乙丑，雨雹。己巳，提舉江州太平觀洪皓責授濠州團練副使〔一三〕，英州安置。

六月丙申，上謂秦檜曰：「雨澤稍頻，細民不易。」檜曰：「前日蒙宣，問常、潤江南闕雨。臣弟棣赴宣州新任，近得本州申報，雨已霑足。」上曰：「此時多雨，陂塘有所瀦蓄〔一四〕。秋或旱乾，可備灌溉。農夫有豐稔之望，甚可喜也。」戊申，太學博士王之望面對：「舉人程文所純用本朝人文集數百言〔一五〕，或作歌頌，及用佛書全句，舊式皆不考，建炎悉從删去，故多犯者。望申嚴行下。」從之。乙卯，宰執進呈殿前司游奕軍統制成閔招降到福建賊徒，等第補官。上曰：「銷弭盜賊，當爲遠慮，若但招安補授，恐此輩以嘯聚爲得計，是啓其爲寇之心。今已招到且依所乞，可劄下諸路，日後不許招安。」戊午，普安郡王瑗徙常德軍節度使，恩平郡王璩徙武康軍節度使。

秋七月戊辰，添差通判袁州劉伯英提舉荆湖南路常平茶鹽公事〔一六〕。伯英爲檜所善，在湖南創造宅堂，至飾以塗金，衙前盜用官課者，皆納其女而釋之，人不敢問。己巳，大府少卿趙不棄自蜀中還，入對，上謂秦檜曰：「不棄必深知四川財賦，計今調度給足，則軍興以來凡所科敷並可蠲罷。朕所以休兵講和，蓋爲蘇民力耳。如其不然，殊失本意。」壬申，知荆南府劉錡提舉江州太平觀。錡鎮江陵凡六年。癸酉，敕令所奏：「諸遭喪應解官，而臨時竄名軍中規免執喪者，徒三年。所屬知情而爲申請起復者，減二等。」先是，上數諭大臣，以爲有傷風教，至是立法。徽猷閣直學士、左奉議郎胡寅引疾告老。詔遷一官，仍舊職致仕。庚辰，詔四川宣撫副使鄭剛中令赴行在奏事。知成都府李璆權四川宣撫司職事。秦檜不樂剛中，剛中頗覺之，私謂人曰：「孤危之迹，獨賴上知之耳。」檜聞愈怒。剛中在蜀六年，事或專行，其服用往往踰制。趙不棄還朝，頗文致其事，故剛中遽罷。癸未，詔李璆、符行中同共參酌措置減放四川科敷錢物。乙酉，李觀民知濠州代還入見，言：「陛下信任一德之臣，修講鄰好，力偃戎兵，而民免於塗炭者，七年於茲。頻歲有秋，人皆樂業。伏願戒飭邊臣，毋致少有生事，庶幾仰承德意之萬一。」從之。丙戌，秦檜奏以謝尋知潮州。上曰：「凡除郡守，莫須到堂否？」檜曰：「例須參辭。」上曰：「今既休兵，正以民事爲急，卿宜更加詢審，如昏耄無取者，不若只與宫祠。」

八月癸卯，責授清遠軍節度副使趙鼎卒。鼎在吉陽三年，故吏門人皆不敢通問。廣西經略使張宗元時遣使渡海，以醪米饋之。太師秦檜令本軍月具鼎存亡申尚書省。鼎知之，遣人呼其子汾謂之曰：「檜必欲殺我，我死，汝曹無患。不爾，誅及一家矣。」乃不食而卒，年六十三。四方人聞之，有泣下者。丙辰，詔自今百官應轉對而以病告者〔一七〕，並俟疾愈日上殿。時秦檜惡聞人言，百官當面對者，多稱疾不入。上怪之，故有是命。丁巳，秦檜因論及月椿錢，上曰：「卿未還朝時，朱勝非創起月椿，朕每以爲非理，屢與宰執言，終未能大有所蠲減。卿可從長措置，庶寬民力。」乃詔諸路監司、郡守將寬剩錢物椿管，每季具數申省，聽候撥充月椿。

九月己巳〔一八〕，減四川科敷虚額錢歲二百八十五萬緡。用宣撫副使鄭剛中、總領官符行中奏也。於是減四川市估錢五分之一〔一九〕，夔路鹽錢六分之一，坊場河渡浄利抽貫税錢十分之四。又減兩川米脚錢四十二萬緡。時行中得宣撫司降賜庫見椿米一百萬石，乃命行中酌度對糴分數均減。甲戌，直祕閣吕摭除名，梧州編管。秦檜追恨頤浩不已，使台州守臣曾惇求其家陰事，送獄窮治。摭懼罪陽瘖，乃以衆證定罪，於是一家破矣。己亥，户部具到江東西諸州月椿錢二十二萬七千餘緡。上曰：「科敷之類，富者猶不能堪，下户何所從出。若計諸州羨餘以減月樁，誠寬民力。朕備嘗艱難，知細民闕乏，雖百錢亦不易得，故不欲妄費，或有餘財，即命樁留以待緩急。庶幾臨時不至失措。」丙子，四川宣撫副使鄭剛中罷，仍令於鄂州聽旨。癸未，執政進呈大理正章燾面對，乞命監司、郡守察縣令之賢否。上曰：「令最親民，不能一一銓擇，不職而後治之，百里已受其弊。有治狀者當議擢之，庶其知勸，實惠及民矣。」丙戌，詔：「江浙見輸折帛錢太高，慮民難出。今紬帛各減價，每匹江南六千，兩浙七千，和買六千五百。綿每兩江南三百，兩浙四百。自明年始。」先一日，秦檜進呈：「諸路監司、守臣，自今所部縣令治狀顯著者，保明聞奏。」上曰：「當今正以惠養百姓爲先務。」檜曰：「如民間折帛錢太重，理宜蠲減。」上曰：「朕久有此志。祖宗時，每縑價直八百，官司乃以一千和買。民間既免舉債出息，及絲蠶收成之後，並皆樂輸。趙鼎、張浚爲相時，乃創折帛之請，令人户折納見錢，殊爲非理。若隨逐路色額減納錢數，非唯可蘇民力，且使知朕所以休兵之意。」至是行下。

冬十月辛卯，日有食之，陰雲不見。癸卯，詔建太一宫於行在。右正言巫伋論：「州縣奉行詔條違戾，不稱陛下愛養元元之意，望令以前後詔書編次成册，置之廳事，常切遵守。」翌日，上謂大臣曰：「朕屢降寬恤指揮，而守令不能奉承，安得惠及百姓。可如伋奏，仍令監司按劾，以警慢吏。」己未，錢塘縣言龍山院降甘露。詔付史館。

十一月壬戌，上諭大臣曰：「諸郡災傷，宜令留意檢放，不可苟取一時租稅，致民逃移，難以復業。」丙寅，太師、尚書左僕射、提舉詳定一司敕令秦檜上紹興常平免役敕令格式四百九十九卷。詔鏤板頒之。丁卯，權禮部侍郎周執羔請復賜新及第進士聞喜宴於禮部貢院。從之。自軍興廢此禮，至是乃復。丁丑，右正言巫伋言：「選人改官，銓法注知縣，蓋舉詞皆云堪充親民任使。祖宗立法之意，止要爲民擇官，而比來改秩無意作縣，多干堂除，則是與舉詞已相戾矣。望令吏部並注知縣，不惟親民之官得人，亦可革奔競之風。」上曰：「銓曹自有成法，可令遵守。」左奉議郎洪适、右朝散郎通判濠州曾恬並罷。适通判台州，與守臣曾惇不相能。恬少嘗尊事楊時、謝良佐、劉安世、陳瓘，得存心養性之學。及爲大宗正丞，秦檜專政，士方求媚以取要官，而恬自守無所詘。殿中侍御史余堯弼論适姦險强暴得自家傳，恬自謂趙鼎門人，常懷怨望。遂絀之。既而恬又坐擅興工役貶秩。

十二月丙申，初賜百官喜雪御筵於秦檜第。右承議郎劉子翬卒。子翬既奉祠，盡棄人事，獨居一室，意有所得，則筆之於書，四方學者多從之。至是，微疾，即入謁家廟，泣別其母，遍以書告決素所與往來者。召其兄子珙付以家事，指示葬處。與學者講説修身求道之要，作訓戒數百言。彈瑟賦詩，澹然如平日，居兩日而没。其所著作聖傳十論等書皆行於世。癸卯，婺州進士施鍔進中興頌行都賦各一首，紹興雅十篇。詔永免文解。庚戌，都大提舉川秦茶馬監牧公事韓球始至成都〔三〇〕。自趙開以來，每茶百斤除其十勿算，球至官，遂盡取園户加饒之茶增爲正額，有一場而增至二十萬斤者。民知輸官不補所得，於是起爲私販。球又榷忠、達州茶，即渠、合、廣安軍置場賣引，歲以八萬斤爲額。然商人以利薄不通，第以引錢敷民間耳。民甚苦之。甲寅，資政殿學士鄭剛中落職，提舉江州太平興國宫，桂陽監居住。先是，殿中侍御史余堯弼再論：「剛中抗命偃蹇，遲留不行。」右正言巫伋復論剛中四罪。故有是命。言者論會稽士大夫家藏野史，以謗時政。於是李光家書萬餘卷，其家皆焚之。

戊辰紹興十八年春正月戊辰，諸王宫大小學教授林大鼐爲太常寺主簿，仍兼祕書省校勘書籍。大鼐初爲舉子，嘗答策言秦檜靖康忠義之節。檜時閒居永嘉，見其文默識之。至是，稍獲薦用。丁丑，太常博士駱庭芝罷。先是，參知政事段拂聞趙鼎死於海南，爲之歎息。秦檜怒。殿中侍御史余堯弼將按拂罪，先奏庭芝密與執政私交，漏泄機事，遂罷之。自是拂不安於位矣。左承議郎張闡添差通判泉州。自秦檜專國，朝士爲所忌者終身以添倅或帥幕處之，未嘗有爲郡者。辛巳，命權工部侍郎李椿年同看詳諸路監司、郡守條具裕民文字。壬午，殿中侍御史余堯弼入對，論參知政事段拂滅棄人倫。戊子，輔臣進呈，上語及人材，因謂秦檜曰：「士專謀身，國家何賴。勵世磨鈍，惟在進賢退不肖。」檜曰：「此乃致治之要。」上曰：「但審其賢否而進退之，則人自知勸沮矣。」

二月癸巳，上諭大臣曰：「兩浙漕司舉人聞有勢之家行賂假手，濫占解名，甚諠士論。今貢舉鎖院在近，可令禮部立賞，許人告捕。」甲午，詔假手者許就試舉人告獲，取旨補官，仍賜出身。乙未，參知政事段拂提舉江州太平興國宫。尋落職，興國軍居住。簽書樞密院事汪勃兼權參知政事。

三月壬戌，詔政和八年已前實得兩解貢人，不限年並特與奏名，許就殿試。到省一舉、見年五十五以上者，令本貫保明申部，内開封府、國子監舉人，召見任京朝官二員保奏，並結除名罪，當議特與推恩。

揮麈録曰：靖康之亂，文字散失。南渡之後，禮部老吏劉士祥者大爲姦利，士子之桀黠者，相與表裏〔二〕，云某歲曾經省試下〔三〕，合該年免，既下部，則士祥但云省記到，因而僥倖遂獲推恩者不知其數。

壬申，名行宫之南門曰麗正，北門曰和寧。庚辰，上初詣太一宫。以宫成故。凡一百七十楹。既而禮部侍郎沈該等言：「鑾輿詣宫，皎日晴霽。車駕還内，雨澤復作。有此祥應，望宣付史館。」從之。壬午，提舉萬壽觀兼侍讀秦熺知樞密院事。一日，太師秦檜問敕令所删定官胡寧曰：「兒子近除外議如何？」〔三〕寧曰：「外議以爲公相必不襲蔡京之迹。」寧，寅弟也。

講義曰：檜以其子熺爲樞密，欲以代居相位，兩府合爲一矣。

甲申，浙西副都總管王安道落階官，爲宣州觀察使。時安道之父繼先有寵，秦檜使其夫人王氏與之叙拜爲兄弟，往來甚密。貢院言：「博學宏詞科武進尉周麟之、婺州州學教授季南壽合格。」詔並與堂除。自是恩始殺矣。

夏四月戊子朔，日有食之，陰雲不見，詔付史館。庚寅，上策試正奏名進士於射殿。先是，權吏部侍郎知貢舉邊知白上合格舉人徐履等。上問以欲起晉唐之陵夷，接東漢之軌迹，及柔道所理，當有品章條貫。右迪功郎董德元策言：「晉之失，不在於虚無，失於用兵故耳。唐之失，不在於詞章，亦失於用兵故耳。東漢固無如是之失也。」陳孺策言：「今日中興之盛，以言乎内治，則大臣法小臣廉，百姓遂其衣食，萬物蒙其豐美。以言乎外治，則講信修睦，夷夏交驩，邊鄙無虞，五兵不試。東漢之事不足慕也。願申飭邊郡守臣，使兩相撫輯，庶幾邊隙不生，遠人益服。」舉人王佐策言：「王羲之言：『隆中興之業，政以道勝，寬和爲本。』蓋譏當時不務息民保國，而欲以兵取勝也。杜牧有言：『上策莫如自治。』蓋譏當時不計地勢，不審攻守，而徒務爲浪戰也。況陛下今日任用真儒，修明治具，足以鋪張對天之宏休，揚厲無前之偉績。則光武之治不足深羨。」〔二四〕權禮部侍郎兼直學士院沈該初考，權户部侍郎李朝正覆考，工部尚書詹大方詳定，乃奏德元第一，孺次之，佐又次之。既而以故事遞降，遂擢佐爲首，賜佐以下三百三十人及第、出身。庚子，知樞密院事秦熺提舉萬壽觀兼侍讀，提舉祕書省。熺言：「父子共政，理當避嫌。」故有是命。仍詔熺應干恩數、請給等並依見任宰臣例〔二五〕。乙巳，特奏名進士俞舜凱等四百五十七人，武舉進士柯熙等七人，特奏名一人賜第授官有差〔二六〕。癸丑，知建康府晁謙之罷。先是，方雲翼自禮官罷歸，後起爲江東安撫司參議官。檜念之，薦於謙之。雲翼干擾不已，謙之怒其無厭，以書白之，會雲翼代還，檜以問雲翼，雲翼愕然曰：「王庶之子比過金陵，晁館之於宅堂者四日。」雲翼嘗勸晁不當留，晁即日津發前去，不料其陰憾雲翼至於此也。」檜默然，即諭殿中侍御史余堯弼，乃奏：「謙之朋姦稔惡，日懷怨望，志在動摇國是。」故有是命。丙辰，知平江府鄭滋知建康府。滋再守平江，政事多弛。兩浙轉運判官湯鵬舉宣言欲按之。始，秦檜舉進士，滋爲兩省參詳官。至是，檜因鵬舉應辦北使，寓書於滋，稱門生。鵬舉見之，幡然更奏其治狀，遂有是命。

五月辛酉，權禮部侍郎兼直學士院沈該言：「國家乘火德之建，以王天下。望用故事，即道宮別立一殿，專奉火德，配以閼伯，而祀以夏至。」從之。後建殿於太一宮，名明離。甲子，命有司繪配饗功臣像於景靈宮廷之壁。癸未，添差兩浙東路馬步軍副都總管李顯忠降授平海軍承宣使、提舉台州崇道觀，本州居住。先是，虜使嘗言顯忠私遣人過界。詔令分析，會顯忠上恢復之策於朝，秦檜怒，乃奏顯忠不遵禀聞奏，止用申狀。故有是命。甲申，罷四川宣撫司。

六月癸巳，右朝奉郎鄭靄爲夔州路轉運判官。秦檜與之親厚，故超用之。甲辰，用林大鼐議，始築九貴神壇於東郊，祀禮如感生帝。戊申，士民曹溥等千三百人進表，請上尊號。上不許。乙卯，新知江州吳秉信罷。秦檜怒鄭剛中不已，遣太府寺丞宋仲堪即江州置司，究其陰事。殿中侍御史余堯弼奏：「秉信乃剛中心腹之人。」故秉信遂罷。

秋七月乙丑，新江西轉運判官賈直清乞於縣官中選有出身人，兼縣學教導。上謂大臣曰：「州縣選官教導，乃教化本原。將來三年科場亦有人材可備采擇。」乃令禮部參酌如所請。癸未，提舉太平興國宮張嵲獻紹興中興復古詩，詔嘉獎。

八月癸巳，權禮部侍郎沈該乞：「四川類省試合格不赴殿試人，第一等並賜進士出身，餘人同出身。」從之。自行在吳中，蜀士不就廷試，榜首率依第三人推恩。講和後稍稍來奉大對。是舉類試策問古今蜀人材盛衰之故，而德陽何耕對策，極論蜀士徇道守節，無心於世，引楚相子文三仕三已之説爲證。又言：「李固無大雅之明哲，卒陷於跋扈將軍之手〔二七〕。議者固已少之。若相如作封禪書，蓋孟子所謂逢君之惡。揚子雲作美新以媚賊，又蜀人所羞道。」有司定爲榜首。秦檜見其州里，大惡之曰：「是敢與張德遠爲地邪。」丙申，簽書樞密院事汪勃提舉江州太平興國宫。丁酉，工部尚書詹大方簽書樞密院事，尋權參知政事。戊戌，知郢州趙叔湝代還〔二八〕，言：「陛下登用耆德，專任一相，坐致不平。望以今日得人專任之效，宣付史館。」癸丑，進呈，上顧秦檜曰：「此卿之功也。朕記卿初自虜中歸〔二九〕，嘗對朕言：『如欲天下無事，須是南自南，北自北。』遂首建講和之議，朕心固已判然。而梗於衆論，久而方決。今南北罷兵六年矣，天下無事，果如卿言。」

閏八月庚申，秦檜奏：「兩國通和，農民安業，墾田漸廣。乞免江、浙、湖南今年和糴。」上大喜曰：「朕向在河朔，見民以爲苦。朝廷所降本錢，州縣往往移用，不以時給，縱有給處，又爲吏多端乞取，十不得一二。今幸時和歲豐，軍儲粗足，朕豈得已而不已也。」戊辰，權禮部侍郎陳誠之請：「太學生入學五年不與薦，及公試不入等者，除其籍。」從之。改行在熟藥所爲太平惠民局。丙子，知福州薛弼言：「本州亢旱，既而大雨，忽傳候官縣有竹實如米，老稚採取，所得幾萬斛，飢者賴以濟。此蓋明天子聖德所感，上相燮理之效，實爲中興上瑞，伏乞詳酌施行。」詔付史館。癸未，執政進呈監察御史陳夔論：「州郡歲以常平米廩給貧民，今多移用。乞令監司覺察。」上曰：「此誠仁政所先。比年州縣奉法不虔，或侵支盜用，而監司失於檢察，或賑濟無術，而僻遠窮困之民不得均被其惠，非所以稱朕矜恤元元之意。宜令户部措置。」乙酉，初，福建路自創奇兵，而草寇悉平。詔以巡檢陳敏所部奇兵四百及汀、潭戍兵之在閩者，並爲殿前司左翼軍，留戍其地。時江海之間，盜賊間作，乃分置諸軍以控制之。如泉之左翼，贛之右翼，循之摧鋒，明之水軍，皆隸本司。由是殿前司兵籍爲天下冠。

九月丙午，簽書樞密院事詹大方薨。

冬十月丙辰，御史中丞余堯弼爲簽書樞密院事兼權參知政事。庚午，上曰：「知縣乃銓注，員多難辨真否，但治行者優擢，罪惡者重責，則咸知勸懲，因此可以得人才矣。」

十一月己亥，新州編管人胡銓移吉陽軍編管。先是，太師秦檜嘗於一德格天閣下，書趙鼎、李光、胡銓三人姓名。時鼎、光皆在海南，廣東經略使王鈇問知新州張棣曰：「胡銓何故未過海？」銓嘗賦詞云：『欲駕巾車歸去，有豺狼當轍。』」棣即奏銓「毁謗當塗，語言不遜」。於是送海南編管。命下，棣選使臣游崇部送，封小項筒過海。銓徒步赴貶，人皆憐之。至雷州，守臣王趯廉得崇以私茗自隨，械送獄，且厚餉銓。壬寅，提舉江州太平興國宮、桂陽監居住鄭剛中再責濠州團練副使〔三〇〕，復州安置。

十二月乙卯朔，上謂大臣曰：「聞紹興飢民有渡江者，可令臨安優給路費遣還。」時明、越、秀、潤、徽、婺、饒、信州皆旱，民多流散。上命有司發粟減賦。至是，復令常平官親往賑給之〔三一〕，毋致失所。庚申，知宣州秦棣卒，官給葬事。棣在宣城，州之何村有富民釀酒，棣遣巡檢將吏士捕之，夜半圍其家。民疑其强盜也，即手鼓聚鄰里共執之，走愬諸棣。棣怒，取民及其子孫三人，用麻繩通纏其體，自肩至足，然後各杖之百，及解縛，三人皆死。其慘毒如此。丙寅，詔提舉常平官分遣屬吏賑恤流民，且貸其春耕之費。尚書省批狀：「四川營田就委都統制檢察，措置耕種，將每年所收斛斗除分給官兵並樁留次年種子外，盡數報總領所拘收，充減免成都府路對糴米十二萬石之數。」舊營田事隸宣撫司，及司廢，乃有是命。戊辰，饒州進士張闡上書，乞：「將四等、五等下户紹興十七年已前拖欠冬苗及諸色官物已倚閣者，即與蠲放。未倚閣者即權倚閣。」上謂大臣曰：「如實無可納，徒有追人，亦足矜也。」乃付户部。既而户部乞：「諸路災傷及五分處，下户欠十六年租稅，除形勢外並與蠲放。十七年分倚閣。如違，當職官重行黜責。仍令憲臣覺察。」從之。壬申，宰執進呈經界事訖。上曰：「諸州月樁錢昨已例減，要當盡行除罷。」秦檜即諭户部侍郎李椿年、宋貺以經總錢措置贍軍。

己巳紹興十九年春正月丁亥，詔紹興府第四、第五等户去年未納租税，並權與倚閣。以旱傷最甚，用提舉常平官秦昌時請也。甲午，將作監丞黄敏行面對，乞戒州縣謹務限之制，毋得夤緣追呼，以妨東作。詔申嚴行下。

二月丁卯，左奉議郎范如圭添差權通判邵州。如圭爲校書郎，以論講和事去國，閒居凡十年。乙亥，詔：「自今監司、守臣代還入見，並令以民事奏陳。」先是，上諭大臣曰：「監司、郡守得替上殿，本欲知民間利病，近來所奏姑應文書，多不及民事，宜行告諭。」故有是旨。辛巳，詔臨安府日下給米賑濟流民。時浙東大飢，其小民行乞都市，有餒死者。上聞閔焉，故有是命。

三月癸未朔，日有食之，陰雲不見。上不視事，百官守職，過時乃罷。庚寅，宰執進呈普安、恩平二王得旨令温習舊書。上曰：「春秋乃舊所習讀，嘗問以經中數事，欲其通解，蓋其義淵奥，須能識聖人之用心，方有自得處。若泥諸儒之説，拘而不通，失經旨矣。」時普安郡王在藩邸，絶意聲色，常以經史自娱。凡六籍之文，悉加講讀，夜則觀古人文集，暇則握筆賦詩，鼓琴習射而已。丙申，上語秦檜：「聞諸郡奏獄空，例皆以禁囚於縣獄，或廂界寄藏，此風不可滋長。自今有奏獄空者，當令監司驗實，如有妄誕，即行按治。仍命御史臺察之。若不懲戒，則奏甘露、芝草之類，崇飾虚誕，無所不至矣。」庚子，上諭大臣曰：「淮甸久平，宜加經理，民復業者，令守令多方恤之，使盡力田畝。數年後方可起税。」甲辰，詔責授團練副使、復州安置鄭剛中許用議減，特免禁錮，移封州安置。初，秦檜怒剛中不已，捕其子良嗣與將吏賓客，即江州同繫，掠治無全膚。獄成，特有是命。良嗣貸死送柳州，剛中至貶所，守臣趙成之希檜意，每窘辱之。剛中竟卒於貶所。

講義曰：秦檜之取三大將兵權也，剛中阿於檜曰：「前所共憂者，一日變爲安平之道，廟堂不動聲色，而三大將惟恐奉上兵籍之不先。彼曲士不通世務、挾口以議政者〔三二〕，亦皆言塞意順。」謂此非常之舉，因爲檜陳善後之策凡七事，非不忠於檜也。一旦積怒，貶死遐荒，將吏賓客無得免者。則世之附麗非人以媒進取者，亦可以爲商鑒矣。

戊申，知普州王輔代還，言：「仁政必自經界始。尚恐蜀遠，未閑措畫〔三三〕，或有謬誤。乞誠敕有司刻意奉行。」上曰：「四川道遠倘如輔所陳，則税愈不實矣。可令措置經界官覺察奏劾。」己酉，進呈，上曰：「州縣官奉行如法，其推恩勿限員數，庶人人知勸。正經界，均税賦，極爲便民，推行之初，臣僚有肆異議圖沮壞者，暨平江均税畢，紛紛之議始息。」

夏四月己未，上曰：「治道民事爲急，數十年來，吏習苟簡，民受其弊。必令監司、守臣遵奉詔條，留意拊循，使民樂其生。」秦檜曰：「保正、耆户長元立法止令管煙火橋道，今承文書、市物、雇夫以至縣官之所私用，種種責辦，革而去之，其利不減於經界。」上曰：「朕頃在河朔，親見其弊。若縣令不得人，民一充役即破産，能去此弊，極爲便民。」庚申，詔御史、監司、守臣如前旨。丙寅，主管台州崇道觀張邵言：「師臣檜有陰功隱德，世所未及知者。臣被旨出使虜軍〔三四〕，有滎州團練使李子厚言：『秦公曾爲徽宗皇帝撰長書，抵虜酋粘罕〔三五〕，引大義以譬曉譙責之，黏罕有慚色。』檜恥自衒，不欲言於人，是以世不得知之。伏望宣付史館。」上曰：「得此書庶幾不致曖昧，可付史館。」戊辰，秦檜奏：「昨日蒙御前降到曹勛所藏臣向在虜廷代徽宗作書稿，書中開陳與今日事無一不合，因知講和本出徽宗聖意。」上曰：「自頃用兵，朕知其必至於講和而後止。在元帥府時，朕不知有身，但知有民，故惟和好是念。」檜曰：「此所以誕受天命。」上曰：「用兵蓋不得已，豈可樂攻戰。中國之有夷狄，猶陽之有陰，自古無殄滅之理。使可殄滅，秦皇、漢武爲之矣。本朝真宗與契丹通和百有餘年，民不知兵。神宗雖講武練兵，實未嘗用。朕自始至今，惟以和好爲念。蓋兼愛南北之民，以柔道御之也。」是日，日左右生青赤黄珥，太史局言係是祥應，乞付史館。從之。戊寅〔三六〕，張邵充敷文閣待制、提舉江州太平興國宫。制詞略曰：「惟時秉節之臣，親見特書之事，誦説賢宰，彰明尤切。」〔三七〕邵自北方還，即被逐，閒居凡七年乃上此奏焉。建康府言甘露降。是月，太白蝕月。

五月壬午朔，詔汀、漳、泉三州且據見今耕種田土，紐計頃畝收納二税。其未耕種田段二税權行倚閣。時初行經界法於諸路，而劇盜何白旗擾汀、漳、泉三州，故有是旨。乙酉，户部員外郎周莊仲面對，請復蜡祭之禮。其禮：東西方百神視感生帝，南北方視嶽瀆，皆以臘前一日祭之。丁未，王大寶知連州代還，言：「連、英、循、惠、新、恩六州居民才數百，非商販之地，月輸免行錢，望更審量裁減。」上謂大臣曰：「守臣上殿，令以民事奏陳，遂得民間疾苦，所陳五六，得一可行，爲利不細。」乃命本路漕司具合減數申省。

六月丁巳，左迪功郎王庭珪特勒停，送辰州編管。胡銓之貶也，庭珪爲衡州茶陵縣丞，以詩送之，有曰：「癡兒不了公家事，男子要爲天下奇。」銓鄉人歐陽安永告之，以爲謗訕朝政。庭珪遂坐貶。戊午，太師、尚書左僕射兼提舉詳定一司敕令秦檜上吏部續降七司通用法四百三十五卷。丙子，王普添差通判邵州，代范如圭也。二人嘗官館學，爲秦檜所怒，終其身以郡倅處之。

秋七月辛巳，楊惇知舒州代還，乞誡監司、守臣修水利。詔付户部。上曰：「平江隄堰不修，歲輸米比舊虧十萬斛。臨安西湖民間灌溉所資，其利不細，歲久亦填淤，宜悉令修治。」辛卯，秦檜以甘雨應祈，乞拜表稱賀。上曰：「更五日不雨，則傷稼。如浙東田高，得此雨極濟，秋成可必。」主管台州崇道觀許忻知邵州。忻以論事忤秦檜意，屏居臨川，閉户少所賓接。舉人陸九齡年尚少〔三八〕，忻一見亟折輩行與深語。至是，遂與之俱。九齡，金溪人，初入郡學時〔三九〕，場屋無道程氏學者。九齡從故編得其説，獨委心焉。因結茅舍旁講習，兼晨夜不怠，如此者十餘年。壬寅，右諫議大夫巫伋論：「鎮江府見於民間科借苗米，追呼箠撻，不勝其擾。乞禁止，其官吏重賜黜責。」癸卯，秦檜奏事畢，上曰：「巫伋言鎮江預借事，不知何故闕乏乃爾。可令監司經理，其守臣先罷。」時曾惇爲秦檜所厚，驟用知鎮江，至是纔數月也。

八月辛亥，敕令所言：「臣僚劄子，乞詳議民事一罪，欲乞並依見行條法施行。」從之。自張浚當國，始議州縣官緣民事致罪者，終身不許治民。行之數歲，論者數以不便爲言，然終不能改。辛酉，宗正寺丞王葆面對論役法。上令户部詳其的確利害。本部乞：「女户無子及得解舉人、太學生、單丁並免身役。即特旨及因恩免解人聽募人充役，官司毋得追正身。」從之。

九月癸巳，詔新通判汀州李璹特放罷。坐嘗與新州編置人胡銓交結，爲守臣張棣所劾也。戊申，上命繪秦檜像，自爲贊曰：「維師益公，識量淵沖。盡闢異議，決策和戎。長樂温清，寰宇阜豐。其永相予〔四〇〕，凌煙元功。」因出示群臣，藏於祕閣。

冬十月癸丑，提舉萬壽觀秦熺爲郊祀禮儀使〔四一〕。渡江後，五使以祠官爲之，蓋自此始。己未，幹辦行在諸軍糧料院王珏提舉兩浙西路常平茶鹽公事。先是，秀州歲以錢給亭民煮鹽，至十五年，積十九萬七千餘緡不給，亭民無以煮鹽，訴於朝。上曰：「亭户宜恤，不則逃去，其害非細。可令户部究實。」於是用珏。珏至官踰年，盡償所負，又開華亭海鹽河二百餘里，鹽滋得通流，其溢以溉田。經界之法行，甚害者三百六十九事，其七千二百二十七户尤爲病。珏奏除之。珏，安石曾孫也。知新州張棣提舉荆湖北路常平茶鹽公事。以其再劾胡銓也。棣至官一日卒。時責授濠州團練副使洪皓在英州〔四二〕，閩人祝詧爲守，詧老矣，聞棣以巧中遷客取使節，欲效之，即捕皓家奴，置獄中，釀成其罪。未及發，而詧死，事乃解。降授文州刺史辛永宗特勒停，送肇慶府編管。永宗已嘗立軍功，給真俸。守臣呂稽中知永宗爲秦檜所惡，劾其冒請全俸，當計以贓。稽中先以計取永宗所受御札送檜矣，永宗由是不能自明。詔支過請給令稽中依條追理。稽中選郡僚之苛刻者籍其家以償欠，一簪不得留。庚午，知平江府王晌直祕閣、知建康府兼行宮留守司公事〔四三〕。建康自置留守後，以庶官爲之，蓋自晌始。

十一月癸未，祕書省著作佐郎劉章面對，言：「元豐嘗編郊廟奉祀禮文，乞命官爲紹興郊廟奉祀禮文，以續元豐之書。」上嘉納之。壬辰，合祀天地於南郊，太史局令胡平奏帝座及三台星體明耀，禮畢還御麗正門，建金雞，赦天下。辛丑，尚書户部侍郎李椿年罷。椿年首陳經界之議，及是始畢。甲辰，詔諸郡行鄉飲酒之禮以取士。先是，司農卿湯鵬舉請對，論：「舉人多冒貫求試，乞於未下科詔前，令州縣籍定來歲當應舉人名，預先引保委無僞冒，然後許赴鄉飲酒。若臨時投狀射保者，並不收試。」事下禮部，至是，乃頒行焉。丙午，上謂秦檜曰：「經界人户多訴不均，當與受理，若不受，重税將無以輸納。」

十二月壬子，祕書省著作佐郎林機面對，言：「訪聞有異意之人，匿迹近地，窺伺朝廷，作爲私史，以售其邪謀僞説。欲望密加搜索，嚴爲禁絶。」甲寅，上謂秦檜曰：「此事不應有，宜行禁止，許人陳告，仍令州縣覺察，監司按劾，御史臺彈奏，並取旨優加賞罰。」於是李光之獄遂起。丁巳，金人殺其主亶，金主亮即位。戊午，知潭州劉昉乞更名旦。從之。丁丑，祠部員外郎胡寧、祕書省著作佐郎劉章並罷。章有士望，秦檜疑其不附己，而寧本因其父兄與檜厚，故召用之。至是，檜知寧兄致仕寅之貧，因其往建州省覲世母，遺以白金。寅報書曰：「願公修政任賢，勿替初志。尊王攘狄，以開後功。」檜以爲譏己，始怒之。寅嘗游嶽麓寺，大書壁間云：「是何南海之鰐魚，來作長沙之鵬鳥。」於是帥臣劉昱方欲捃摭張浚諸人之罪，而昱潮陽人也，亦大怒，復訟寅於檜。侍御史曹筠即奏寧兄弟阿附趙鼎，章居衢州，與鼎賓客交通，私相朋比。乃以章通判均州，而寧充夔州路安撫司參議，責授濠州。團練副使解潛居南安軍，至是疾劇，張九成往省之，謂曰：「太尉平日所懷，亦有不足者否？」潛泣曰：「平生惟仗忠義，誓與敵死，以雪國恥，而不肯議和，遂爲秦公所斥，此心惟天知之。」九成曰：「無愧此心足矣，何必令人知。」潛曰：「聞此言，心中豁然矣。」即逝。九成壯之。時秦檜猶怒潛，故喪不得歸，逮檜薨，乃聽之。

庚午紹興二十年春正月丁亥，太師尚書左僕射秦檜趨朝，有挾刃於道者，遮檜肩輿欲害之，傷大程官數人。一軍校奮而前與之敵，衆奪其刃，遂擒送大理寺驗治，則殿前司後軍使臣施全也。自罷兵後，凡武臣陳乞差除恩賞，檜皆格之，積百千員無一得者。客行朝餓且死者，歲不下數十。至是，全以所給微而累衆，每牧馬及招軍，勞而有費，以此怨忿，遂潛攜刃作過。壬辰，磔於市。自是檜每出，則列五十兵持長挺以自衛。甲午，普安郡王第三子惇爲內率府副率。丙午，兩浙轉運判官曹泳言：「左承務郎李孟堅省記父光所作小史，語涉譏謗。」詔送大理寺。初，光在貶所，嘗作私史，孟堅間爲所親新諸王宮大小學教授陸升之言之。升之訐其事，命泳究實申省。及是進呈。

二月庚戌，軍器監丞齊旦面對，乞春月禁民採捕。秦檜曰：「正爲孳育之時。」上曰：「此係利害。」乃下之刑部。既而本部言：「春月在法不許採捕，若止科違令之罪，恐難禁止。今欲犯者杖八十。」從之。初，右朝請大夫路彬提點廣西刑獄公事代還，言靜江府、昭州夏税折布錢最重於諸州〔四四〕。上令户部看詳裁減。户部言：「二郡歲撥上供布九萬二百八十一匹，欲於見納價上三分減一，每匹折納錢一千。」從之。上又曰：「昨令監司、守臣任滿並以民事奏陳，彬可除職名，與見闕監司，以示激勸。」丙辰，初作玉牒所。

三月癸未，簽書樞密院余堯弼參知政事〔四五〕，給事中、權直學士院巫伋簽書樞密院事。戊子，觀文殿學士、提舉萬壽觀秦熺爲特進，加大學士，充觀使。丙申，詔責授建寧軍節度副使、昌化軍安置李光永不檢舉。右承務郎李孟堅特除名〔四六〕，峽州編管。先是，孟堅以小史事繫獄，至是獄成，故有是命。於是，前後從官及朝士連坐者八人。徽猷閣直學士致仕胡寅坐與光通書，朋附交結，特落職。戊戌，上謂大臣曰：「近有人上書，陳農田利害。農者，天下之大本，可即施行。」是日，内降詔曰：「昨李椿年乞行經界，初欲去民十害，遂從其請。今聞寖失本意，可令户部逐路選委監司一員，逐一看詳，應便於民者，依已經界施行。其乖謬反爲民害事目，並日下改正，具申省部。日後以當否取旨黜陟，間遣御史前去察訪。」庚子，詔巫伋兼權參知政事。壬寅，右正言章夏奏：「左承議郎致仕胡寅天資凶勃〔四七〕，敢爲不義。寅非胡安國之子，不肯爲親母持服，此其不孝之大罪也。寅初傅會李綱，後又從趙鼎，建明不通鄰國之問，其視兩宮播遷，如越人視秦人之肥瘠，後來梓宮既還，皇太后獲就孝養，寅乃陰結異意之人作爲文記，以爲今日仕進之人，將赤族而不悟，此其不忠之大罪也。」詔寅責授果州團練副使、新州安置。乙巳，上書秦檜父、故玉山縣令敏學墓碑首曰「清德啓慶之碑」。

夏四月己未，起居舍人兼玉牒所檢討官王曮言：「本所見修玉牒，竊見靖康二年太師秦檜入狀軍前，乞存趙氏社稷，兼在軍前與莫儔爭辨，以全家保天族，並在中京代上皇作書與國相，建明和議等大節〔四八〕，並已修入玉牒外，所有元降下推戴事迹，乞備録全文，關送國史日曆所照應施行。」從之〔四九〕。癸酉，新知廬州吴逵乞置力田之科，募民就耕淮甸，賞以官資，並作力田出身，名次在武舉特奏名出身之上，遇科場並得赴轉運司應舉。從之。是月，金主亮肆行誅戮，旻、晟子孫剿殺殆盡。

五月丁丑，彭合知臨江軍還，言清江縣民輸苗米每石加耗七斗，乞蠲免。從之。上謂大臣曰：「合任縣官，嘗爲監司列薦。今可與監司、知州差遣。」乃以合知永州。癸未，萬壽觀使秦熺爲奉安中興聖統禮儀使。先是，玉牒所檢討官王曮等，紀上中興之迹以進，號中興聖統，己丑，奉安於景靈宫天興殿之西，以玉牒殿未成故也〔五〇〕。禮畢，提舉編修玉牒秦檜率百官拜表稱賀〔五一〕。辛卯，熺言：「先期陰雨，是日雲霞絢綵，晴日麗天，兹誠上穹垂祐。望宣付史館。」從之。甲辰，祕書少監湯思退言：「近玉牒所關到太師秦檜推戴趙氏事迹，竊意師臣謙不伐功，特以事干玉牒，姑具大概，其餘間闕執節之久，本末未能備盡。望令檜詳録奏聞，宣付史館。」上謂檜曰：「可依所奏。」檜謙退久之。上曰：「不然，無以使後代知卿忠義。」

六月癸亥，何大圭直祕閣。大圭進聖德頌，故有是命。初，大圭之削籍也，張浚爲之保叙。至是以短卷譖浚於秦檜，士論薄之。

〔是夏〕故相趙鼎之子、右承事郎汾奉鼎喪，歸葬於衢州常山縣。時李光之獄始竟，而守臣左中奉大夫章傑與鼎有宿憾，傑知中外士大夫平時與鼎有簡牘往來，至是，又攜酒會葬，意可爲奇貨，乃遣兵官同邑尉翁蒙之以搜私釀爲名，馳往掩取。復疑蒙之漏言，潛戒左右伺察之。蒙之書片紙，遣僕自後垣出，密以告汾，趣令盡焚篋中書及弓刀之屬。比兵官至，一無所得。傑怒，方深治蒙之，而追汾與故侍讀范沖之子仲彪拘於兵官之所。蒙之母訴於朝，太師秦檜咎傑已甚，詔移蒙之蘭溪尉，下其事於浙東安撫司，事遂息。傑客魏掞之慨然以書譙傑，長揖而歸，傑亦不能害。掞之，建陽人，少有大志，師事籍溪胡憲。蒙之，崇安縣人也。

秋七月己酉〔五二〕，福建路提點刑獄公事孫汝翼言：「泉、漳、汀三州，近經草寇，民多逃移。乞將三州諸縣不以已〔五三〕、未打量均稅，一切權行住罷，俟盜賊寧息日申取朝旨施行。」從之。

八月甲辰朔，詔提舉江州太平興國宮、連州居住張浚移永州。浚自去國至是幾十五年，退然若無能爲者，而四方之士莫不傾心，健將悍卒見之者必咨嗟太息，下至兒童亦知有張都督。每使者至金國，其國必問浚今安在。丙寅，上謂大臣曰：「近宣州布衣史敦仁上書，言州縣多收水脚錢等事，宜付户部看詳。此亦民間之害，不可不禁止也。」既而户部乞每石依元旨收百錢，數外輒增者抵罪。從之。洋州言：「真符縣民宋仲昌妻一産三子，本人姓符國號，生子之日適值天申節，實皇帝紹隆景命、子孫衆多之祥。」詔付史館。

九月甲戌朔，上因言宣州米脚錢事，謂大臣曰：「此蓋州縣並緣爲姦，不恤百姓。朕今日所以休兵講好者，正以爲民耳。若州縣不知恤民，殊失朕意。」上又曰：「國家設常平倉，正爲儲蓄以待水旱賑濟。宜令有司以陳易新，不得妄有侵移。若臨時措畫假貸積穀之家，徒爲虚文無實效也。」甲申，福建路安撫司主管機宜文字吴元美除名，容州編管。元美嘗作夏二子傳，其略云：「天以商代夏，是以伊尹相湯伐桀，而聲其割剥之罪。當是時，清商颷起，義氣播揚，勁風四掃，宇宙清廓。夏告終於鳴條，二子之族，無小大少長，皆望風隕滅，殆無遺類，天下之民始得安食酣寢，而鼓舞於清世矣。」夏二子謂蠅蚊也。其鄉人進士鄭煒得之，特以告本路提點刑獄公事、權福州孫汝翼，汝翼惡之，抵煒罪。煒怒，走行在訴元美譏毁大臣。秦檜從尚書省下其章。元美家有潛光亭、商隱堂，煒上檜啓曰：「亭號潛光，蓋有心於黨李，堂名商隱，實無意於事秦。」他皆類此。檜進呈。上曰：「元美撰造謗訕，至引伊尹相商伐桀事，其悖逆不道甚矣。可令有司究實取旨。」至是，法寺言：元美指斥國家，譏毁大臣，法當死。上特宥之。汝翼已移知荆南府，亦降二官。元美竟卒於貶所。

冬十月庚午，參知政事余堯弼、簽書樞密院事巫伋請自今朝參退，依典故，權赴太師秦檜府第聚議。從之。時檜以疾在告故也。

十二月甲子，秦檜始朝，肩輿至宫門，命二孫直寶文閣塤、直顯謨閣堪掖以升。且命毋拜，上甚喜，曰：「且得與卿相見。」檜頓首謝。

校證

〔一〕檜欲賞公裔橘使來請　「橘」，再造本、文海本、繫年要録卷一五五、熊克中興小紀卷三二均作「摘」，從下讀。似作「摘」是。

〔二〕考上　再造本、文海本均同，繫年要録卷一五五作「考卜」。從文義看，似作「考卜」是。

〔三〕安節成信侯　再造本、文海本同。按關於宋代給程嬰的封號，有不同記載。朝野雜記甲集卷二祚德廟載，紹興十六年六月「詔誠信侯程嬰增『忠節』」。陸九淵集卷二〇記祚德廟始末載，南宋封程嬰「忠勇誠信侯」。宋會要輯禮二一之四至五、宋史卷一〇五禮志、通考卷一〇三宋廟考、潛説友咸淳臨安志卷一三祠廟均載北宋元豐四年五月封程嬰成信侯，南宋紹興十六年加「忠節」。

〔四〕乙巳　李校：二字原闕，據繫年要録卷一五五補。汪按：再造本、文海本均失紀日，今從李校。

〔五〕廳事　原作「聽事」，文海本同，據再造本、繫年要録卷一五五校改。

〔六〕丙子　李校：原作「丙午」，據繫年要録卷一五五改。汪按：再造本、文海本均作「丙午」，依干支時序似作「丙子」是，故從李校。

〔七〕仇取新　再造本、文海本、繫年要録卷一五五均作「傅取新」，似作「傅取新」是。

〔八〕馮榮叔　李校：原作「馮叔榮」，據繫年要録卷一五五、卷一九八、卷一九九改。汪按：再造本、文海本均作「馮叔榮」。除繫年要録、宋史全文外，宋元時代其他文獻中，未查見「馮榮叔」、「馮叔榮」，故對李校尚存疑問，今暫從之待考。

〔九〕早雨　原作「旱雨」，不文，再造本、文海本均同，據繫年要録卷一五五校改。

〔一〇〕特賜　原作「特授」，據再造本、文海本、繫年要録卷一五五校改。

〔一一〕尚收　原作「尚攸」，再造本同，文海本字不規正難辨。作「尚攸」句不通，據繫年要録卷一五六、劉時舉續宋編年資治通鑑卷六校改。

〔一二〕敖羅孛極烈　再造本、文海本均作「敖羅李極烈」。據大金國志卷一二，似作「敖羅孛極烈」是。

〔一三〕團練副使　原作「團練使使」，據再造本、文海本、繫年要録卷一五六校改。

〔一四〕瀦蓄　原作「豬蓄」，據再造本、文海本、繫年要録卷一五六校改。

〔一五〕所純用　再造本、文海本同，繫年要録卷一五六、文獻通考卷三二選舉考均作「或純用」。作「或」字似較佳。

〔一六〕袁州　原作「遠州」，據再造本、文海本、繫年要録卷一五六校改。

〔一七〕轉對　原作「轉運」，據再造本、文海本、繫年要録卷一五六校改。

〔一八〕九月　李校：原作「六月」，據（繫年）要録卷一五五改。汪按：再造本、文海本均作「六月」，誤，李校是，今從之。然所引繫年要録似應爲卷一五六。

〔一九〕市估錢　再造本、文海本、繫年要録卷一五六均同。然據繫年要録注文，「市估錢」實爲「布估錢」之訛，參朝野雜記甲集卷一四四川布估錢。因無直接證據，暫不校改。

〔二〇〕都大提舉川秦茶馬監牧公事　「牧」原作「收」，據再造本、文海本、繫年要録卷一五六校改。

〔二一〕相與表裏　原作「相與表衷」，據再造本、文海本、王明清揮麈餘話卷二、繫年要録卷一五五注文校改。

〔二二〕省試下　原作「省試不」，據再造本、文海本、揮麈餘話卷二、繫年要録卷一五七注文校改。

〔二三〕兒子　原作「皃子」，據再造本、文海本、繫年要録卷一五七校改。

〔二四〕則　原作「前」，文海本同，據再造本、繫年要録卷一五七校改。

〔二五〕宰臣例　李校：原作「宰臣列」，據（繫年）要録卷一五七改。汪按：再造本作「宰臣例」，文海本作「宰臣列」，再造本應作校勘依據。

〔二六〕特奏名　李校：凡二處，原均作「侍奏名」，據（繫年）要録卷一五七改。汪按：再造本作「特奏名」，文海本作「侍奏名」，再造本應作校改依據。又紹興十八年同年小録：「特奏名第一人俞舜凱」，羅願新安志卷八叙進士題名所載略同。可爲校改佐證。

〔二七〕陷於　原作「犯於」，文海本同，據再造本、繫年要録卷一五八校改。

〔二八〕趙叔涔　原作「趙叔法」，文海本字難辨，據再造本、繫年要録卷一五八、中興小紀卷三三校改。

〔一九〕虜　原作「敵」，據再造本、文海本回改。

〔二〇〕團練副使　原作「練團副使」，再造本、文海本同，宋無此官名，據繫年要録卷一五八、宋史卷三〇高宗紀校改。

〔二一〕常平官　原作「常正官」，再造本、文海本同，宋無此官名，據繫年要録卷一五八校改。

〔二二〕挾口　再造本、文海本、繫年要録卷一五九注引中興聖政「講義曰」均同，惟繫年要録卷一四〇正文作「挾口舌」。

〔二三〕措畫　原作「指畫」，據再造本、文海本、繫年要録卷一五九校改。

〔二四〕虜　原作「敵」，據再造本、文海本回改。下文「虜廷」之「虜」，原作「北」，同此。

〔二五〕虜酋粘罕　原作「金帥尼雅滿」，據再造本、文海本回改。

〔二六〕戊寅　原作「庚寅」，再造本、文海本均同，繫年要録卷一五九作「戊寅」，依時序，作「戊寅」是。

〔二七〕彰明尤功　原作「彭明尤切」，再造本、文海本均作「彰明尤功」，繫年要録卷一五九作「彰明大功」。據校改「彭」、「切」二字，「尤」、「大」待考。

〔二八〕舉人　原作「學人」，文海本同，宋代無「學人」稱呼，據再造本、繫年要録卷一五九校改。

〔二九〕初　原作「陸」，文海本同，據再造本、繫年要録卷一六〇校改。

〔四〇〕其永　原作「永永」，據文海本、再造本、繫年要録卷一六〇、中興小紀卷三五、徐自明宋宰輔編年録卷一六校改。

〔四一〕禮儀使　原作「禮奉使」，據文海本、再造本、繫年要録卷一六〇校改。

〔四二〕團練副使　原作「團練使」，再造本、文海本均同，然宋代貶黜官例作團練副使，今據繫年要録卷一六〇校改。

〔四三〕留守　李校：原作「逐守」，據（繫年）要録卷一六〇改。汪按：再造本、文海本均作「逐守」，然「逐守司」不文，李校是。周應合景定建康志卷一行宫留守載：「王晌，紹興十九年十二月，以直秘閣、安撫使兼行宫留守司公事」，可證。

〔四四〕折布錢　原作「折帛錢」，據再造本、文海本、繫年要録卷一六一校改。

〔四五〕余堯弼　原作「余堯輔」，據再造本、文海本、繫年要録卷一六一校改。

〔四六〕承務郎　原作「丞務郎」，文海本同，據再造本、繫年要録卷一六一、元陳桱通鑑續編卷一七校改。

〔四七〕凶勃　再造本、文海本同，繫年要録卷一六一作「凶悖」，「勃」、「悖」在「謬」義時可互用。

〔四八〕等大節　三字原脱，據再造本補。

〔四九〕李校：「洋州言」句（汪按：見下文八月末），（繫年）要録在卷一六一紹興二十年八月癸酉下。此處疑脱五、六、七、八四月之事。汪按：再造本、文海本均有五、六、七、八月文字，現依文海本補入，並以再造本、繫年要録等校勘。

〔五〇〕玉牒殿　再造本作「玉牒」，無「殿」字。

〔五一〕拜表稱賀　再造本作「表稱賀」，無「拜」字。

〔五二〕己酉　再造本同，繫年要録卷一六一作「己丑」。會要爲七月十五日。

〔五三〕不以　「不」字原脱，再造本同，據文義及繫年要録卷一六一、徐松宋會要輯稿食貨七〇之一三二補。

宋史全文卷二十二上

宋高宗十六

辛未紹興二十一年春正月丁酉，詔：「翰林局醫生並奏試人，並令試經義十二道，以六通爲合格，與補翰林醫學。」

二月丁未，詔：「知郢州喬大觀、州學教授徐維並衝替，自今不得與堂除。」上謂秦檜曰：「趙鼎所引用，多非其人。」檜曰：「范沖中間修哲宗皇帝實録委有妨嫌。」上曰：「祖宗時，不委當時遷謫官修史，恐有謗言以欺後世也。」廣南西路轉運判官陳璹知靜江府。初，朝廷命廣西帥臣即横山寨市馬於羅殿、白杞、大理諸蠻，歲捐黄金五鎰、白金三百斤、錦二百、絁四千、廉州鹽二百萬斤，而得馬千有五百匹。良馬高五尺，率直中金五鎰，他以是爲差。每五十匹爲綱，選使臣部送至行在，不顛斃於道則有賞。璹始令官支脚錢，選使臣運鹽，若及十萬斤，即與部良馬一綱至行在。甲寅，夜雨雹。乙卯，詔諸州各置惠民局。壬戌，簽書樞密院事巫伋充大金祈請使，請歸皇族等事。［庚午］提舉江州太平興國宫魏矼卒於衢州〔一〕。自秦檜用事，士大夫平日少失其意，禍輒不測。當始議和時，矼與檜異論，檜嘗欲除近郡，矼遜辭不就，奉祠十餘年，寓居常山僧舍，一室蕭然，卒免於禍焉。初，趙鼎既謫居，嘗謂其客方疇曰：「自鼎再相，除政府外，所引從官如常同、胡寅、張致遠、張九成、潘良貴、吕本中、魏矼皆有士望，異日决可保其無他。」其後諸人流落之久，雖死不變，疇乃信服。

三月丁亥，上曰：「州縣多催理積欠，民間重困。朕頃在京東，親睹其害。可令户部照年分蠲放。」

夏四月庚戌，禮部侍郎、知貢舉陳誠之等言：「考到博學宏詞科合格人，下等監潭州南嶽廟莫沖〔二〕、臨安府錢塘縣主簿葉謙亨。」〔三〕詔並與堂除。

閏四月甲戌，王揚英知泰州。揚英自尚書郎斥去，意望還朝，會秦檜久病〔四〕，乃上書薦熺爲相，於是檜以郡處之。丙子，上策試南省舉頭鄭聞已下於射殿，制策曰：「朕承中興之運，任撥亂之責，所賴於有官君子者，爲至切矣。顧狃於聞見，小慧相先，謂了官事爲癡，謂履忠信爲拙，以括囊爲深計，以首鼠爲圓機，何灑濯可以革舊俗，何陶染可以成美化？」舉人趙逵對策，略曰：「蓋自藝祖即位，尊禮趙普以爲社稷臣，重其權，信其人，雖一時舉職如雷驤不能間也〔五〕。顯然示天下以好惡之所在，磨以歲月，使天下之士洗濯自新，風俗一變。」又曰：「廊廟大臣有質正不撓者，出身捍難，作多士之氣，以摧折倉卒之變，維持至今，此道不墜。今陛下已尊任其人矣，是宜明諭天下以好惡所在，而又有以振厲之。每進一人，惟其癡，惟其拙。每退一人，惟其深計，惟其圓機。則天下之士，庶幾稍知向方。然臣尚有私憂過計者，慮陛下尊所聞之不堅，異時或有言今之癡者爲真癡，今之拙者爲真拙，今之深計者爲有德，今之圓機者爲有謀，而陛下疑，雖聖主在上，賢臣輔相，臣不敢謂安静之福如今日。」詳定官擬逵第五。上覽策謂有古文氣，乃擢爲第一。遂賜逵等四百四人及第、出身。先是，潼川府路提點刑獄公事楊椿被檄考四川類省試，策問：「方今君臣同德之懿，因論漢文帝不任賈誼爲公卿等事。」舉人張震答策，言：「文帝屈己和親，而誼欲以表餌繫單于，此不適時之論。」又言：「主上淵默思治〔六〕，上天眷祐爲生，賢佐一德之誠，克享天心。」椿定爲榜首，檜大善之。及唱名，震居第四。戊子，特奏名進士昌永等五百三十一人，武舉進士湯鶚等六人授官有差。

五月乙丑，秦檜奏：「欲令國子監復刻五經三史。」上曰：「其他闕書亦令次第雕板，雖重有所費亦不惜也。」

六月癸酉，上曰：「近有進易説者，以爲易非卜筮之書。自古以易筮，春秋多載其事。易有聖人之道四，卜筮乃其一，豈可以易占爲非。」

秋七月壬寅，都大主管成都等路茶馬監牧公事符行中總領四川財賦軍馬錢糧。行中嘗欲增簡州鹽筴，以其事屬雅州軍事推官李燾。燾力拒之。張浚謂有臺諫風。燾，丹陵人，初第進士，調華陽簿。未上，讀書龍鶴山之巽巖。會詔舉賢良，張燾見其所著五十策，善之，然不果薦。丁巳，宰執奏茶鹽法成書。上曰：「法已定，當令久遠遵守。往時隨事變更，雖可趣辦目前，日後入納稀少，非善計也。」遂寧府言：「自紹興十七年至二十年，嘉禾、瑞麥歲不絶，凡一百有六。」辛未，提舉詳定一司敕令秦檜等上重修江湖淮浙京西路茶鹽敕令格式二百六十卷〔七〕。

八月壬申，揚武翊運功臣、太傅、鎮南武安寧國軍節度使、充醴泉觀使、咸安郡王韓世忠爲太師致仕。是日，世忠薨於賜第，年六十三。始，世忠得疾，將吏問疾卧内，世忠曰：「吾以布衣，百戰致位公王，賴天之靈，得全首領卧家而没，諸君尚哀其死耶？」世忠少時爲省倉負米之役，慓悍絶人，不用鞭轡能騎生馬駒。家貧，無生業，嗜酒，豪縱不拘繩檢，人呼爲潑韓五。有日者席某，嘗言世忠當作三公。世忠怒其侮己，痛毆之。年十八，始隸軍籍，挽强馳射，勇冠軍中。其制兵器，凡今跳澗以習騎，洞貫以習射，狻猊之鍪，連鎖之甲，斧之有掠陣，弓之有克敵，皆世忠遺法。嘗中毒矢洞骨，則以强弩拔之。十指僅全，四不能動。身被金瘡如刻畫。晚以公王奉朝請，絶口不言功名。自罷政居都城，高卧十年，若未嘗有權位者。而偏裨部曲，往往致身通顯，節鉞相望，歲時造門，類皆謝遣，獨好浮圖法，自號清涼居士。於時舉朝憚秦檜權力，皆附麗爲自全計，世忠於班列一揖之外，不復與親。逮薨，有詔選日臨奠。檜遣中書吏韓瑊以危語脅其家，於是，其家辭而止。追封通義郡王。其子直敷文閣彦直，直祕閣彦樸、彦質、彦古皆進職二等。孫右承奉郎梃、杕並直祕閣〔八〕，賜五品服。

九月戊戌朔，大理寺主簿丁仲京面對，論：「贍學公田多爲形勢之家侵占請佃，望詔提舉官覺察。」上謂大臣曰：「緣不度僧，常住多有絶産，其令户部併撥以贍學。」既而本部乞令提舉司置籍拘管，其無敕額庵院亦依此施行。從之。辛丑，夜雷。丁巳，增築景靈宫，用韓世忠賜第爲之。簽書樞密院事巫伋自金國使還（趙甡之曰〔九〕：巫伋作祈請使而無祈請之詞，投書而已。議者謂不識字之承局可優爲也）〔一〇〕。

冬十月甲戌，上幸清河郡王張俊第。壬午，制拜俊太師。癸未，秦檜奏臨安給丐者錢米自歲十一月爲始。上曰：「此事所濟甚大，苦寒之時，貧者遂得以活也。」普安郡王時在藩邸，每遇天寒雨雪淹久，都下居民有甚貧而無所得食者，必命輟俸米以賑之，歲以爲常。甲午，王伯淮知臨江軍代還，言：「清江縣有苗税錢四十餘貫、苗米四百餘碩，人煙田産並在筠州高安縣，上項苗税〔一〕，在經界法謂之寯佃，在鄉村謂之包套。未經界之前尚可追理，經界既定，兩縣各隨産經量承認〔二〕，本鄉元額税苗則清江有税無田，高安有田無税。又兩縣一時結局，清江不免以無田之税增均於元額之田，高安即以無税之田減均於元額之税。是高安得偏輕之利，清江得偏重之害矣。望下諸路究實改正。」詔委本路轉運判官盧奎。先是，淳化中，建筠州之蕭灘鎮爲郡，割高安之兩鄉以隸之。繇是有交鄉寯佃之弊。左中奉大夫王居正卒。秦檜之初相也，居正時爲修注，嘗白上以檜作相前所言皆不讎。檜憾之。及檜專國，居正畏禍屏居常州，時事一不掛口，檜猶奪其職，奉祠十餘年。

十一月戊戌，主管台州崇道觀程敦厚直徽猷閣。敦厚獻紹興聖德詩，極言和戎之效。又獻秦檜詩，有「誕生聖相扶王室」之語，乃有是命。庚戌，參知政事余堯弼罷。壬子，詔諸路公私房廊白地錢並減半。乙卯，黄子游知池州還，言農田水利。上謂大臣曰：「聞陂田多爲人侵占，可令有司措置，毋妨衆用。」翌日進呈，上曰：「須常平官得人，若監司得人，事無不濟。近時監司多端坐不出，提點刑獄職在平反，尤當遍臨所部，宜戒飭之。」

十二月，尚書司封員外郎王葆言：「民間多銷銅錢爲器，利率五倍。乞禁約。」詔申嚴行下。壬申，夜雷。庚辰，雪。時上以雪未應期，遣人禱太一祠。雪遂作。癸未，户部員外郎李濤面對，論：「近置諸州惠民局，慮四方藥方差誤，望以監本方書印給。」從之。

輪官面對，正欲聞朝廷之利害、天下之休戚。今以權姦在位，不言其當春禁樵捕，則言惠民局藥方差誤，所言僅及此，而稍涉時政，則禁不敢發口，是則果何取於輪對哉。人言不通，國事從可知矣〔一三〕。

壬申紹興二十二年春正月己亥，雷。

二月壬午，詔建祚德廟於臨安府，尋進封程嬰爲强濟公，公孫杵臼爲英略公，韓厥爲啓佑公，升爲中祀。

三月丁酉，右承務郎王之奇、之荀並特除名，之奇送梅州，之荀追所有官送容州，並編管。二人皆庶之子。上因言：「庶爲人凶悖，深沮休兵之議，幾誤國事。」壬寅，提舉台州崇道觀葉三省落職，筠州居住。監臨安府作院王遠除名，高州編管。先是，三省嘗與趙鼎、王庶通書，力詆休兵之議。明州進士陳𪓰得其真迹，並遠遺三省猶子書上之。詔送大理。上曰：「此不可不懲，庶後來者知畏。」乃有是命。己酉，秦檜曰：「今内外無事，所乏者循吏爾。」上曰：「然。守令非人，不可不治。若置而不問，則全無忌憚矣。」

上又曰：「錢穀大計，亦要户部得人。朕觀徽宗朝，户部之職，多自發運、轉運使擢用，蓋以經歷民事，諳練財賦故也。」癸亥，宰執進呈大理寺主簿丁仲京面對劄子，論：「遠方州縣預借人户税租，有借及一二年者。其間復以本色紐折見錢，價又倍之。輸納稍緩，加以嚴刑。」上曰：「此多是州郡妄用。若撙節不至如此。可申嚴行下，如違，令監司按劾，御史臺彈奏。」

夏四月己巳，司農寺主簿盛師文面對，論：「頃嘗指揮州縣，貧乏之家生男女不能贍養者，每人支錢四千，後改支義倉米一碩。然近如臨安，市井窮民未聞有得斗米、千錢者，況於鄉村與夫窮僻鎮聚。望申嚴舊令，戒以舉行。」從之。丙子，簽書樞密院事巫伋罷。伋與秦檜居同鄉。一日，檜在都堂，偶問伋云：「里中有何新事？」伋不敢對，徐云：「近有一術士自鄉里來，頗能論命。」檜色變，謂伋曰：「是人言公何日拜相？」伋皇恐而罷。章厦聞之，即劾伋陰懷異意，以摇國是。林大鼐亦奏伋黷貨營私。於是並遷二人，而伋提舉江州太平興國宫。辛巳，拜厦爲簽書樞密院事。

講義曰：巫伋術士之對，蓋恐輒及時事，以觸檜之怒，故舉泛然不切之事，聊以塞責云爾。而檜勃然變色，遽嗾使言路逐之，惟恐他人攘己之位。雖檜之猜狠忌克、不近人情，然亦可以爲依阿取容、諂事權貴者之戒矣。

五月辛丑，右諫議大夫林大鼐言：「比來遐方多有健訟之人，州、縣、漕、憲未結絶，則伸冤於部、於臺、於省，官司必與之移送重定。外方往往觀望，爲之變易曲直。欲今後所訟曾經結絶，官司須具情與法叙述定奪因依，謂之斷由，人給一本。厥有番異，仰繳所給斷由於狀首，不然不受理。使官司得以參照批判，將來事符前斷，即痛與懲治，亦無訟之一策也。」從之。襄陽大水，平地丈五尺。漢水冒城而入，知府事榮薿乘桴得免。容州奏野蠶成繭。

六月戊子，上謂大臣曰：「檢、鼓兩院近日絶少論利害文字，恐有阻節。可下所屬檢察。」尚書禮部侍郎陳誠之以母憂去。先是，秦檜嘗諭誠之曰：「事有所聞，可以片紙見諭。」蓋檜方用告訐以擢人材，誠之不領其意，以此頗忤檜。左朝散郎張九成時謫居南安軍，或問九成曰：「近日士大夫氣殊不振，曾無一言及天下事者，豈皆無人材邪。」九成曰：「大抵人才在上之人作成。若摧折之，則此氣亦索。有道之士不任其事，安肯自辱哉。秦公方斥異己，大起告訐，此其勢欲殺賢者，然未必不反激人之言。子姑俟之。」知瀘州馮檝卒。檝以傅會和議故爲秦檜所厚，帥本路者凡八年。

秋七月甲辰，將作監主簿孫祖壽面對，言：「祖宗格法，尤重親民之官。近歲格應薦舉者，既未必能一一知人，而生弊日滋，遂有踰越舉員之數，重發奏牘以掠虚惠。其被舉者往往争先到部，密賂胥吏，放散舉主，以絶後至，甚至於昧其所知，公納厚賄，使守節寒士甘心退遺。其違聖化、敗士風也明矣。欲望申飭有司，增重法令，有犯必行。」詔刑部申嚴行，其受賂一節，立法申尚書省。其後本部請以受所監臨財物論，著爲令。從之。

八月丁亥，提舉台州崇道觀趙子彦卒，於是恩平郡王璩以憂去官。

九月丁卯，左朝奉郎周楙言：「前任知蘄州，從士民之請，修復河隄以捍水勢。工費已具，望委州縣就農隙興役。」上可其請，因謂大臣曰：「不獨蘄州，凡沿淮有當備水患去處，悉令漕臣同守臣措置。」〔四〕己酉，殿中侍御史兼崇政殿説書宋樸爲侍御史。樸甫受命，即劾簽書樞密院事章厦。詔厦提舉江州太平興國宫。乙卯，致仕劉一止上中興聖德詩，擢敷文閣待制。

冬十月甲戌，御史中丞宋樸簽書樞密院事。樸自撫州學官召還，甫踰年而執政。庚辰，詔責授建寧軍節度副使、昌化軍安置李光依已降指揮，永不檢舉。知台州蕭振池州居住，從政郎楊煒特貸命，追毁出身，送萬安軍編管。初，光既參大政，煒以朝廷和議爲非，作書欲獻光，先見振言其意。光不答。及是振知台州，煒爲黄巖令，政頗有聲。振遂薦煒改秩，又移書浙東提刑秦昌時同薦之。昌時，檜猶子也，不許。煒在官鉏治凶惡無所貸，俄縣吏得煒書有詆檜語，昌時聞於朝。詔送大理寺，仍大索煒家，得所草萬言書，語益切。煒具伏。刑寺奏煒當死，上特宥之。

十一月辛丑，知常州錢周材獻紹興聖德詩。詔周材充集英殿修撰。癸卯，左朝奉郎淩景夏知筠州。景夏在館中與秦檜異論〔一五〕，閑居凡十餘年。戊申，合祀天地於南郊，赦天下。丁巳，太府卿兼權户部侍郎徐宗説權尚書户部侍郎。宗説頗有心計，吏不能欺，然附秦檜以至從官，常爲檜營田産，時人目宗説爲莊客〔一六〕。戊午，知建康府楊愿薨。先是，愿守宣城，其表弟王炎調蘄水令，往見之。醉中偶謂愿曰：「昔嘗於吕丞相處得公頃歲所通書，其間頗及秦丞相之短，尚記憶否？」愿聞之色如死灰，自是留炎不得去，始患之。會愿移守金陵，燕監司，大合樂，守卒皆怠，炎即青溪得客舟而去。愿覺，既失炎，憂撓成疾，至是薨。

十二月，福州舊法民歲輸錢而受鹽於官，其後不得鹽而輸錢如故，民多私鬻，而官亦不問。至是，張宗元知州事，始再榷鹽〔一七〕，犯法者滋多，人不以爲便。安撫司屬官胡憲上書於宗元，告以爲政大體。宗元不悦久之，憲請嶽祠而去。

癸酉紹興二十三年春正月己亥，致仕高閌卒。閌退居明州，秦檜欲卜其向背，因其鄉人姚孚者達意於閌，欲以弟之女予其子。閌辭之，遂致其仕，絶口不言時政，杜門觀書，卒免於禍云。戊午，知鎮江府王循友移知建康府。

趙甡之曰〔一八〕：王循友乞加秦檜九錫，雖不行，俄自知鎮江遷知建康府，識者不敢言，惟以目相視而已。

二月辛未，改虔州爲贛州。貢水至城東北與章水合，故名焉。

三月癸卯，知南外宗正事士珸言：「宗子善軫在學實及二年，文藝卓然，衆所推譽，乞免文解一次。」上曰：「近日宗子多讀書，誠可喜也。」戊申，左朝請郎范彥輝追毀出身，除名勒停，送荆門軍編管。初，彥輝爲太府寺丞，嘗作夏日久陰詩云：「何當日月明，痛洗蒼生病。」殿中侍御史魏師遜奏彥輝陰懷異意，謗訕朝廷，法寺鞫實，故有是命。癸丑，江南西路轉運司主管文字王曆候今任成資日〔一九〕，優與陞擢差遣。曆居撫州，恃秦檜之勢，淩奪百姓田宅，甚於寇盜。江西人苦之。

夏四月辛巳，詔：「諸州編管、羈管人，聞比來囚禁鎖閉，甚於配隸。可令遵守成憲。」乙酉，詔利州歲鑄錢以九萬緡爲額，視舊額減五分之二，仍並鑄折二錢。

六月己未，王之道通判安豐軍。之道以上疏言兵，故坐黜者十四年。辛酉，上謂大臣曰：「近日霖雨，所在民田有被水患者。可下州縣，遣官檢放苗稅。」壬戌，國子監丞吳武陵面對，乞：「申嚴荆湖、福建士民不舉子之禁，令保伍更相覺察，月上娠產之數於官，兼申給錢之令。」詔：「監司丁寧州縣，悉意奉行，其有顯績去處，保明申奏推賞。」己卯，潼川大水，涪江漲。庚辰，玄武江漲水〔二〇〕，四面懷城奄至〔二一〕，人方惶駭，爭保城西牛頭山寺。山趾大溪橋壞，水大至，平地丈五尺，死者甚衆。

秋七月辛卯，諸王宮大小學教授王綸面對，乞：「委有司將先聖從祀之士，詳加蒐括，自國子監爲始，重行彩繪，以其式鏤板遍下諸郡縣。」詔送禮部。庚戌，右諫議大夫史才言：「浙西民田最廣，而平時無甚害之憂者，太湖之利也。數年以來，瀕海之地〔二二〕，多爲軍下兵卒侵據爲田，隊伍既衆，易於施工，累土增高，長隄彌望，名曰壩田。旱則據之以溉，而民田不沾其利。水則遠近汎濫，不得入於湖，而民田盡没矣。欲望委本路監司躬行究治，盡復太湖舊迹，使軍民各安其職，田疇盡蒙其利。」從之。

八月己酉，鄭康佐知惠州代還，言：「陛下臨御以來，詔令爲民而下者十常八九，所以天祐一德，民懷有仁。然親民莫如守令，按察莫如監司。若監司巡歷或不周遍，則遐方僻壤郡邑官吏循習弛怠，奉行必有不謹者。望申飭攸司，自中興以來，省刑罰，薄税斂，凡恤民寬厚之詔令，編類成書，以賜守令。仍令監司歲内分巡所部，要務周備，以察奉行詔令之當否、官吏之勤惰，庶幾咸思振舉庶職，惠養黎元，以稱勵精求治之意。」詔令敕令所編類。丙戌，薛仲邕爲大理司直。仲邕，曹泳之甥，故秦檜用之。是月，諸路發解舉人而右文殿修撰秦塤當就兩浙轉運司取應，檜親黨或謂平江府觀察推官蕭燧，曰：「秋試必主文漕臺。」燧詰其故，曰：「丞相有孫就舉，將以屬君。」燧謝曰：「燧初仕，敢欺心耶。」漕檄下，乃秀州也。至則溢員，就院易一張教授者去，塤果前列。燧，清江人，進士甲科，既爲檜所怒，自是浮湛州縣者十年〔三〕。

九月丁亥，王之望提舉湖南常平茶鹽公事。之望自荆門代歸，獻啓於秦檜，歷叙勞績，每句疏解其下。又上秦熺書，頌其德合於坤之六二。遂有是命。甲午，上諭大臣曰：「聞潼川路水災，可令轉運常平司將被災州縣檢放賑濟。」庚子，敕令所删定官吴增面對，乞上禁捕鹿胎爲飾，因舉真宗皇帝不殺羊羔事，以爲：「自澶淵講好之後，十有九年不言兵，而天下富庶者，其源蓋出於此。」詔刑部申嚴施行。辛亥，宰執進呈知静江府陳璹奏廣西和糴事。上曰：「璹善治郡，與除直祕閣、知潭州。其他有昏耄不任事之人，令自陳宫觀。」時秦檜當國，凡謫官在嶺外者，雖其親舊不敢相聞，蓋傾險急進者或窺伺中傷以爲奇貨。璹頗能調護遷客，通判静江府汪應辰〔四〕，檜之所不樂者，璹獨與之相善。於是，檜薦璹有材，召赴行在。至則復以長沙命之。上亦莫測其故也。

冬十月戊辰，簽書樞密院事兼權參知政事宋樸罷。壬申，右諫議大夫史才簽書樞密院事。先是，臨安府守臣曹泳薦監激賞酒庫龔釜於秦檜，使掌平江府、秀州莊屋。釜既改秩，令權監六部門。」釜因遍詣田所相視，有瘠薄者即追售田之人勒償元直。民甚苦之。壬午，監察御史鄭仲熊守右正言。前四日，仲熊與監察御史王綸俱被引對，而仲熊有是命。時秦檜秉政久，而張俊、楊存中爲檜所厚，於是仲熊首論定國是，久任用，與推誠於有功之宿將，其言率多阿附，時論鄙之。

十一月壬辰，經筵講尚書徹章，賜秦檜玉帶、名馬。癸巳，宰執奏呈，上顧謂檜曰：「朕記此書自說書官尹焞始。觀焞進講，皆其師程頤之說，餘無所取。」檜曰：「程氏之徒祖宗之諱不避，而諱其師之名甚嚴。事君、事師之道恐不當有厚薄。兼已受官，乃更欲廩人繼粟，庖人繼肉，曾不思孟子處賓師之位，仕而不受禄，則有此禮。」先是胡安國奉詔修春秋傳於諸經正文不諱，故檜及之。然程頤元祐中實未嘗言禄也。甲午，右正言鄭仲熊言：「工部員外郎楊迥、監察御史胡襄心嚮胡寅之門，有識之士爲之切齒。蓋自趙鼎妄立專門，互相標榜，大開交結，詭計固密，有司附會，不論才與不才，有是說必置之高等。士子扼腕，二十年於兹。今襄又爲之唱，欲使人人盡歸於趙鼎、胡寅之門而後止。」於是迥、襄並罷。

閏十二月乙酉，雪。上曰：「適當臘中，來歲農事可喜也。」

甲戌紹興二十四年春正月癸酉，初，詔郡國同以中秋日試舉人，舊諸州皆自選日舉士，故士子或有就數州取解者。至是始禁之。戊寅，地震。

二月乙未，貢院言：「應博學宏詞科新平江府録事參軍莫濟、監潭州南嶽廟王端朝合格。」並循資與堂除。

三月丁巳，尚書司勳員外郎兼權中書舍人孫仲鼇罷。以右正言鄭仲熊論：「仲鼇攝職成均，力主專門以私黨與。」故也。仲鼇嘗爲李光客，故仲熊劾之。辛酉，上御射殿，策試正奏名進士。先是，秦檜奏以御史中丞魏師遜、權禮部侍郎湯思退、右正言鄭仲熊同知貢舉，而吏部郎中沈虛中及監察御史董德元、張士襄等爲參詳官。師遜等議，以敷文閣待制秦塤爲榜首。德元從謄録所取號而得之，喜曰：「吾曹可以富貴矣。」遂定爲第一，榜未揭，虛中遣吏踰墻以白秦熺。及廷試，檜奏以士襄爲初考官。仲熊覆考，思退編排，而師遜詳定。虛中又密奏乞許有官人爲第一。至是，策問諸生，以「師友之淵源，志念所欣慕，何修而無僞心，何治而克誠」。塤對策曰：「自三代而下，俗儒皆以人爲勝天理，而專門爲甚。言正心而心未嘗正，言誠意而意未嘗誠，言治國平天下，而於天下國家曾不經意。頑頓亡節，實繁有徒。慮亡不懷諼而嗜利自營者〔二五〕，此而不黜〔二六〕，顧欲士行之無僞，譬猶立曲木而求直影也。」舉人張孝祥策曰：「往者數厄陽九，國步艱棘，陛下宵衣旰食，思欲底定。上天祐之，畀以一德元老，志同氣合，不動聲色，致茲昇平。四方協和，百度具舉，雖堯、舜、三代無以過之矣。」又曰：「今朝廷之上，蓋有大風動地不移存趙之心，白刃在前獨奮安劉之略，忠義凛凛，易危爲安者，固已論道經邦、燮和天下矣。臣輩委質事君，願視此爲標準，志念所欣慕者此也。」曹冠策曰：「自伊川唱爲專門之學，蔽於一曲，不該不遍，述正道而稍邪哆〔二七〕，好誇大而無實用，習其學者尤爲迂誕，爲師者不傳旨要，而使之默會爲友者，不務責善，而更相比周。故凡爲伊川之學者，皆德之賊也。」於是師遜等定塤爲首，孝祥次之，冠又次之。上讀塤策，皆檜、熺語，遂進孝祥爲第一，而塤爲第三。賜孝祥以下三百五十六人及第至同出身。時檜之親黨周夤唱名第四，仲熊兄子右迪功郎時中第五，秦棣子右承務郎焞，楊存中子右承事郎倓，並在甲乙科。而仲熊之兄孫縝，趙密之子成忠郎廱，秦梓之子右承事郎焴，德元之子克正，曹泳之兄子緯，檜之姻黨登仕郎沈興傑皆中第，天下爲之切齒。冠，檜館客也。

龜鑑曰：倫魁，所以待天下士也，既私其子熺，又私其孫。父子親黨，環列要津，雖霍光之根據，亦不是過云。

大事記曰：檜子熺既嘗爲舉首，又以其孫塤爲舉首。上覺之，遂居第三。進士榜中悉以其親黨居之，天下爲之切齒，而士子無復天子之臣矣。

丁卯，簽書劍南東川節度判官廳公事趙逵爲秘書省校書郎。先是，總領四川財賦符行中有子預薦，意逵必爲類試考官，密以文屬之。逵不啓緘。既試，符氏子不預奏名〔三八〕。行中怒，因事捃摭逵甚峻，然不能害也。丙子，特奏名進士吕克成以下四百三十四人，武舉進士鄭矼等十六人，特奏名二人授官有差。庚辰，提舉台州崇道觀宋貺知建康府〔三九〕。先是，王循友守建康，因事忤秦檜，故罷去，而用貺代之。

夏四月乙巳，進士孔搢襲封衍聖公。先是，搢之父衍聖公玠卒於衢州。守臣以聞。故有是命。

五月癸丑朔，日有食之。癸亥，監察御史王綸罷。綸本中丞魏師遜所舉，至是，綸以論事忤秦檜意，師遜懼，即自言智識淺昧，於綸不得其詳，望將綸罷黜，庶使臣有改過之實云。

六月癸未朔，提舉江州太平興國宫汪藻卒。藻黜居八年，累赦不宥，請還政，不許。至是卒。藻工於儷語，其所爲制詞人多傳誦。癸巳，簽書樞密院事史才罷。甲午，御史中丞魏師遜簽書樞密院事，尋兼權參知政事。辛丑，前知建康府王循友特貸死，免籍没家財，送藤州安置。男前江南東路安撫司主管機宜文字浤追兩官，弟新奉國軍節度推官循訓追四官，送雷州編管。新添差通判饒州韓參追兩官，送德安府編管，並勒停除名。初，循友在任，嘗刺配秦檜族人。檜銜之，遂興此獄。己酉，大理評事劉敏求面對，言：「比年監司、郡守有以一章而舉二人，甚至於三四人，前所舉者未用，後來求者復舉之，名曰改舉，黷害風教，莫此爲最。望申嚴法禁，無故而改，重寘以法。」從之。

秋七月癸丑，右正言鄭仲熊言：「前知雷州王趯頃在任日，每有被罪南竄者，則厚賂津置，爲之橐囊，結成死黨。今聞在全州，遂與海外罪人爲地，或謂擅離受責之地，逃匿趯家。欲望特降睿旨，押王趯前來大理寺究治，仍令日下押還元責地分。」詔依所請。先是，李光謫居昌化軍，因趯寓書秦檜以求内徙。檜見書疑光擅離貶所，大怒，故有是命。安民静難功臣、太師、静江寧武靖海軍節度使、醴泉觀使、清河郡王張俊薨於行在，年六十九。翌日，輔臣進呈，上曰：「張俊遽亡。曩者張通古來，俊極宣力，與韓世忠等不同，恩數宜從優厚。」俊晚年主和議，與秦檜意合，上厚眷之。其麾下將佐若楊存中、田師中、王德、趙密、劉寶皆建節鉞，或至公師。幕府諸僚爲侍從、帥守者甚衆。壬戌，詔四川制置總領司許於茶馬司寬剩錢内撥取，以寬民力。時茶既貴售，諸場大段溢額，而買馬之數復不加多，茶馬之富，甲於天下，率以歲剩上供。至是，詔捐以予民，蜀人稍蘇矣。主管台州崇道觀程敦厚靖州居住。先是，敦厚既斥歸，久不用，乃上疏曰：「臣切惟陛下當搶攘蹙迫之中，爰立同德，付以魁柄，任天下所不敢任之責，而成天下所不能成之功。今國是大定，鄰好胥穆，猶泰山而四維之，尚何憂何慮。而臣切有不能自已者，蓋昔之怙亂害成之流，鼠伏狙伺，尤爲可畏。願陛下力遏朋邪之萌，以幸海内。」然秦檜薄其爲人，卒謫之。甲子，右正言鄭仲熊言：「知成都府蕭振，曩緣趙鼎用事，倡爲專門之説，振阿附之，自謂其曲學出於程頤，殊不知頤在先朝固嘗見詆於識者，如蘇軾尤嫉其奸。振亦何知，乃藉爲仕進之梯。」詔振落職放罷，依舊宫觀，池州居住。乙丑，總領四川財賦軍馬錢糧符行中爲四川安撫制置使兼知成都府。成都府路提點刑獄公事鄭靄總領四川財賦軍馬錢糧。靄與行中在蜀中，饋遺秦檜不可計，雖歲時寒暄之問，亦必用金獅子二枚坐書焉。

八月丙戌，鄭作肅知吉州還，入見，奏：「本州自兵火後，每歲椿辦黄河竹索錢六千六百餘緡，見拖欠四萬餘緡，重困民力。望並賜蠲放。」上可其奏。秦檜怒，後旬日殿中侍御史董德元即奏：「作肅朋附席益，中傷善類。及知常州，張浚主兵行横斂之法，作肅極力率先督辦。比守吉州，多斂軍需，賤市官米，又賈販油布之屬以規厚利。」詔令本路提刑司取會，具案聞奏。丁亥，遣户部員外郎鍾世明同四川總領措置裕民。自講和後，歲減川錢四百六十萬緡有奇，朝廷猶以爲重於江淮，故有是命。壬辰，上諭秦檜曰：「近輪對者多謁告避免，百官輪對，正欲聞所未聞，可令檢舉已降指揮約束施行。」

於是申嚴行下。丙午，禮部擬定故太師清河郡王張俊贈典，乞依韓世忠例。先是，上諭秦檜曰：「武臣中無如張俊者，比韓世忠相去萬萬，贈典宜從優厚。」及是進呈，上曰：「可與贈小國一字王。」於是特封循王。國朝淳化以後，異姓不封真王，其追封蓋自俊始。後謚忠烈。

史臣曰：上之於世忠，待遇賜予視諸將最厚。與張俊語，多摧折告戒之辭。俊之立功，蓋有所激。及俊死，稱謂之美如此，抑揚予奪〔三〇〕，有深旨哉。

九月己巳，太師、左僕射秦檜等進呈徽宗皇帝御集凡百卷，上自序之，權奉安於天章閣。壬申，安奉御集禮儀使秦熺言：「伏睹進呈御集前夕，密雲閣雨。翌日迎奉，出秘書省，天宇廓清，皎月如晝，仰見聖孝感格。伏望宣付史館。」從之。

冬十月壬午，秦檜奏：「諸路州今歲豐熟，間有高田旱傷去處。」上曰：「可令依條檢放公私欠負，仍住催理。其係官年歲深遠者，委户部開具取旨除放。仍令常平司措置通融糶糴，務令兼濟，毋致失所。」權吏部侍郎施鉅言：「屬者誤蒙聖選，銜命出疆，禮備將還，而鄰國之君嘗問陛下師臣所兼何職，又問今年有幾，臣皆以實對。茲有以見陛下聖明，登崇賢哲，朝廷尊榮，故寶鄰信而仰重之也。伏望宣付史館，昭示萬世。」從之。

十一月庚戌朔，新建龍圖等六閣成。甲寅，知臨安府曹泳權户部侍郎兼權知臨安府。時徐宗説久病，故以泳代之。泳倚勢妄作，又甚於宗説。時秦檜晚年，怒不可測，而泳其親黨，凶焰熾然。乙丑，簽書樞密院事兼權參知政事魏師遜提舉江州太平興國宮。丙寅，恩平郡王璩從吉還舊官。丁卯，權尚書吏部侍郎施鉅參知政事，權尚書吏部侍郎鄭仲熊簽書樞密院事。自秦檜專國，士大夫之有名望者悉屏之遠方，凡齷齪委靡不振之徒一言契合，率由庶寮一二年登政府。仍止除一廳，謂之伴拜，稍出一語，斥而去之，不異奴隸，皆褫其職名，閣其恩數，猶庶官云。故自万俟卨罷，至此十年，參預政事之臣才四人而已。戊辰，少保、觀文殿大學士、充萬壽觀使兼侍讀、提舉祕書省秦熺加恩遷少傅，封嘉國公。左奉議郎、通判武岡軍方疇除名，永州編管。疇坐與流人胡銓通書，爲守臣李若樸所告。

十二月辛巳，左朝奉郎、知蜀州孫道夫主管台州崇道觀，從所請也。道夫在郡九年，遇事明了，州人目之爲水晶燈籠。丙戌，魏安行送欽州編管，主管台州崇道觀洪興祖送昭州編管。先是，右正言王珉言：「程瑀昨在閑廢，輒取先聖之書肆爲臆説，洪興祖則爲文以冠其首，魏安行則鏤板以廣其傳。朋比之惡，蓋極於此。望將見今鏤板速行毀棄，重賜施行。」故有是命。丁亥，勒停人王趯追三官，送辰州編管。先是，詔湖南、廣西憲臣親往捕李光，押還元責地分，仍逮趯赴大理獄。既而事皆虛，特有是命。

乙亥，紹興二十五年春二月壬寅，左朝議郎沈長卿追兩官〔三一〕，送化州，左從政郎芮燁追一官〔三二〕，送武岡軍，並勒停、除名、編管。長卿舊嘗與李光啓曰：「縉紳守和親，甘出婁欽（敬）之下策〔三三〕。夷狄難信結，孰慮吐蕃之劫盟。與其竭四海奉豺狼之歡，何至屈萬乘下穹廬之拜。」秦檜已惡之，至是與燁同賦牡丹詩，燁詩有「今作塵埃奔走人」之句，爲鄰舍人所告，以爲譏議，送大理寺，乃有是命。是日，宰執進呈，鄭仲熊默無一語。罷朝，秦檜頗咎之。

三月己酉，詔尚書左司郎中張士襄奉使不肅，可罷見任。士襄使金還，入對奏事欺罔，上怒，秦檜與士襄里黨，止以其不肅罷之。辛酉，詔知静江府吕愿中令赴行在奏事。先是，静江府有驛名秦城，愿中約賓寮共賦秦城王氣詩以侈其事。衆人皆賦，其不賦者唯監潭州南嶽廟劉芮、常平司幹官李燮〔三四〕、本府觀察支使羅博文三人而已。秦檜喜，乃奏愿中招降南丹有勞，進其職，至是召。

龜鑑曰：聖臣、元聖之稱，九錫、副車之請，秦城王氣之獻，彼固欲以媚檜也，檜乃欣而受之，其將何爲也耶。檜而不死，則中興事業未可知也。他相或一年或二年，或不數月，而檜乃藉權專寵至十八年。檜之罪，所謂上通於天，萬死不足贖也。

庚戌，知肇慶府章元振提舉廣南東路常平茶事兼東西路鹽事。時秦檜除吏多親故，間亦用同鄉同榜之士，然必其人自叙且力禱，然後得之。元振與檜同登第，甘於遠宦，未嘗以私書干檜。前知潮州，監司薦其治績，但籍記中書而已。至是稍録之。丙子，百官以國忌詣景靈宫，參知政事施鉅擁蓋入欞星門，衆論大喧。鉅始送其卒於有司，亦不待罪。時臺諫方共摘其罪，鉅自是不安於位矣。

夏四月己卯，萬壽觀使秦熺自建康還入見。時秦氏權震天下，熺過平江，守臣湯鵬舉伺候，迎送甚謹。至建康遊茅山，因留詩華陽觀，有「家山福地古云魁，一日三峰勝氣回」之句。留守宋貺即鑱板揭於梁間，熺再來，見牌側有白字隱然，提梯視之，乃曰：「富貴而驕是罪魁，朱顔緑鬢幾時回。」詰其所自，了不可得。貺與道流皆懼，而熺不懌。乙酉，參知政事施鉅罷。己丑，江南西路安撫司參議官張瑜知秀州。秦熺之過秀也，瑜攝守事，作衮綉堂，繪檜、熺像於中，故有是命。台州闕守，州人詣御史臺舉通判州事管鎬，侍御史董德元奏：「罪人李光之子名孟津者，其繼母乃鎬之妹，故鼓率士民舉鎬爲知州，望將鎬先次放罷，以破其姦計，並議孟津鼓唱之罪。」辛卯，詔鎬放罷。孟津令紹興府羈管。李光之得罪也，其弟寬亦被羅織除名、勒停，長子孟傳、中子孟醇皆侍行死貶所。仲子孟堅以私史事對獄，掠治百餘日，除名編管。孟津，其季子也，至是亦抵罪，田園居第悉皆籍没，一家殘破矣。甲午，添差通判信州吕忱中提舉江南東路常平茶鹽公事。忱中，稽中族兄弟也，訐守臣林機陰事以告秦檜，故就用之。癸卯，黄兑提舉兩浙東路常平茶鹽公事。兑娶秦檜兄女，曹泳薦用之。

五月丁未朔，日有食之，陰雲不見。時太廟仁宗室柱生芝草九莖，左迪功郎沈中立爲頌以獻。戊申，上諭大臣曰：「朕每以歲豐爲上瑞，雖靈芝、朱草固未嘗以爲意。至於宗廟産之，則非他比。有沈中立進頌，俟降出，可觀之。」詔中立循一資。勾龍廉獻聖孝金芝頌，詔進秩一等。户部侍郎曹泳言：「諸路免行錢欲乞截日並行住罷，仍令百官不得下行買物，庶幾少寬民力。」從之。癸丑，侍御史董德元言：「左朝散大夫趙令衿詐僞不情，專事狂悖，交結罪人，伺探國事。」詔令衿汀州居住。先是，令衿自泉州代還，寓居衢州，嘗召客觀月，令衿因觀秦檜家廟記文，口誦「君子之澤，五世而斬」之句。右通判州事汪召錫〔三五〕、州學教授莫汲皆於坐間聞之，召錫娶檜兄女，遂令汲告令衿評論日月無光，謗訕朝政。德元聞而劾之，故有是命。壬戌，諸王宫大小學教授兼權中書舍人劉珙罷。時秦檜微示風旨，欲爲父作謚，以珙不即奉行也，怒，風言者論之。侍御史董德元即奏：「珙每見詞頭稍多，輒有憚煩之意。」乃罷之。知信州林機移知邵州。機嘗奏秦檜父祠堂生芝草，又爲檜搜求水精，民極以爲擾。至是，爲吕忱中所訐〔三六〕，檜始咎之。

六月庚辰，簽書樞密院事兼權參知政事鄭仲熊罷。尚書禮部侍郎湯思退簽書樞密院事兼權參知政事。洪遵復爲祕書省正字，湯思退薦之也。既而遵之父、英州安置皓亦主管台州崇道觀、袁州居住。詔改岳州爲純州，岳陽軍爲華容軍。先是，左朝散郎姚岳獻言：「秦檜謂岳飛躬爲叛亂，以干天誅。湖湘漢沔皆其生時提封之内，而巴陵郡猶爲岳州，以叛臣故地，又與其姓同，顧莫之或改。」事下本路諸司。於是，知荆南府孫汝翼等言：「按水經汨水與純水合羅淵，即今巴陵郡是也。純之爲字，有純臣之義焉。其言純粹、純白、純常，皆静一不雜之義，足以洗叛臣之污。」故有是命。岳嘗爲飛幕屬，至是自謂非飛之客，且乞改州名，士論鄙之。

秋七月戊申，宰執進呈疏決文字。上曰：「行在刑獄皆已審克，外路須令憲臣躬詣州縣，庶無冤濫。」己酉，秦檜奏曰：「陛下欽恤庶獄，異境所推。今欲令大理正一員往決浙西滯獄，以稱德意。」上可之。戊午，添差通判衢州汪召錫提舉荆湖南路常平茶鹽公事。秦檜賞其訐趙令衿，且令圖張浚。乃奏昨得旨汪召嗣已死〔三七〕，欲與其弟召錫推恩。詔令除職。甲戌，交趾郡王李天祚進封南平王。天祚遣使入貢，故有是命。

八月辛巳，秦檜進呈看詳守臣到任所陳裕民五事。上曰：「守臣陳獻利害，當令國與民皆足乃爲稱職。如建炎間，時方艱難，財用匱乏，翟汝文知越州，乃盡放散和預買及鑑湖官租〔三八〕，不恤國計，而專欲盗名。如此等人，國家何賴焉？」丙戌，尚書吏部侍郎董德元參知政事。德元登第七年而執政，自呂蒙正以後所未有。壬辰，權尚書刑部侍郎張柄知潭州，柄，秦檜死黨也。時張浚謫居永州，檜猶忌浚，故使柄與汪召錫共察之。癸巳，昭州編管洪興祖卒。初，趙鼎罷相居會稽，其門人方疇爲言秦檜答張九成〔三九〕，有「立朝須優游委曲」之語，因曰：「秦檜亦今之賢者，安得有此怪論。」鼎曰：「此南方之所謂賢者，北方之賢者必不爾也。」疇曰：「公既知之，安得薦之於上乎！」鼎曰：「張德遠罷相之後，鼎再相，上曰：『卿既還朝，見在政府去留惟卿意。』鼎曰：『秦檜不可令去。』一日，檜留身，下殿有喜色謂鼎曰：『檜適求去。上云公自知檜，令檜與公商量。』鼎握檜手曰：『吾輩當以國事爲心也。』檜由是安迹。蓋行止非人所能爲也。」〔四〇〕至是，疇默數檜再專國柄十有八年，士大夫死於其手者甚多，則鼎言「非人所能爲」，信哉。甲午，兩浙轉運副使鍾世明乞：「四川諸路應係大鐵錢，並依利州路，作二文使用，官司不得括責拘收。」從之。

蜀自漢以來用銅錢，至公孫述據蜀，始更造鐵錢。歷代仍用銅錢。孟氏廣政初，復鑄鐵錢與銅錢互用。國朝平蜀後，呂餘慶鎮蜀日，首與沈義倫奏，乞揀出銅錢計綱發充上供，其川界止行用鐵錢。後以爲非便。淳化間，仍令兩川銅、鐵錢兼用。先是，益、邛、嘉、眉州皆鑄鐵錢，每歲五十餘萬緡。後因李順之亂，罷鑄久之，民間闕錢〔四一〕，始用私行交子，因而弊端百出。景德三年，張詠上言：「受詔與轉運使黄觀同裁度嘉、邛二州所鑄錢，每銅錢一小鐵錢十相並行〔四二〕。自後人多盜鎔。大中祥符七年，淩策又請鑄大錢以一當十。嘉州監名豐遠，邛州錢監名惠民，止於兩州置爐鼓鑄。嘉祐四年，趙抃爲轉運使，奏以蜀中鐵錢甚多，乞罷鑄十年以寬民力。熙寧間，轉運司復言：「罷鑄累年，民間見錢闕少。」乞行下三司詳度〔四三〕，減半鑄錢，與交子相權。」詔從之。後廢嘉州豐遠監。至建炎二年，邛州復罷鑄。紹興十五年，鄭剛中始復利州紹興監，鑄大小錢歲各五萬。施州廣積監者，起於紹聖三年，歲鑄萬緡，南平軍廣惠監萬五千緡，皆供本州省計而已〔四四〕。

丁酉，秀州州學教授陳巖肖爲諸王宮大小學教授。巖肖在秀州，爲秦檜立祠堂於學舍。熺歸稍薦用之。俄兼權考功郎官。己亥，知洪州張宗元罷。時秦檜忌張浚尤甚，每臺諫官劾疏必使及之。殿中侍御史徐嘉即言〔四五〕：「宗元天資陰狡，頃在川陝與浚大誤國事。今書問往來，健步絡繹，無一日無之。」宗元遂罷。

九月〔四六〕，宰執奏事，上因問：「今天下一歲茶利所入幾何？」秦檜曰：「都茶場等三處，一歲共得賣茶鈔錢二百七十餘萬貫。」上曰：「比承平時少陝西諸路，故其數止此。」辛亥，直祕閣楊揆特降一官，仍落職。揆嘗以事爲秦檜所憾，屏居台州不敢出者將二十年，檜怒不已，守臣劉景即奏揆有田在黄巖縣，不依上户輸納科敷，雖會赦，猶有是命。丁巳〔四七〕，尚書左僕射、提舉詳定一司敕令秦檜等進呈紹興寬恤詔令二百卷。自鄭康佐建請，至是再踰年乃成，凡五十門。詔鏤板頒降。

冬十月丙子，新知無爲軍張永年直祕閣。永年與秦檜連姻，至是獻其父文集於朝，故有是命。庚辰，右朝散郎朱敦儒特引對，秦檜喜敦儒之才，欲爲其子孫模楷。敦儒已告老，強起之，既至，落致仕，仍詔陳乞過恩澤免追奪，日後致仕更不推恩。比對，即除鴻臚少卿，人始少其節。建炎中廢鴻臚寺，及是復置。癸未，右正言張扶言：「右通直郎陳祖安本李光庶婢之子，其天資凶險，實酷似之。光爲朝廷擢用之時，祖安出入其門，助爲傲虐。望將祖安勒歸建州本貫，令官司常切覺察，月具其在申尚書省。」從之。添差衢州周麟之言：「近太廟生靈芝九莖連葉，此尤瑞應之大、卓絶而創見者，宜令有司考故事，特製華旗，繪靈芝之形於其上，以彰一代之偉迹。」詔令所屬製造。既而禮部侍郎王珉秦塤、權員外郎趙逵等乞以諸處申到瑞木、嘉禾、瑞瓜、雙蓮等並繪爲旗。從之。甲申，國子正莫汲、大理評事莫濛並罷。殿中侍御史徐嘉言：「趙令衿與汲評論日月無光，若非平日交結之深，豈肯披露心腹，遽發是言。今趙汾已送獄，而汲在朝列，濛爲寺官，若不區處，則獄吏觀望，不盡實情。」故有是命。乙酉，右正言張扶言：「右承議郎張祁緣其兄邵奉使，遂叨一命。乃私犯其嫂，以致有娠，於蓐中陰殺以滅口。胡寅從而庇之。且寅之爲人，凶悖險詐，專事脅持。范宗尹、趙鼎之徒畏之如鬼。伏望付於有司正其罪，以快天下公論。」詔大理寺根治。辛卯，太師、尚書左僕射秦檜言：「衰病交侵，日就危惙。伏望許臣同男熺致仕，二孫塤、堪改差在外宮觀。」上賜詔曰：「卿比失調護，日冀勿藥之喜。遽覽封奏，深駭聽聞。其專意保攝，以遂平復，副朕所望。」檜秉政十八年，富貴且極，老病日侵，將除異己者。故使徐嘉、張扶論趙汾、張祁交結事。先捕汾下大理寺，拷掠無全膚。令汾自誣與永州居住張浚、昌化軍安置李光、新州安置胡寅謀大逆，凡一時賢士五十三人，檜所惡者，皆與。獄上而檜已病不能書矣。

大事記曰：甚矣，檜之忍也。不惟王庶、胡銓、趙鼎、張浚、李光、張九成、洪皓、李顯忠、辛企宗之徒相繼貶竄，而呂頤浩之子摭、趙鼎之子汾、王庶之子之荀之奇〔四八〕，皆不免焉。蓋檜之心大狠愎，尤甚於章、蔡，竄趙鼎而必置之死，殺張浚而猶及其家〔四九〕，甚至蕭振以附程氏之學而得禍〔五〇〕，洪興祖以序程瑀論語注而得禍〔五一〕。末年欲殺張浚、胡寅等五十三人，而檜已病不能書，可畏哉。

壬辰，少傅、觀文殿學士秦熺言：「父以久病未安，乞謝事納祿。伏望許臣守本官致仕，庶幾父子俱退，追迹漢疏。」上優詔不允。乙未，上幸秦檜第問疾。檜朝服拖紳，無一語，惟流涕淋浪。上亦爲之揮涕。熺奏請代居宰相者爲誰。上曰：「此事卿不當與。」上已刻還内，是夕召權兵部侍郎兼權直學士院沈虚中草檜父子致仕制。夜，熺遣其子禮部侍郎塤與其黨右司員外郎林一飛、宗正丞鄭柟等見殿中侍御史徐嘉、右正言張扶謀奏請除熺爲宰相。是日，主管台州崇道觀洪皓卒於南雄州。丙申，太師、尚書左僕射、同中書門下平章事兼樞密使、益國公秦檜進封建康郡王。少傅、觀文殿大學士充萬壽觀使兼侍讀、提舉祕書省秦熺爲少師，並致仕。其孫試尚書禮部侍郎兼實録院修撰塤、提舉佑神觀堪並提舉江州太平興國宫。初，檜病篤，招參知政事董德元、簽書樞密院事湯思退至卧内，以後事囑之，且贈黄金各千兩。德元以爲若不受則他時病愈，疑我二心矣，乃受之。思退以爲檜多疑心，他時病愈必曰：「我以金試之，便待我以必死邪。」乃不敢受。上聞之，以思退爲非檜之黨。是日，以思退兼權參知政事。夜，檜薨，年六十六，遺表略曰：「願陛下益堅鄰國之懽盟，深思宗社之大計，謹國是之摇動，杜邪黨之窺覦。」初，靖康末，檜在中司以抗議請存趙氏爲金所執而去，天下高之。及歸，驟用爲相，檜力引一時仁賢，如胡安國、程瑀、張燾之徒，布在臺省，士大夫亟稱之。未幾，爲吕頤浩、朱勝非所排，遂不復用。會張浚與趙鼎有隙，因薦爲樞密使。浚罷，鼎復相，諸執政盡逐，而檜獨留。既而與鼎並居宰席，卒傾鼎去之。金人渝盟，軍民皆歸咎於檜。檜傲然不肯退，又使王次翁奏留之。韓世忠、張俊、岳飛方提兵，檜與俊密約議和，而以兵權歸俊。飛既誅，世忠亦罷，俊居位不去，檜乃使江邈論罷之，由是中外大權盡歸於檜。

非檜親黨及昏庸諛佞者則不得仕宦。上見江左小安，以爲檜力任之不疑。檜陰結内侍及醫師王繼先闚微旨〔五三〕動静必具知之，日進珍寶、珠玉、書畫、奇玩、羨餘，帝寵眷無比，命中使陳腆、續瑾賜珍玩酒食無虛日。兩居相位，凡十九年，薦執政必選世無名譽、柔佞易制者，不使預事，備員書姓名而已。其任將帥，必選奴才。初見財用不足，密諭江浙監司暗增民税十八，故民力重困，餓死者衆。又命察事卒數百游市間，聞言其奸者即捕送大理寺獄殺之。上書言朝政者例貶萬里外。日使士人歌誦太平中興盛治之美，故言路絶矣。士人稍有政聲名譽者，必斥逐之。固寵市權，諫官匪人，略無敢言其非者。性陰險如崖穽深阻，世不可測。喜贓吏惡廉士，略不用祖宗法。每入省，已漏即出，文案壅滯皆不省。貪墨無厭，監司、帥守到闕，例要珍寶，必數萬貫乃得差遣。及其贓污不法爲民所訟，檜復力保之。故贓吏恣横，百姓愈困。臘月生日，州縣獻香送物爲壽，歲數十萬。其家富於左藏數倍。士大夫投書啓者，皋、夔、稷、契爲不足比，必曰元聖，或曰聖相，至有請加九錫，及置益國官屬者。至於忘讎逆理、陷害忠良、陰沮宗資之議，又其罪之大者。上久知檜跋扈，祕之未發，至是，首勒熺致仕，餘黨以次竄逐，天下咸仰英斷焉。丁酉，執政奏事，上曰：「秦檜力贊和議，天下安寧，自中興以來，百度廢而復備，皆其輔相之力，誠有功於國。」傷怛久之。權尚書户部侍郎兼知臨安府曹泳特勒停，新州安置。守鴻臚少卿朱敦儒令依舊致仕。樞密院編修官兼權檢詳文字薛仲邕、江淮等路提點坑冶鑄錢王彦博〔五三〕、提舉兩浙西路常平茶鹽公事杜師旦並罷〔五四〕，日下押出門。庚子，殿中侍御史徐嘉權尚書吏部侍郎。詔敷文閣直學士陳誠之魏良臣、敷文閣待制沈該、直龍圖閣湯鵬舉並召赴行在，令疾速起發。辛丑，右正言張扶試國子祭酒。上既親政，首易言事官。

十一月乙巳朔，詔秦檜追封申王。戊申，左承事郎趙汾特降二官。己酉，詔秦檜神道碑以「決策元功精忠全德」八字爲額。壬子，魏良臣參知政事。執政進呈赦書副本，上曰：「依前郊體例，還有增改否？民間利害宜講究詳備，務在寬恤，無使冤濫。」丁巳，太常博士兼權檢正曹冠、司農寺主簿林一鳴、監文思院上界門林一鶚並罷。先是，殿中侍御史湯鵬舉奏：「一鳴、一鶚乃一飛之兄弟，恃權挾勢，輒得進用。冠，秦檜之館客也。試官觀望，叨冒登科。望將一鳴、一鶚及冠特賜罷黜。」是日，執政進呈畢，新除右正言張修亦論：「宗正寺丞鄭柟、曹冠二人朝夕出入大臣之門，復交結曹泳。」上面諭修以開廣言路之意。時冠已用鵬舉章先斥，於是柟相繼亦罷。戊午，執政進呈激賞庫所賣錦三千餘匹，係曹泳下江浙變賣，已依聖旨拘收。上曰：「自古帝王多事土木臺觀，遊燕田獵，朕皆不好，正恐有害吾民。如敷出許多錦帛〔五五〕，決致科擾，豈可不禁。

朕深居九重，百姓愁歎之苦，朕安得知乎。」癸亥，冬至日，合祀天地於南郊，赦天下，應命官緣事流放〔五六〕、累該赦宥未曾施行，令刑部開具元犯因依，申尚書省取旨。乙丑，主管台州崇道觀、袁州居住洪皓復敷文閣直學士。皓謫居九年，至是已卒。魏良臣等言：「皓在貶所病甚，欲復舊職、宫觀、任便居住。」〔五七〕上曰：「皓頃在虜中〔五八〕，屢有文字到朝廷，甚忠於國。中間以語言得罪，事理曖昧，可依所奏。」上因語及：「大理寺多是觀望，廷尉，天下之平，如此朕何所賴。趙令衿、趙汾被罪，事起莫汲、汪召錫，如近日張祁坐獄，皆是曹泳以私憾誣致其罪。卿等可速治之。」庚午，手詔：「近歲以來，士風澆薄，持告訐爲進取之計，致莫敢耳語族談，深害風教。可戒飭在位及内外之臣，咸悉此意。有不悛者，令御史臺彈奏，當重寘於法。」參知政事董德元魏良臣、簽書樞密院事湯思退言：「天下之事皆人主總攬，人臣不過奉行而已。近來諸路監司、郡守以事達朝廷，止云申尚書省取指揮，殊失經意。欲自今以後，事無巨細，皆須奏聞，示權柄悉歸於君上，非臣下所敢專也。」上曰：「此乃大臣任意所爲，不欲朕知天下事，此奏可即行下。」辛未，三省、樞密院言：「頃者輕儇之子輒發親戚箱篋私書，訟於朝廷，遂興大獄，因得美官。緣是之後，相習成風，雖朋舊骨肉亦相傾陷，收簡牘於往來之間，録戲語於醉飽之後。況其間固有曖昧而傅致其罪者，薄惡之風，莫此爲甚。臣等願令刑部開具前後告訐姓名，議加黜罰。庶幾士風丕變，人知循省。」詔刑部開具申省取旨。新知建康府王會罷。殿中侍御史湯鵬舉言：「竊見秦熺父薨之後，陳乞數事，止有營私之心，初無憂慘之意。且如乞王會知建康，共辦父之葬可也。乃云庶得相聚，照顧家屬。建康屯駐大兵，爲守臣者，一路軍民所寄，事體非輕，若止爲私家相聚，朝廷何賴焉！伏乞差會自陳宮觀，與熺共集檜之葬事。臣更乞睿慈，將臣之論列報行中外，使臣下咸知尊君親上，精白以承休德，則浮言自息，公道自行。」故有是命。壬申，祕書省校書郎益吴王府教授兼權禮部員外郎趙逵兼普安恩平郡王府教授。及引對，上曰：「卿乃朕自擢，秦檜日薦士，曾無一言及卿，以此知卿不附權貴，真天子門生也。」又曰：「兩王方學詩，冀有以切磋之。」逵因奏：「言路久壅，願陛下廣覽兼聽，勿以賤微爲間，庶養成敢言之氣。」上嘉納之。右正言張修奏：「福建路提舉常平茶事王瀹、添差通判廣德軍鄭時中以大臣之親，驟加進用。知邵州林機以宰相姻婭，進躐清顯，附下罔上，妄立異議。」詔並罷。修又言：「兩浙東路提舉常平茶鹽公事黄兑，以大臣之姪婿，累冒差除，惟知諂事曹泳。望賜罷黜，以協中外之望。」從之。

十二月甲戌朔，上謂輔臣曰：「頃委官看詳監司、郡守所條裕民事，行之已數年，而未嘗進呈，必是取宰相意旨，不欲令朕見也。又所條止於民事，自今有已見利害，並許敷奏。」於是降旨行下。手詔曰：「臺諫風憲之地，年來用人非據，與大臣爲黨，而濟其喜怒，甚非耳目之寄。朕今親除公正之士，以革前弊。繼此者宜盡心逎職，惟結主知，毋更合黨締交，敗亂成法。」光禄寺丞秦烜與外任。殿中侍御史湯鵬舉言：「秦熺乞留烜守家廟，不過使之探伺朝廷之施設，稽察百官之向背。況熺身在草土，不當數有陳乞。望與烜在外差遣，將帶檜家廟歸建康。」上從之。右正言張修言：「鄭億年以宰相子，身爲近臣，不能捐軀報國，乃甘事逆臣劉豫。既還朝，大臣力爲之地，高爵厚禄，坐享累年。鄭仲熊與大臣連姻〔五九〕，不一二年致身右府，賄賂狼藉。」詔並落職，億年南安軍安置〔六〇〕，仲熊依舊提舉江州太平興國宮。永州居住張浚、郴州居住折彦質、沅州居住万俟卨、南康軍居住段拂並令任便居住。昌化軍安置李光移彬州安置。乙亥，主管台州崇道觀張士襄責監南康軍酒務。上曰：「士襄去歲奏事欺罔，宰相止以奉使不肅罷，可與遠小監當，以爲後來之戒。」殿中侍御史湯鵬舉言：「徐宗説爲時相管莊，自爲苟賤。曹筠因秦檜薦爲臺臣，凡有奏陳，盡出於檜。」右正言張修言：「徐琛貪污叨竊。」詔並奪職罷祠。提舉台州崇道觀蔣璨爲淮南路轉運副使。璨不爲秦檜所喜，自鎮江罷去，爲祠官者十二年。丙子，張孝祥爲正字。先是，秦檜以孝祥父祁爲胡寅所厚，命有司按以反謀，繫詔獄。魏良臣密啓釋出之，因有是命。丁丑，敷文閣直學士宋貺落職。

以右正言張修論「既天資刻薄，恃大臣之知己，恣爲不法」故也。己卯，知紹興府趙士㣧、知温州高百之並罷。殿中侍御史湯鵬舉論：「士㣧爲時相家作媒畢婚嫁，故連作帥臣，進陞祕職。百之與秦塤爲姻家，故驟爲提舉，繼守鄉郡。公論謂何！」乃罷之。庚辰，安豐軍進蝛鮓、白魚〔六一〕。御筆：「朕不欲以口腹勞人，可下本軍自今免進。」翌日，執政進呈。上曰：「温州柑橘，福建荔枝，去年皆令罷進。獨蝛鮓、淮白皆祖宗歲貢之物，朕恐勞百姓，所以再降指揮住罷。」辛巳，左朝散郎金安節知嚴州。安節爲御史，再疏論秦梓罷之，由是久廢，至是復起。壬午，執政進呈刑部狀，開具到前後告訐人：張常先任江西運判〔六二〕，告訐知洪州張宗元與張浚書並壽詩；汪召錫、莫汲並告訐衢州寄居趙令衿有謗訕語言；范洵告訐和州教授盧傅霖作雪詩，稱是怨望；陸升之告訐親戚李孟堅將父光所作文籍告人，及有譏謗語言；王洧任兩浙轉運司催綱日，告訐知常州黄敏行不法等事；王肇誣告程緯慢上無人臣之禮等語言，致興大獄，並是虚妄。雍端行先任監潭州湘潭縣酒税，告訐本縣丞鄭玘、主簿賈子辰因筵會酒後有嘲訕語言〔六三〕，致興大獄；鄭煒告訐吴元美譏謗等事。上曰：「此等須痛與懲艾，近日如此行遣，想見人情歡悦，感召和氣。」於是，並除名勒停、編管。詔除名勒停荆門軍編管人范彦輝（坐作夏日久陰詩），辰州編管人王躍（坐與李光通書及借人），夔州編管人元不伐（坐撰造行在言語），徽州編管人蘇師德（坐其子撰常同祭文稱「姦人在位」），峽州編管人李孟堅（坐父光將撰小史皆非事實）〔六四〕，紹興府羈管人李孟津（坐鼓唱台州人乞管鎬爲知州），梅州編管人王之奇、容州編管人王之荀（坐怨望謗訕），鼎州編管人閻大鈞（坐依隨鄭剛中），並放令逐便。詔處州編管人邵大受（坐朋附范同浮言無稽），武岡軍編管人芮燁（坐賦牡丹花詩怨望），萬安軍編管人楊煒（坐上李光書詆和議），辰州編管人鄭玘、肇慶府編管人賈子辰（坐酒後有嘲訕語），並放令逐便，仍與復元官。甲申，御筆：「醴泉觀使孟忠厚令行在居住，奉朝請。」翌日，參知政事魏良臣奏曰：「忠厚在戚里最號賢者。」上曰：「向來徽宗梓宮須宰相護送，秦檜辭不肯行，遂差忠厚以樞密使護送。朕深不欲以國戚任軍旅及朝廷之事，萬一有過，治之則傷恩，釋之則廢法。如太后家子弟，但加以爵禄，奉祠而已。」良臣曰：「陛下聖明，深得所以待國戚之體。」詔命官犯罪，勘鞫已成具案奏裁，比年以來，多是大臣便作已奉特旨一面施行，自今後三省將上取旨。」周葵復直祕閣知紹興府。乙酉，參知政事董德元提舉江州太平興國宮。先是，殿中侍御史湯鵬舉言：「德元徒以巧言令色取媚權貴，叨竊進取，既參大政，又以承乏得權宰執，是真伴食備員者也。」右正言張修言：「德元以猥瑣之才，偶中巍科，大臣當軸，欲其附會，遂啖以要官。至如臺諫，人主耳目之寄，尤非他官比。而德元爲侍御史，與之交通，令憸人往來傳道密意，所喜者即驟進之，所怒者即擠排之。群小得計，相爲黨與，善類惴慄，若無所容。」鵬舉又奏：「去歲省闈德元爲參詳官，偶於謄録處取號，而得秦塤卷子，對衆曰：『吾曹可以富貴矣。今房中已得塤之試卷。』更相自慶。而德元復對衆又曰：『此卷子高妙，魁等有餘。』伏乞早賜罷黜，以爲諂奉權貴妄意進用之戒。」詔德元落職，制略曰：「不思臨軒之恩，遂決媚竈之策，間不一歲，來參萬機。」通判明州凌哲、添差通判嚴州何溥並爲監察御史。湯鵬舉薦之也。溥入見，首論：「天子之耳目，所恃以周知天下之故者，内則寄之臺諫，外則寄之監司。臣愚以謂州縣之貪吏，郡守不治而監司得以按之，則郡守當坐縱容之罪。監司不按而臺諫得以劾之，則監司當受失察之罰。而又每歲校其所按之多寡，以爲殿最之課，如是則匪惟監司不容於匿姦，而貪吏亦將斂迹而不敢犯矣。」從之。丙戌，提舉江州太平興國宫劉錡知潭州。是日，執政奏事，魏良臣言：「錡一時名將，久閑。」上曰：「朕聞其貧甚，昨賜田百頃，仍官給牛種。」良臣言：「錡有申狀到朝廷，稱官田並撥入常平司，止得荒田數頃，臣已下本州，只就常平田撥賜。」上曰：「甚善。」江東轉運副使周石罷。以右正言張修論「石緣大臣有父執之舊，濫被任使，貪污不法」也。辛卯，執政進呈監察御史王葆自劾徐嘉曾與臣議除秦熺事。上曰：「王葆、徐嘉，王復言官所薦，皆出秦檜意，想其不自安，須與外任。」於是次第罷之。通判紹興府黄中爲祕書省校書郎。中進士廷試第一，官州縣近二十年，至是始召。癸巳，責授果州團練副使致仕胡寅復徽猷閣直學士致仕。甲午，沈該參知政事。時上復親庶政，躬攬權綱，首召該及万俟禼還朝。已而二人共政，無所建明，益不厭天下望云。乙未，上謂魏良臣、沈該、湯思退曰：「兩國和議，秦檜中間主之甚堅，卿等皆與有力。今日尤宜協心一意，休兵息民。」良臣等唯唯奉詔。右朝奉大夫王會特勒停，送循州編管。殿中侍御史湯鵬舉言：「會初無履歷，恃檜與熺之親黨，致身禁從，出守便郡，置田產於湖、秀，造大宅於平江。」右正言凌哲言會專恃權勢，肆爲貪酷。上謂魏良臣等曰：「會所至狼藉，止緣恃秦檜之勢，乃敢如此。可與廣南編置。」故有是命。丙申，執政進呈諸處申到祥瑞，乞宣付史館。上曰：「此等極有不足紀者，卿等宜斟酌不中理者删去之。」

史臣曰：中興以來，言祥瑞者類多貶秩罷官。紅光有火德之祥，赤芝應建炎之號，禾穟生於枯秸，甘露降於潛邸，此其尤怪誕者，聖諭及此，欲屏絶之也。

上曰：「近日葉義問劄子，極言州縣添差官之弊，所給俸禄皆生靈膏血，豈得不爲民害。祖宗舊法，止是宗室、戚里添差差遣。及比年因軍中立功人離軍將校例與添差，除此外當盡罷去。雖士人不無怨嗟，然愛惜民力，要當如此。」提舉江州太平興國宫蕭振爲四川安撫制置使兼知成都府。時上既蠲蜀民舊逋，而知成都府符行中督責甚峻，蜀人怨之。朝廷知其不可任，乃召行中還，而復用振。降授右承務郎趙汾復右承事郎，特與改正過名。汾還家而卒。吉陽軍編管人胡銓量移衡州。從刑部檢舉也。提舉淮南東路常平茶鹽公事齊旦、添差通判平江府王伯庠並落職放罷。殿中侍御史湯鵬舉論：「旦奴事權臣，減尅鹽本錢以資妄用。伯庠以王會親戚，寡廉鮮恥，違法貪饕。」故皆絀之。鵬舉又奏：「福建路安撫司主管機宜文字康與之贓濫尤甚。江西路安撫司主管機宜文字徐樗初受秦檜奏補，即在行在守官，撰造言語，檜酷信之，嘗中害張宗元、范彥輝。」詔並除名，勒停，編管。丁酉，特進〔六五〕、提舉江州太平興國宮和國公張浚復觀文殿大學士。右通直郎、知真州陳正同爲樞密院檢詳諸房文字。上覽除目，曰：「今此差除皆合公議，想見外議皆以爲當。朕未嘗容纖毫之私於其間，若行公道不變，天下何憂不治。」己亥，上曰：「朕平時未嘗豪末有取於民，如日用紙亦不委臨安府，只自令人買於市肆，更得佳者。」金主亮陰有南侵之意，乃謀遷居南京。

校證

〔一〕李校：「提舉江州」句，（繫年）要録卷一六二在紹興二十一年二月庚午。汪按：再造本、文海本均無「庚午」，今依李校據繫年要録補「庚午」。

〔二〕莫沖　原作「莫中」，文海本同，據再造本、繫年要録卷一六二、王應麟玉海卷二〇四辭學指南「博學宏辭三十八人」等校改。

〔三〕葉謙亨　原作「葉謙」，再造本、文海本同，據繫年要録卷一六二及同上引玉海等校改。

〔四〕秦檜久病　原作「秦檜父病」，據文義及再造本、文海本、繫年要録卷一六二校改。

〔五〕雷驤　再造本、文海本均同，繫年要録卷一六二作「雷德驤」。按雷德驤是宋初大臣，曾判大理寺，劾趙普「擅增刑名」，「强市人第宅，聚斂財賄」等，太祖怒，貶雷德驤，故此似作「雷德驤」是。

〔六〕思治　原作「思道」，據再造本、文海本、繫年要録卷一六二校改。

〔七〕江湖淮浙京西路　「江」原作「京」，與「京西」重疊，再造本、文海本同，據繫年要録卷一六二校改。

〔八〕梃杕並直秘閣　「梃」原作「挺」，據再造本、文海本、繫年要録卷一六二、杜大珪名臣碑傳琬琰之集上卷一三趙雄韓忠武王世忠中興佐命定國元勳之碑校改。「杕」原作「杖」，據同上引諸書校改。「直」字原脱，再造本、文海本同，據繫年要録卷一六二補。

〔九〕趙甡之　原作「趙性之」，據陳振孫直齋書録解題卷四校改。參本書「插引史論文獻研究」。下文「趙甡之」同。

〔一〇〕原書違例爲注文，未另起段。今暫依原格式。

〔一一〕項　原作「頊」，再造本、文海本同。據文義及繫年要録卷一六二、文獻通考卷五田賦考校改。

〔一二〕各　原作「名」，文海本同，據再造本、繫年要録卷一六二校改。

〔一三〕此段文字未標出處，格式破例，原文如此。姑從之。

〔一四〕漕臣　李校：原作「曹臣」，（繫年）要録卷一六三改。汪按：再造本作「漕臣」，文海本誤作「曹臣」，再造本可爲校改依據。

〔一五〕館中　原作「館士」，不文，再造本、文海本均同，據文義及繫年要録卷一六三校改。

〔一六〕目　原作「月」，句不通，據再造本、文海本、繫年要録卷一六三校改。

〔一七〕榷鹽　原作「摧鹽」，文海本同。據文義及繫年要録卷一六三、宋史卷四五九隱逸胡憲傳校改。

〔一八〕趙甡之　原作「趙性之」，據直齋書録解題卷四、繫年要録卷一六四注文校改。參本書「插引史論文獻研究」。

〔一九〕王曆候今任成資日　「王曆」，原作「王歷」，據再造本、文海、繫年要録卷一六四校改。劉子鍵秦檜和他的親友（載食貨十四卷七、八期）考證，秦檜妻兄弟五人，名字中都有「日」字旁，此「歷」似爲避清諱而改。「令」原作「令」，作「令」句不通，據再造本、文海本繫年要録卷一六四校改。

〔二〇〕玄武江漲水　再造本、文海本同，四庫本繫年要録卷一六四作「元武江漲水」，國學叢書本作「沅江武陵漲水」。二種繫年要録似誤。

〔二一〕懷城奄至　再造本、文海本同，四庫本繫年要録卷一六四作「壞城奄至」，國學叢書本作「奄至壞城」。

〔二二〕瀕海　再造本、文海本同，繫年要録卷一六五、宋史卷一七三食貨志、熊克中興小紀卷三五均作「瀕湖」。

〔二三〕浮湛　再造本、文海本同，繫年要録卷一六五作「浮沉」。

〔二四〕汪應辰　原作「江應辰」，據再造本、文海本、繫年要録卷一六五校改。

〔二五〕懷諼　再造本、文海本同，繫年要録卷一六六作「懷諂」。

〔二六〕此　原作「比」，據再造本、文海本、繫年要録卷一六六校改。

〔二七〕邪哆　文海本同，再造本、繫年要録卷一六六作「邪侈」。

〔二八〕符氏子　原作「符子氏」，據再造本、文海本、繫年要録卷一六六乙正。

〔二九〕宋晛　原作「朱晛」，文海本字不清，據再造本、繫年要録卷一六六校改。

〔三〇〕揚　原誤作「埸」，據再造本、文海本、繫年要録卷一六七注文校改。

〔三一〕朝議郎　李校：（繫年）要録卷一六八作「奉議郎」。汪按：再造本、文海本均作「朝議郎」。

〔三二〕芮熚　原作「芮曅」，據再造本、文海本回改。下文「芮熚」同此。

〔三三〕婁欽　實乃「婁敬」，事見漢書卷四三婁敬傳，此避宋諱改「敬」爲「欽」。依原字不改。

〔三四〕爕　字原空闕。據再造本、文海本補。

〔三五〕右通判州事　再造本、文海本均同，按宋通判不分左右，繫年要録卷一六八作「右通直郎、通判州事」，「右」字或爲撰者誤留，當删。

〔三六〕訏　原作「託」，再造本、文海本均同。據前文及繫年要録卷一六八校改。

〔三七〕汪召嗣　原作「汪召錫」，據再造本、文海本、繫年要録卷一六九校改。

〔三八〕官租　「租」原脱，再造本、文海本同，據文義及繫年要録卷一六九、中興小紀卷三六補。

〔三九〕爲言　「言」字原脱，再造本、文海本均同，據文義及繫年要録卷一六九、宋名臣言行録别集下卷四趙鼎補。

〔四〇〕所能爲　「爲」字原脱，再造本、文海本均同，據繫年要録卷一六九、李幼武宋名臣言行録别集下卷四趙鼎、徐自明宋宰輔編年録卷一六補。

〔四一〕闕錢　原作「鐵錢」，再造本、文海本均作「缺」，繫年要録卷一六九作「闕」，「闕」、「缺」宋代意同可互用，今依繫年要録改作「闕錢」。

〔四二〕相並行　再造本、文海本同。繫年要録卷一六九作「相兼行用」。

〔四三〕乞　原作「立」，再造本、文海本均同。據繫年要録卷一六九、長編卷二四五校改。

〔四四〕繫年要録此段爲正文，宋史全文爲論語。

〔四五〕徐嘉 原作「徐嘉」，據再造本、文海本、繫年要録卷一六九校改。

〔四六〕繫年要録卷一六九繫此下記事於「丙午」「後數日」。

〔四七〕丁巳 李校在「丁巳」前補「九月」，謂：二字原闕，據（繫年）要録卷一六九補。汪按：所補不當，造成「九月」重出，今不從。

〔四八〕之茍 原作「之苟」，據前文及再造本、文海本、繫年要録卷一六九注引中興聖政大事記校改。

〔四九〕殺張浚而猶及其家 再造本、文海本、繫年要録卷一六九注引中興聖政大事記均同，類編皇朝中興大事記講義卷一一「張浚」作「岳飛」，因張浚未被殺，故作「岳飛」是。

〔五〇〕附程氏之學 原作「附釋氏之學」，據再造本、文海本、繫年要録卷一六九注引中興聖政大事記校改。

〔五一〕程瑀 原作「馮禹」，再造本、文海本同，繫年要録卷一六九注引中興聖政大事記作「馮瑀」，今據類編皇朝中興大事記講義卷一一、一二，宋史卷三八一程瑀傳，中興小曆卷三六校改。

〔五二〕闞微旨 李校：原作「闖微旨」，據繫年要録卷一六九改。汪按：再造本、文海本、三朝北盟會編卷二二〇均作「闖微旨」，然不文，當從李校。宋史卷四七三姦臣秦檜傳作「陰結内侍及醫師王繼先伺上動静」，可參。

〔五三〕王彦博　再造本、文海本均同，繫年要録卷一六九作「王彦傳」，然同書卷一七五又作「王彦博」，宋史卷三一高宗紀作「王彦傳」。「博」、「傳」、「傅」形近易訛，此處「王彦博」近是。

〔五四〕杜師旦　再造本、文海本、繫年要録卷一六九均同，宋史卷三一高宗紀作「杜思旦」。

〔五五〕敷出　原作「數出」，不文，據再造本、文海本、繫年要録卷一七〇校改。

〔五六〕流放　原作「河放」，不文，文海本同。據再造本、繫年要録卷一七〇校改。

〔五七〕任便　原作「任使」，據再造本、文海本、繫年要録卷一七〇校改。

〔五八〕虜　原作「敵」，據再造本、文海本回改。

〔五九〕與大臣　李校：原作「爲大臣」，據繫年要録卷一七〇改。汪按：再造本、文海本均作「爲大臣」，然李校是，劉時舉續宋編年資治通鑑卷六：「鄭仲熊乃權臣姻婭」，可參。

〔六〇〕億年　李校：原作「億守」，據繫年要録卷一七〇改。汪按：再造本、文海本均作「億守」，然參前後文，李校是。又宋史卷三一高宗紀可爲佐證。

〔六一〕鹹鮓　原作「鹹鮓」，據再造本、文海本、繫年要録卷一七〇、章如愚群書考索後集卷六四財賦校改。

〔六二〕張常先任　再造本、文海本同，繫年要録卷一七〇作「張常先先任」。作「張常先先任」似是。

〔六三〕賈子辰　再造本、文海本同，繫年要録卷一七〇、宋史卷三一高宗紀卷四七三姦臣秦檜傳均作「賈子展」。下文「賈子辰」同此。

〔六四〕將撰　再造本、文海本同，繫年要録卷一七〇注文、卷一六一正文均作「所撰」。

〔六五〕特進　原作「特追」，再造本、文海本同，據繫年要録卷一七〇、中興小紀卷四〇、宋宰輔編年録卷一五校改。

宋史全文卷二十二下

宋高宗十七

丙子紹興二十六年春正月丁未，知信州黄仁榮爲江南東路轉運判官。上曰：「信州亦須擇人，昨宰臣搜水晶極擾人，如林機尤無狀。」魏良臣等曰：「紹興初，徐康國爲浙漕，進台州螺鈿椅卓，陛下即命焚之，至今四方歎誦聖德。」上指御座曰：「如一椅子，只黑漆便可用，何必螺鈿。」上又曰：「往日宫殿幕帟皆文繡，朕今並不用，土木被文繡，非帝王美事。」良臣等曰：「漢文帝所以稱賢君，正由節儉也。」戊申，張九成復秘閣修撰、知温州，新知廣州陳璹知湖州。九成謫居十四年，談經自樂，學者尊之。上覽除目曰：「九成昨在經筵，講書及西漢災異事，秦檜不樂，以此遂去。」璹本檜所薦，後自桂州召來，不旬日遣去，不曉其意。」時温民久困重斂，斛米、匹絹輸者率倍其入。九成曰：「重斂以疲民，二千石責也。」斗、尺皆立定例，民大悦。己酉，樊光遠爲祕書丞。光遠以論事忤秦檜，去國十六年，上欲用爲臺官，故召。辛亥，尚書禮部侍郎兼侍講王珉權吏部侍郎。徐嘉罷，時珉等使北未還，而殿中侍御史湯鵬舉論二人「皆以諂事秦檜故，驟爲臺諫，無一言彈擊奸邪，無一事裨補時政」。故有是命。殿中侍御史湯鵬舉言：「今科舉之法，名存實亡，或先期以出題目，或臨時以取封號，或假名以入試場，或多金以結代筆。故孤寒遠方士子不得預高甲，而富貴之家子弟常竊巍科。又況時相預差試官以通私計，前榜省闈殿試，秦檜門客、孫兒、親舊得占科甲，而知舉考試官皆登貴顯，天下士子歸怨國家。伏乞申嚴有司，革去近弊。如知舉、參詳、考試官乞臨期御筆點差，以復祖宗科舉之法。」從之。癸丑，翰林學士陳誠之兼侍讀，尚書吏部侍郎張綱兼侍講，起居舍人王綸兼崇政殿説書。自秦熺侍經席，講讀説書多以臺諫兼之，至是，悉命從官，如舊制。丙辰，執政進呈新除觀文殿大學士、判洪州張浚丁内艱〔一〕。上曰：「士大夫起復非美事，所以敦孝行、厚風俗，惟軍中人乃可耳。」左朝奉大夫王葆知廣德軍，左奉議郎王復知臨江軍。二人皆秦檜時爲御史，至是出之。楊樸爲夔州路提點刑獄公事。是日，沈該進呈蜀中人才。上曰：「蜀人多能文，然士人當以德行爲先，文章乃是餘事。」庚申，夜，雷。癸亥〔二〕，權尚書工部侍郎丁婁明罷。以侍御史湯鵬舉奏「婁明徒以秦烜之妻父，遂躐清要，四方不服」故也。提舉江州太平興國宮黄唐傳復徽猷閣待制。唐傳爲吕頤浩所喜，故秦檜久抑之。甲子，故責授清遠軍節度副使趙鼎追復觀文殿大學士〔三〕。故責授秘書少監分司南京贛州居住孫近、故責授濠州團練副使鄭剛中並追復資政殿學士〔四〕，故提舉江州太平興國宫、永州居住汪藻追復顯謨閣學士。宰執以刑部狀進呈，上曰：「遷謫之人，自郊祀赦降及節次檢舉，盡行牽復，士大夫翕然稱快。」魏良臣曰：「陛下深仁厚澤，昭及漏泉，天下幸甚。」上諭魏良臣等曰：「士大夫往往輕外重内，親民之任莫如縣令，若取其有治狀者陞擢之，則人皆盡心。」良臣等曰：「祖宗故事，不曾歷三任轉運不得除三司。正欲其歷練。」上曰：「如從官須是曾歷外任，宰執皆自此選。若練達國事、通曉民情，則事事便可裁決。」新通判嘉州黄貢改知綿州。貢舉進士爲四川類省試榜首，用鼎甲恩授職，官終更例當改秩。時秦檜當國，或勸以姓名自通，貢曰：「進退有命，枉道何益。」徑從外銓調嘉州州學教授。用舉主考第改官，從官二十年始得郡倅。及是沈該以其名聞，乃有是命，而貢已卒矣。新通判彭州虞允文改知渠州〔五〕。丙寅，知泰州海陵縣馮舜韶爲監察御史。上監秦檜擅權之弊，遂增置言事官。時何溥、王珪、沈大廉與舜韶並爲察官，而湯鵬舉、周方崇、凌哲爲臺諫，察官具員，近世所未有。新州編管人曹泳移吉陽軍編管。戊辰，執政進呈諸州除免黄河竹索錢，因及鄭作肅昨因乞蠲免竹索錢宰臣見怒，致臺臣論列取勘。上曰：「君相之職本以爲民，民間利病豈可不理。」又進呈户部供具到諸路拖欠紹興二十一年、二十二年錢物，欲行除放。上曰：「若只倚閣，州縣胥緣爲奸，又復催理擾人。即與除放甚善。」己巳，詔江、浙、荆湖諸路紹興二十二年已前未起諸色錢物租税等，其形勢並第二等已上有物力之家見欠數目〔六〕，並與除放，如巧作名目催理者，監司按劾取旨，重作施行。庚午，進呈：「近來士風委靡，諂諛奔競，至有已得差遣而累求換易，不量資序而超躐干請者。」上曰：「風俗人才，正當今急務，似此之人，可具名聞奏，當議黜責。」

二月甲戌，權尚書兵部侍郎兼權直學士院沈虚中罷。以侍御史湯鵬舉論「其爲省試參詳官，私取秦塤，且素無廉聲，巧貪富貴」故也。乙亥，上曰：「近榮州守臣費庭論蜀中隔槽酒甚擾民。當是時，張浚、趙開以軍興〔七〕，窘於財用，濟一時之急耳。今休兵既久，内外無事，自合更也。」魏良臣曰：「已令鍾世明詳之矣。」上曰：「須下本路漕臣，方能盡其利害。」上又曰：「四川交子亦有弊，如沈該稱提之説，但官中常有百萬緡，遇交子減價自買之，即無弊矣。」己卯，詔諸路州軍以前舉解試流寓終場人數紐計，及土着合取放一人之數〔八〕，即與添解額一人，或零分及流寓人少〔九〕，以土着所解人十分爲率，及三分亦解一人。並通立爲額。已後人多不得過今舉所取之數。庚辰，上曰：「朕聞蜀中銀價高比江浙間過一倍〔一〇〕，如劉晏掌邦計，懋遷有無，低昂適中，方是理財之術。可令有司措置，毋致枉費。」甲申，執政進呈，權刑部尚書韓仲通看詳知鬱林州趙不易便民五事，内雷、化等州民間納苗多令折銀，擾民爲甚，欲令並納正色。上曰：「百姓足，君孰與不足。百姓之財，乃國家之外府，安可盡取，但藏之於民，緩急可以資國用。」乙酉，詔林一飛送吏部，與遠小監當差遣。一飛既罷，乃使其族人進士東投匭上書，論進退大臣當以禮。侍御史湯鵬舉面奏：「禮爲忠賢設，使其姦詐如李林甫、盧杞之徒，自當明示典刑，爲天下後世之戒。」上謂大臣曰：「朕每覽封章，若其言可行即行之，若其言非雖涉狂妄，亦不欲罪其人。蓋所以來天下之言也。今東書用意如此，言路既有論列，亦豈免行遣。」乃責一飛監高州鹽税，東英州編管。丁亥，以監司多闕，命侍從、臺諫各舉嘗任知通、治狀顯著者二人，仍保任終身，犯贓與不職者與同罪。庚寅，參知政事魏良臣罷，知紹興府。甲子，國子司業王大寶乞委諸路監司，覈實月椿名色，立爲定額，及折帛錢量與裁減，以恤下户。上令户部看詳，因言：「大寶近又請放度牒，殊未曉朕意。人多以鬻度牒爲利，亦以延人主壽爲言。朕謂人主當事合天心，而仁及生民，自然享國長久。如高齊、蕭梁奉佛皆無益也。僧徒不耕而食，不蠶而衣，無父子君臣之禮，以死生禍福恐無知之民，竭民力以興建塔廟，蠹民傷教，莫此爲甚，豈宜廣也。」輔臣皆稱善。直祕閣辛次膺知婺州。虜使之議和也〔二〕，次膺上疏不報，即請奉祠，歲滿不復再請，閲十二年，忍窮如鐵石。上始親政，即除知紹興府，未上，會魏良臣出鎮，於是改命。丙申，侍御史湯鵬舉言：「新添差通判秀州王韅寄居撫州，恃勢作威，郡守、監司聽其使令如役僕隸，毒流一州。」上曰：「此不可不痛治。在祖宗朝，革去五代苛法，專以仁恕爲本，未嘗真決一士大夫。惟犯贓者不貸，可令刑部約法，重作行遣。」〔二〕庚子，王曮送建昌軍居住，呂愿中封州安置。殿中侍御史周方崇論：「曮以宰輔親黨妄作，而愿中知復州日，強買部民玩好古器納於大臣，遂得進擢。」故併謫之。

三月壬子，三省言：「太學生係二千人爲額，聞在學不及三百人，欲令禮部措置。」上曰：「學校人才所自出，元祐中，名臣最多，實由仁宗養育之有素也。近來學校雖設，教育有所不至，每患人才難得，可如所奏。」甲寅，詔：「比緣軍興，令宰相兼樞密使典掌機務，今邊事已定，可依祖宗故事，宰相更不兼領。」乙卯，侍御史湯鵬舉論：「江東安撫司參議官王歷，檜之妻弟也，寄居臨川〔三〕，役使守令，聚斂貨賂，公私被害。江西安撫司參議官王墨卿，熺之先生也，搖唇鼓舌，誑惑衆聽，招恩市權。」詔並罷之。丙辰，詔：「諸路轉運司所差發解試官，務在盡公，精加選擇。如所差徇私及庸繆不當，仰提刑司按劾，御史臺、禮部覺察聞奏。」新通判湖州余佐、主管台州崇道觀龔釜並罷。殿中侍御史周方崇論二人因交結王會，與秦檜管莊，苟賤無恥，故皆黜之。丁巳，詔淮南邊州有未可起稅處，令漕臣保明與放十年。時諸州民户全未歸業，每歲旋乞展免起稅，朝廷慮其農種不時，故特蠲之。己未，提舉萬壽觀兼侍讀万俟卨參知政事。庚申，執政奏銓試院獲到懷挾者三人。上曰：「銓試乃出仕之始，將來宦顯皆自此擢，豈容冒濫，當依法行，以戒後來。」上又曰：「自來士人許帶韻略，多緣此雜以他書。」乃詔今後韻略及刑統律文等並從官給。時試院吏卒於交卷啓關公然作弊。後三日，執政復以奏。上曰：「此豈可不治，近聞試院整肅，士人極喜。自此實學者進，而寒畯之士伸，僞濫者革，而僥倖之風息矣。」癸亥，侍御史湯鵬舉言：「尚書右司郎中兼權户部侍郎鍾世明便僻側媚，見李椿年爲經界，遂投名爲幹官。見徐宗説與秦檜管莊，遂諂奉宗説得尚書郎。見丁禩往太平州修圩，遂交結丁禩與之同往。既歸，乃奉使四川，還爲浙漕。又事曹泳，泳敗，附魏良臣，復除都司兼權侍郎。良臣既罷，世明慢罵萋菲〔一四〕，略無操守。祠部員外郎兼權中書門下省檢正諸房公事陳岩肖嘗任秀州學舍〔一五〕，爲秦檜父立祠堂，作記獻頌，叨求進取。」於是二人皆罷。甲子，三省奏内外闕官。上曰：「既闕官，卿等可略舉所知。自來多以親故爲嫌，止不當如秦檜，若非親故，何由悉知其所爲，但無私心可也。」遂詔續除侍從、兩省各舉所知〔一六〕。乙丑，詔：「近年士風寖薄，冒户、挾書、代筆、傳義〔一七〕，靡所不爲，負國家選舉之意，豈所望哉。自今委監司覺察，重置於法，務在必行。」東平府進士梁勛特送千里外州軍編管。勛伏闕上書，論北事甚詳，且言金人必舉兵，宜爲之備。尚書省勘會：「前後累降指揮，禁止不許伏闕。今勛不遵約束，故有違犯，輒妄議邊事，理當懲戒。」故有是命。丙寅，詔：「講和之策，斷自朕志。故相秦檜但能贊朕而已，豈以其存亡而渝定議耶。」自秦檜死，金國頗疑前盟不堅，會荆鄂間有妄傳召張浚者，虜情益疑〔一八〕。參知政事沈該乞特降詔書，具宣此意。万俟卨、湯思退皆與該同，乃下是詔。

大事記曰：秦檜以十八年之久，呼儔引類，盤據中外。一檜雖死，百檜尚存。安石雖退居鍾山，而所任王珪、蔡確即安石之黨。章惇雖去位，而所任曾布、李清臣之徒即惇之黨也。上雖親政，而所任沈該、万俟卨、湯思退、魏良臣即檜之黨也。沈該、万俟卨本檜之鷹犬也。思退，本檜之客，以文衡私取檜之子孫者也。良臣即檜往來於虜定和議者也〔一九〕。檜之身雖死，而檜之心未嘗不存。張、趙所引之君子日少，而檜所教之小人日多。故自檜死後，虜頗疑前盟不堅，爲之禁妄議和好以信虜，爲之重竄張浚以悦虜，何異於檜之爲也。

夏四月己卯，上曰：「昨詣景靈宫朝獻，見武學頽弊，亦全無士人。文武一道，今太學養士已見就緒，而武學幾廢，恐有遺才。祖宗以來，武學養士自有成法，可令禮、兵部速條具以聞。」丙戌，詔祕書少監楊椿、著作佐郎趙逵周麟之同共編修神宗皇帝一朝寶訓。戊子，先是，尚書省言諸郡解額多寡不均。詔禮部參酌均定申省取旨。及是進呈，上曰：「解額窄處自當量與增添，寬處卻不可減。」皆欲優之也。庚寅，詔京西、淮南販買耕牛與免税三年。用三省請也。上曰：「關市之征，本以抑商賈。如米麵民間日用之物，豈可收税。今耕牛亦猶是也。」癸巳，詔武學學生以八十人爲額，上舍十五人，内舍二十五人，外舍四十人。置博士、學諭各一員。未幾，詔學生以百員爲額。甲午，詔諸路州軍自今不得奏祥瑞。前一日，執政奏事，上曰：「前大理寺獄空，不許上表稱賀，甚爲得體。比年四方奏祥瑞皆飾空文，取悦一時。如信州林機奏秦檜父祠堂生芝草，其佞尤甚。蓮之雙頭，處處有之，亦何足爲瑞。麟鳳，瑞之大者，然非上有明君，下有賢臣，麟鳳之生，亦何所取。朕以謂惟年穀登可以爲瑞，得真賢實能可以爲寶。漢武作芝房寶鼎之歌，奏之郊廟，非爲不美，然何益於事。」丁酉，上謂執政曰：「卿等接賓客，有利害可行及人才可用者，一一奏聞，庶盡知民間利病，因亦可得人才。」戊戌，置六科以舉士：一曰文章典雅，可備制誥；二曰節操公正，可備臺諫；三曰法理該通，可備刑讞；四曰節用愛民，可備理財；五曰剛方豈弟，勞績著聞，可備監司、郡守；六曰知機識變，智勇絶倫，可備將帥。命侍從歲舉之，如元祐中司馬光所請。先是，侍御史湯鵬舉言：「今明詔侍從各舉所知，臣輒條具六科以備采擇，乞俾薦者隨其才而舉之。後有改節，願坐繆舉之罪。」詔吏、禮部討論，至是行下。右正言凌哲言：「臣聞昔漢高祖入關，悉除秦法，與民約法三章耳。所謂殺人者死，實居其首焉。司馬光有言：殺人者不死，雖堯舜不能致治。斯言可謂至當矣。臣竊見諸路州軍勘到大辟，雖刑法相當者，類以爲可憫，奏裁，遂獲貸配。無他，居官者無失入坐累之虞，爲吏者有放意鬻獄之幸。貸死愈衆，殺人愈多，殆非辟以止辟之道也。欲望特降睿旨，應今後諸州大辟，若情犯委實疑慮方得具奏，其情法相當實無可憫者，自合依法申本路憲司詳覆施行，不得一例奏裁。」從之。户部尚書韓仲通言：「今斗米爲錢不滿二百，正宜積穀之時。若別置倉廩貯積，以一百萬碩爲額，遇有水旱助給軍食，減價出糶，實爲經久之利。」從之，仍以豐積爲名〔一〇〕。禮部言：「今後科舉〔一一〕，欲並依舊法，其鄉飲酒禮願行於里社者，聽從其便。」從之。

五月壬寅，參知政事沈該爲尚書左僕射，万俟卨爲尚書右僕射，並同中書門下平章事。知婺州辛次膺升秘閣修撰。上因曰：「用人當盡公道，若以私意喜怒取人，則真材實能何由得進邪。」甲辰，簽書樞密院湯思退知樞密院事。丙午，起居郎吳秉信、舍人王綸並試中書舍人。中書不除舍人者近十年，至是，二人始有此授。戊申，詔故追復觀文殿大學士趙鼎特與致仕恩澤四名。辛亥，言者論：「近年以來，朝廷節次放免米麥〔一二〕、菽豆、柴薪、耕牛、力勝等税錢，而不曾與減退税務課額，欲將税務年額量與減免，卻重行裁減收税則例。」上曰：「此説極有理，如米麥之屬民所日用者，既與放免，若不量減年額，則巧作名目重斂以求敷數，反爲民害。可依所乞，令户部措置立法。」甲寅，右朝請大夫李邦獻爲荆湖南路轉運判官。邦獻知撫州還，入對言：「近年用事之臣險愎狠忌，凡登對，臣僚奏陳稍久，或聖語有所詢訪，陰即中傷。是致臣下所陳類皆不切之務，畏禍甚者至託疾在告。望申飭臣僚，凡有所聞，盡言無隱。」從之。遂有是命。上覽除目，因謂大臣曰：「近緣遴選監司，諸路稍稍有按發官吏，不職者罰，不患乎不行。但賞典亦不可無。今後郡守有治狀顯著者，令諸司共奏，當議褒獎，如增秩賜金之類，或與陞擢。有賞有罰，則善惡知所勸沮矣。」丙辰，尚書左僕射沈該監修國史，右僕射万俟卨兼提舉實録院。先是，秦檜以監修兼提舉，自該、卨並相，始分監修及提舉爲二，至今因之。該謂檜專政以來，所書聖語有非王音者，恐不足以垂大訓，乃奏删之。而取上即位至今通三十年，纂爲中興聖語六十卷上之。甲子，御史中丞湯鵬舉乞申嚴福建、廣東沿海銅錢出界之禁。從之。己巳，前特進張浚度金人必敗盟，是月上疏曰：「今日事勢極矣，陛下將拱手而聽其自然乎，抑將外存其名而博謀密計，求所以爲長久歟？臣誠過慮，以爲自此數年之後，民力益竭，財用益乏，士卒益老，人心益離，忠臣烈士淪亡殆盡，内憂外患相仍而起，陛下將何以爲策。今天下譬如中人之家，盜據其堂，安眠飽食其間，而陰伺其隙。一日有間，其捨我乎。」書奏，執政不省。

六月癸酉，御史中丞湯鵬舉言：「陛下總攬權綱，愼擇郡守，臣愚擬令郡守久任，責以治效，正當今之先務。」輔臣進呈，上曰：「此在愼擇監司。監司得人，舉刺公，則郡守之職自振矣。由漢以來，郡守有善政者多增秩賜金，正不欲數易，久任亦不可爲定制。」沈該等曰：「欲令監司、帥臣同共考察課績，列銜保舉再任，仍令尚書省置籍。」上曰：「如此甚善。」甲戌，宰執進呈祕書省校書郎黄中面對劄子，言：「自頃大臣用事，屛棄忠良，私昵憸人布在郡縣，不復以民爲意。自陛下一新百度，監司、郡守出於親擢，謂宜取法祖宗，精選公忠明敏之臣，每道分遣一人，令遍歷郡縣，凡百姓之疾苦、獄犴之冤濫〔二三〕、財用之蠹耗、官吏之貪污苟且，與夫利之未興、害之未除者，皆得條具以聞。」上納之，乃詔諸路監司躬歷所部，詢訪廉察，條具以聞，當議黜陟。御史臺言：「因言章及告訐編置居住人曹泳等，未見申到貶所，乞令所在押發，稽留者抵罪。」從之。丁丑，新知湖州程克俊參知政事。戊寅，沈該等奏：「今次科舉，臣等子弟親戚並令歸本貫就試。」因進呈檢會到祖宗典故〔二四〕：乾德六年，陶邴中第〔二五〕，邴乃翰林學士承旨穀之子，遽命中書覆試。上曰：「往時秦塤中甲科，所對策叙事皆檜、熺語，朕抑之置在第三，不使與寒士争先。祖宗故事今可舉行。」遂詔貢院遵依咸平二年三月詔旨，所試合格舉人内有權要親族者，具名以聞。

史臣曰：建炎初，策士一委有司，不以一人好惡爲之升黜，天下之至公也。紹興中，權臣罔上，假國家科目以私其子弟親戚，則聖斷赫然拔寒畯、抑權貴，亦天下之至公也。

壬午，詔故追復資政殿學士鄭剛中特與致仕恩澤二名。乙酉，祕書省正字兼實録院檢討官葉謙亨面對，言：「陛下留意場屋之制，規矩一新。然臣猶有慮者，學術粹駁繫於有司去取之間，天理之所在，惟其是而已。取其合於孔孟者，去其不合於孔孟者，可以爲學矣。願詔有司精擇而博取，不拘一家之説。」上曰：「趙鼎取程頤，秦檜尚安石，誠爲偏曲。卿所言極當。」於是降旨行下。丁亥，流星晝隕。戊子，新湖南路轉運判官李邦獻入辭，言：「監司以互察爲名，取索他司職事，因而騷擾。乞戒飭。」上可其奏，因曰：「邊方正要卿發摘姦贓，選舉循吏，凡有便民事可直奏來。」丙午，皇后宅教授林同言：「太學養士千餘人，而月試人數或不及五之二，良由知以科舉爲優，不知以舍選爲重。如此則與方州取士何異？恐非國家立學校之本意也。欲望特降指揮，諸州教官惟許上舍登科人注擬，庶幾士子有所歆慕，以舍選爲榮。」詔吏部看詳申省。

秋七月壬寅，御筆蠲放民間一年丁絹之數，計二十四萬匹，内十二萬匹令内庫支給本色，以惠細民。沈該等言：「昨降指揮，止爲免丁錢。今陛下欲併與丁絹及綿全行蠲放，聖恩寬大，百姓蒙被實惠。」上曰：「不惟寬民力，且不失信於民。」上又曰：「近得一雨甚可喜。」該曰：「只如今日蠲放民間丁絹，便可召和氣，致甘澤。」丁未，夜，彗出井宿間。戊申，宰執進呈次，上曰：「朕當避殿損膳，以答天戒。深慮朝政尚多闕失，或民情疾苦無由上達，可降詔述此意，許士庶實封陳言〔二六〕，務盡應天之實。」詔：「今後選人初改官，令吏部依法注知縣、縣丞差遣，奏補承務已上人，並須實歷親民知縣、縣丞一任〔二七〕，方許關陞通判。」言者論貴遊子弟干求堂除，便用堂官差遣理當親民故也。庚戌，尚書左僕射沈該屬以星變引咎〔二八〕，上曰：「天象亦有常數，此亦無益，但思所以應天實德，以消天變可也。」該曰：「臣等當協心講求闕失，民間利害，聖慮所及，亦乞宣諭臣等奉行。」上又曰：「據所臨分野，當在秦晉間。然朕以天下爲憂，豈問遠近耶。」御史臺主簿李庚言：「國家立薦舉之法，將以搜羅人才，激勸士類。嘗聞謝泌居官，每發薦牘，必焚香望闕再拜，曰：『今日老臣又爲陛下得一士矣。』其不負君上如此。比年以來，士大夫經年不剡一奏，以待權臣不時之須。闔郡不舉一人〔二九〕，以爲子孫換易之地。甚至關陞改秩，各有定價，交相貿易，如市賈然。是以廉隅之吏，絕意於榮塗，而姦贓不逞之輩，侵漁公上，掊斂百姓，日營包苴之計，其弊有不可勝言者。欲望明立法禁，應買賣舉狀之人，取者、予者，各坐贓論。」詔令有司立法。其後刑部乞依薦舉受財法施行。從之。癸丑，詔：「臣民封事，及監司、守臣條具便民事件言刑獄、財計者，各委本部看詳，餘並委中書舍人吴秉信王綸、權給事中凌景夏，仍添差權禮部侍郎賀允中分輪看詳，務要詳盡。」乙卯，沈該等言：「夜來星象全然退減，陛下尚未御正殿，臣子之心實不自遑。」上曰：「雖漸次消弭，朕方憂懼，恐未須如此，當與卿等交修不逮，上答天戒耳。」上又曰：「往時士子或因上書忤秦檜意，押往本貫或他處聽讀，不曾檢舉施行。」該曰：「聖慮及此，寒士之幸也。」詔故贈右諫議大夫陳瓘特賜謚忠肅。先是，上謂輔臣曰：「近覽瓘所著尊堯集，無非明君臣之大分，深有足嘉。易首乾坤，孔子作繫辭亦首言天尊地卑，春秋之法無非尊王。王安石號通經術，而其言乃謂道隆德駿者天子當北面而問焉，背經悖理甚矣。瓘宜賜謚以表之。」丙辰，夜，彗星没。丁巳，宰相沈該率百官拜表請御正殿，復常膳。詔不允，表三上，許之。戊午，詔：「近令諸路監司、守臣條具便民合行寬恤事件，提點刑獄官親行决獄。緣四川去朝廷遠，尚慮奉行滅裂，致實德不能及民。可令制置使蕭振、總領財賦湯允恭催督，如奉行弗虔，按劾以聞，當重置典憲。」辛酉，夜，天雨水銀。

八月壬申，宰執進呈大理寺主簿郭俶轉對論差役事。上曰：「自有成法，不須更改。今朝廷法令無不具備，但當遵守。比來輪對及之官得替上殿官，多是無可奏陳，致有率意欲輕變成法。有司看詳，尤宜詳審。朕觀漢史曹參遵蕭何畫一之法，而漢大治。

蓋何所定律令，既已大備，若徒爲紛更，豈所謂治道貴清静耶。」癸酉，程昌時知桂陽軍代還，論：「州縣科配被於細民，而不及於豪右。」上謂大臣曰：「科敷不均，最爲民害。出榜之説，朝廷累有指揮，唯是官吏爲姦，恐民間盡知數目，不得而欺隱，所以不肯出榜耳。」上又曰：「臨安民有納本户絹一匹被退，因詢之，云官中以不經攬户，不肯交。朕令人用錢五千五百買之，乃好衣絹，已令韓仲通根治。近在輦轂尚爾，外方想不勝其弊也。」乙亥，右正言凌哲論：「改官之弊，憸巧之徒多行賄賂，薦章一紙，陰求先容，有費及五六百千者，欲革而正之，以增考第、減舉員爲救弊之術。」上謂大臣曰：「祖宗舊法未易輕改，在祖宗朝，凡事悉本仁恕，未嘗真決一士大夫，惟於贓罪則不貸。蓋以贓罪害及衆，不可不治。故在法，所舉之人犯贓，舉主當與同罪。然自來不曾舉行，故人不知所畏。但嚴舉官之令，有犯者必與施行，則人自知畏，前弊自可革。」沈該等曰：「陛下察見弊源如此，臣等謹當遵稟。」詔秦塤、鄭時中、秦熺〔三〇〕、秦焞、沈興傑所帶階官並易右字〔三一〕，曹冠、周寅、鄭績並駁放〔三二〕。先是，淮東提舉朱冠卿應詔上書，論故相當權私於子孫，私於族里親戚，私於門下憸人穢夫，濫竊儒科，復占省額，乞於曹冠等八人階官，以右易左，俾正流品。卻將向來侵取人數復還今舉額。詔侍從、臺諫看詳。中丞湯鵬舉言：「冠卿所請，委得允當。但以有官人赴試者，合帶右字，如無官人赴試者合行駁放，庶協公論。」故有是旨。其後又駁放曹緯一名。辛巳，新荆湖南路轉運判官李邦獻〔三〕、直祕閣新知秀州張偁並爲兩浙路轉運判官〔四〕。壬午，上諭大臣曰：「新除二漕臣，卿等可召至堂中，面諭與近屢降寬恤事件，令遍詣所部，税賦之足否，財用之多寡，民情之休戚，官吏之勤惰，悉加訪聞。如有奉行弗虔、職事不舉者，並按劾以聞，庶幾可以警動諸路，使皆知所視傚。」癸未，宰執進呈淮南漕司具到米價最賤處，每斗一百二三十文。上曰：「昨聞淮南米賤，朕恐傷農。故欲乘時收糴以惠民。今米價如是，則未須急候價減，每石亦不下一千，至時若户部無錢，朕當自支一百萬緡令收糴也。」甲申，言者乞令侍從官考察縣令政績。上曰：「此不須行。侍從何緣遍知縣令能否，兼已委逐路監司考察聞奏矣。」上又曰：「大率賞罰須當並行，政治顯著者即與陞擢，無狀者即與降黜，則善惡知所勸沮。」乙酉，沈該等奏：「今歲科舉極整肅，有傳義挾書者扶出。」上曰：「朕於此事極留意，異時宰執、侍從皆由此途出。若容冒濫，所謂拔本塞源也。」己丑，詔蠲建康府紹興二年以後至二十年終，積欠内庫折帛錢二百三十三萬餘緡、絹二十萬七千餘匹。以守臣張燾建言：「累政以來，積年拖欠，歲久無所從出。」上特恩也。辛卯，參知政事程克俊提舉臨安府洞霄宫。左朝散大夫景篪言四川虚估之數。詔户部看詳來上。後二日，宰執進呈次，上曰：「景篪所論，須量與減損。若令看詳，雖行下數十次何益，莫若使令總領所契勘合蠲減數目，具申朝廷，庶幾民受實惠。朕自即位以來，如土木、玩好、邊事、錫予，未嘗一有妄用，凡以爲民而已。」甲午，尚書吏部侍郎兼權尚書張綱參知政事。丁酉，宰執進呈右正言凌哲論上饒知縣李維秬不法。上令放罷取勘。上又曰：「近監司殊不舉職，州縣官有犯，臺諫論列得實，監司亦不加罪。自今有犯，監司若不按發，並當行遣。或降官，或罷任，使之知畏。諸路行遣三兩人，即無不舉矣。」

九月庚子朔，奉國軍節度使、開府儀同三司吴璘領御前諸軍都統制職事，判興州。自建炎以來，未嘗有使相爲都統制者，故改命之。璘嘗自著書，號兵要。大略謂：「金人有四長，我有四短，當反我之短，以制彼之長。蓋彼之所長，曰騎兵，曰堅忍，曰甲重，曰弓矢。吾當集蕃漢所長而用之，故以分隊制其騎兵，以番休迭戰制其堅忍，制其甲重，則勁弓强弩，制其弓矢，則曰以遠尅近，以强制弱，其説甚備，至於陣法有圖而無書焉。」詔自今州縣官贓私不法，監司失按察者，令刑部具名取旨。辛丑，沈該等奏：「安南人欲買撚金線段，此服華侈，非所以示四方。」上曰：「華侈之服，如銷金之類，不可不禁。近時金絶少，由小人貪利銷而爲泥，甚可惜。天下産金處極難得，計其所出，不足以供銷毁之費。雖屢降指揮，而奢侈之風終未能絶，須申嚴行之。」詔增置太學正、録各一員。乙巳，翰林學士兼侍讀陳誠之同知樞密院事。己酉，初，潼川府轉運判官王之望被朝命措置銅山縣銅事，乃籍匠户，置場烹鍊，僅得五百斤。之望乃請歲以六千斤爲額，遇閏增五百斤。從之。壬子，詔諸路監司、守臣條具到裕民事，令給舍看詳以聞。癸丑，右朝奉郎鄒栩追毁出身，除名勒停，送吉州編管。栩知處州，犯入己贓，爲右正言凌哲所按。法寺當流三千里，宰執以獄上，上曰：「是入己贓否？」沈該曰：「據按是入己。栩乃浩子。」上曰：「浩元祐間有聲稱，其子乃爾。」遂蹙頞久之，曰：「既犯贓法，不當赦，可特免真決，仍永不收叙。」上又曰：「朕觀祖宗時，贓吏多真決，邇來殊不知畏，卿等可令有司檢坐祖宗朝行遺贓吏條法，下諸路先行戒諭，使之曉然皆知祖宗立法之嚴。自後有犯，當依此施行，必無少貸。」甲寅，尚書省檢會天聖、紹興真決贓吏指揮。詔刑部鏤板行下。戊午，詔：「自今用舉主改官關陞人〔三五〕，令吏部置籍，被舉人犯贓，其舉官具名取旨施行。如已被人論訟及他司按發、臺諫論列，即不許旋行首舉。」上以吏徇私受賕，妄舉者衆，故條約之。庚申，知臨安府蔡嶷請對，上謂大臣曰：「朕當諭以東吏姦，即還商賈物貨及木植價錢勿留，民訟如見得曲直，即當面裁決，其他如御膳之屬近來未嘗取辦，雖用片紙，亦不責其供應。」沈該曰：「今日天府之弊莫大於此三者，陛下愛民如此，天下幸甚。」甲子，知樞密院事湯思退言：「祖宗舊制，樞密院奉聖語則副、使録之，比歲不舉行，欲依舊制聞語恭即書記，同時政記上進，降付史館。」從之。丙寅，上謂沈該等曰：「大理寺人命所繫，近聞吏多受賕，最爲不便，不知請給比京師如何。若禄薄，須量增，然後可責其守法。」已而户部言：「欲據見請十分爲率量增三分。」上可之。戊辰，御史中丞湯鵬舉言：「法者，天下之所通用，例之所傳，乃老姦宿贓，祕而藏之，以舞文弄法，貪饕貨賂而已，不用法而用例，古未之聞也。若刑部之所以斷罪、吏部之所以馭吏，最爲劇曹，此正猾吏可以上下其手而輕重其心者。伏望明詔吏、刑部條具合用之例，修入見行之法，以爲中興之成憲。」從之。後四年乃成。

冬十月辛未，沈該等奏：「近以内教，有司依年例供進賞賚物帛，有旨退還者半，仰見陛下儉德。」上曰：「賞賚何必許數〔三六〕，如此撙節，歲中自可省數百萬緡。」該曰：「陛下每事省約以寬財賦，天下幸甚。」癸酉，知隨州田孝孫直祕閣。以京西諸司言其公廉儉素，流移安業也。是日中書門下省檢正諸房公事陳正同入對，言：「縣令之職，最爲近民，懲戒既嚴，而不旌異循良，恐亦有所未至。望令諸路監司採訪，拔擢一二，不次用之，庶幾威惠兼行，人知勸沮。」上曰：「卿言正合朕意。旱方有一郡守爲監司所薦，已令除職因任，仍俟更終陞擢之矣。」乙亥，詔以蜀去朝廷遠，郡守尤須得人，令監司、帥臣各舉知縣資序以上堪充郡守者二人，制置、總領、提舉茶馬各舉三人，犯贓及不職與同罪，令尚書省置籍。甲申，沈該等奏：「昨日進安奉皇太后回鑾事實，禮物陛下悉退出不受，皇太后聖性節儉，而陛下仰能承順太后之美，天下幸甚。」上曰：「宫中別無使用，自不須許多禮物。皇太后今年七十七歲，而步履康健，如五六十歲人，自古帝后無有也。」

臣留正等曰：顯仁皇后躬儉節用出於天性，中外之人莫不聞之。如有司進金唾壺，則曰：宜易以塗金。宫中燕飲用伶官纔三兩人，所予緡錢無幾。歲進金帛帑積已充牣，而一銖一縷不妄用。此自古母后所未有之盛德也。而我太上皇帝且能曲意以順承之，雖以朝廷大慶奉慈寧萬年觴，而有司禮物皆卻而弗受。噫！兩宫之間，慈孝相承，而加之以恭儉，宜乎天人叶相而享天下之盛福也。

丙申，宰執進呈秀州守臣鄧根，按崇德知縣林善問不法科借折帛錢事。詔罷善問，仍取勘。上曰：「科借錢若一一在官猶可，恐因而入己，大抵贓吏最爲民害，今後須盡追贓物，不然自謂雖得罪猶不失爲富人，無所憚也。」丁酉，詔前特進張浚依舊令永州居住，俟服闋取旨。先是，浚奉母喪歸葬於蜀，行至江陵，會以星變詔求直言，浚慮虜數年間勢決求釁用兵〔三七〕，而吾方溺於宴安，謂虜可信，蕩然莫之爲備。沈該、万俟卨居相位，尤不厭天下望，朝廷益輕，雖在苫塊，不得不爲上終言之。乃復上奏，大略言：「嚮者講和之事，陛下以太母爲重耳。幸而徽宗梓宫亟還，此和之權也。不幸用事之臣肆意利欲，乃欲翦除忠良，以聽命於虜，坐失事機二十餘年，有識痛心。臣願陛下深思大計，復人心，張國勢，立政事，以觀機會，未絶其和，而遣一介之使，與之分别曲直逆順之理。」万俟卨、湯思退見之大恐，以爲虜未有釁而浚所奏乃若禍在年歲間，或笑以爲狂。御史中丞湯鵬舉即奏：「身在草土，名繫罪籍，要譽而論邊事，不恭而違詔書，豈復能爲國家長慮卻顧，徒以閑居日久，惟幾復用耳。」故有是命。

閏十月丙午，詔：「廉州歲貢珠，雖祖宗舊制，聞取之頗艱，或傷人命。目今可罷貢，蜑丁縱其自便。」翌日，上謂宰執曰：「朕嘗讀太祖實録見劉鋹進珠子馬鞍，太祖知鋹所採珠子甚多，日役蜑丁數千人，死者不少。朕以謂珠子非急用之物，既是難得，且傷人命，故特令罷貢，以爲一方無窮之利。」己酉，劉伯英特勒停，送連州編管。以右正言凌哲論其諂附秦檜，在江西、湖南贓淫僭侈也。辛亥，尚書省請以去年十月二十二日以後朝廷所行寬恤事件，編類成册，鏤板頒降。從之。壬子，徽猷閣直學士致仕胡寅卒於衡州。寅既退居，乃著讀史管見三十卷，論周秦至五代得失，其論甚正，蓋以蔡京、秦檜之事數寄意焉。其書今行於世。甲子，尚書吏部郎中孫道夫試太常少卿。道夫入對，論：「蜀中税絹之外，有和買，有預俵，又有激賞，而蜀民尤以激賞絹爲苦。税米之外，有遠倉，有和糴，又有對糴，而蜀民尤以對糴米爲患。以至鹹泉退縮，鹽額頓虧，酒徒零落，課息欠少，破産失業，比比皆是，有司務增茶額以求羨餘，禁繫山氓使輸虚息。欲革其弊，雖救焚拯溺不足以喻其急也。」上感其言，詔制置使司相度聞奏，而道夫有是命。

十一月甲戌，權禮部侍郎辛次膺言：「今諸路歲入數目實多，使有以理財，而其入無欠，有以節財，而其出有節，則豈特財用充足，蓋將儲蓄沛然有餘矣。願詔左右司同户部取朝廷一歲中出入之數，其入數拖欠失陷者，嚴立譴罰，其出數則更加裁酌，立爲定數〔三八〕，不得增添。」上曰：「此誠今日急務，然止有三説：生財，理財，節財是也。比年生財之道講求略盡，唯理財多因官司失職，致有拖欠，使州縣得人，必不至此。若節財，則用莫大於給軍，既有定額，無從裁省。今便當撙節，不可妄費。」遂令吏部侍郎陳康伯、户部侍郎王俁〔三九〕、大理少卿陳章同措置。壬午，上謂大臣曰：「近太學試補弟子員，中程者詩賦多而經義少，數年後，恐經義科廢矣。宜令兼習經義。」沈該等請俟省試畢。上可之。丙戌，尚書省言：「被旨裁減吏額，法行當自近始，乞裁定三省、樞密院近來所添名額。」於是六曹、寺監、百司各以舊額及新置人數來上，朝廷悉加裁損焉。癸巳，吏部員外郎王晞亮言〔四〇〕：「國家取士，詞賦之科與經義並行，比學者去難就易，競習詞賦，罕有治經。至於周禮一經，乃絶無有。望自今經義文理優長合格人有餘，許將詩賦人材不足之數通融優取，仍以十分爲率，不得過三分。」從之。

十二月癸丑，尚書右僕射万俟卨上重修貢舉敕令格式五十卷，看詳法意四百八十七卷。甲寅，罷江淮等路提點坑冶鑄錢司，以其事付轉運司。己未，宰執進呈殿中侍御史周方崇論陳惇〔四一〕、趙迪之貪暴無恥。上曰：「朕見人才難得，未嘗不留意愛惜，每諭臺諫以風聞言事，不可容易，須再三詢訪。朕惟言者之聽，豈可不審。」庚申，上謂大臣曰：「昨下詔求言，四方之士陳獻甚多，朕一一披覽，所言利害極有可取，宜擇其議論尤切當者，量與推恩，庶幾有以勸之。」時應詔者甚衆，而後省以敕令所删定官杜莘老、新黄州州學教授潘慈明爲首，乃各循一資。秘書省著作郎兼普安恩平郡王府教授黄中言恩平郡王講禮記終篇，詔令講易。時王府官龍淵已親幸〔四二〕，他教授或與之過從觴詠，中獨未嘗與之坐，朝夕見則揖而退。其後他教授多蒙其力，而中獨不徙官。

丁丑紹興二十七年春正月戊子，詔侍從各舉宗室京朝官材識幹治者二人，特與召對。初，朝廷歲於江、浙、湖南、福建諸州市軍器物料，而州縣以無本錢，率於人户物力錢上敷納，民甚苦之。甲午，詔皆以縣官錢償其直。乙未，詔兩省、臺諫、侍從有服親省試合格者，令禮部具名以聞，自是遂爲故事。

二月丁酉朔，詔自今國學及科舉取士，並令兼習經義、詩賦，内第一場大小經各一道，永爲定制。壬寅，江南東路提點刑獄公事徐天民劾信州守臣周葵不恤郡政。上謂宰執曰：「大抵元歷知縣諳政事，然後付之一郡必優爲之。今周葵止因昨在言路好論事，遂得虚名，魏良臣力薦之，及治郡乃不職，與宫觀宜矣。」甲辰，詔試中武學生依監學例給綾紙。丁未，權尚書禮部侍郎辛次膺試給事中。自巫伋遷後，給事中不除者七年。張子華除名勒停，送萬安軍編管，仍籍没家財。子華嘗提舉廣南市舶，言者奏其贓污不法，遣大理寺丞莫濛即廣州鞫之，法當絞，故有是命。禮部貢院奏，應博學宏詞科左迪功郎周必大合格。詔堂除建康府府學教授。普安郡王見其所試，以爲有掌誥才，大善之。壬子，宰臣沈該等言：「太廟仁宗、英宗兩室前柱生芝草，欲率百官拜表稱賀。」許之。戊午，御史中丞湯鵬舉參知政事。鵬舉爲臺官凡一年有半，所論皆秦檜餘黨，他未嘗及之。

三月己巳，侍御史周方崇請京局改官並先注知縣。上以問宰執。沈該曰：「選人改官後涉歷親民，實爲良法。」上曰：「徽宗嘗言，仁宗朝每除執政大臣，必先問曾歷親民否。蓋親民則能通世務，置之廊廟，天下利病知過半矣。此朕昔年恭侍，親聞玉音，誠可謂萬世法也。」遂從之。丙子，宰執進呈從官所舉人材。詔並赴行在。詔兩省官依侍從薦所知。丙戌，上御射殿引正奏名進士唱名。先是，御筆宣示考試官曰：「對策中有鯁亮切直者，並置上列，以稱朕取士之意。」時王十朋首以法天攬權爲對，閻安中策言：「太子天下本，臣願陛下斷自宸衷，蚤正儲位，以繫中外之望。」詳定官定十朋爲第九，編排官孫道夫奏其詞語鯁切，上覽之，前三日謂大臣曰：「今次舉人程文議論純正，尤多切直，自此人才極有可用。」翌日，又謂大臣曰：「昨覽進士試卷，其間極有切直者。如論理財則欲省修造，朕雖無崇臺榭之事，然喜其言直。至論銷金鋪翠，朕累年禁止，尚未盡革，自此當立法必禁之。去年交趾獻翠毛五百尾，朕未嘗用，當焚於通衢。」湯思退進曰：「陛下旌直言以冠多士，焚翠羽以革侈靡，皆盛德事。」時上臨御久，主器未定，大臣無敢啓其端者。安中對策，獨以儲貳爲請，上感其言，擢安中第二。遂賜王十朋等四百二十六人及第、出身。始蜀人之未集也，上數有展日之命。沈該奏：「天時向暄，恐陛下臨軒，不無少勞。乞一面引試，後有至者，臣等策之，中書定其高下。」上不許，曰：「三年取士，朕豈憚一日之勞耶。」及唱名，至安中及第三人雙流梁介，上連舉首，謂該曰：「如何？」該大慚悚。丁亥，特奏名進士李三英等三百九十二人，武舉進士趙應熊等十五人，特奏名一人，授官有差。應熊武藝絕倫，且試南省爲第一人。上謂大臣曰：「今次魁選，文武皆得人。應熊弓馬甚精，文字亦可采。朕樂於得士，雖終日臨軒不覺倦也。」詔：「自今宮人以銷金鋪翠爲服飾者，令會通門譏察，犯人追賞錢千緡，經手轉入皇院子等，並從徒二年科罪。」用王十朋之言也。己丑，詔減三川對糴米十六萬九千餘碩，夔路激賞絹五萬匹，兩川絹估錢二十八萬有奇。又減茶引錢九十五萬餘緡。上謂宰執曰：「前日下有司詳其事，正欲知向後兵食無闕，使民被實惠，若無以善後，恐又別有改更，非所以裕民。初講利害，想四川之民日望蠲免，今此足以慰其心矣。」辛卯，守尚書右僕射、同中書門下平章事万俟卨薨。甲午，除民間買賣耕牛之税。

夏四月庚戌，宰執進呈趙逵所薦士。上曰：「三吴才行之士，往往知其姓名，惟蜀中道遠，其間文學行義有可用者，不由論薦，無由得知。前此數年，蜀中仕宦者例多隔絶，不得一至朝廷，甚可惜也。」自秦檜專權，深抑蜀士，故上語及之。沈該曰：「近日蜀中士大夫多被薦舉，已得旨隨材召用。」上曰：「甚善。」壬子，權尚書刑部侍郎張杓降一官放罷。先是，杓奉詔薦主管官告院鮑轡召對，而人才凡下，上諭大臣曰：「朕不能盡識天下多士，故令侍從、臺諫各舉所知，若不精審，非朕求才之意。」乃罷之。己未，玉牒所進呈太祖太宗魏悼王三祖下仙源類譜。壬戌，進呈閤門祗候趙應熊擬江南東路安撫司準備差遣。上宣諭曰：「朕觀應熊所試弓馬文字皆有可採，可謂有用之才。」湯思退曰：「應熊初入仕，且以帥司準備將處之，以養資望。」上曰：「善。」

五月丙寅，敷文閣直學士、左承議郎、四川安撫制置使兼知成都府蕭振特轉左朝奉大夫，落「直」字。上以振治蜀有聲，執政請進一職、遷四官。上曰：「四川善政，前有胡世將，今有蕭振。振蠲減重賦，蜀人安之。近薦武帥，又皆得人。可除直學士。」〔四三〕戊辰，上謂輔臣曰：「今四方無事，當以民事爲意。監司、郡守不可不得其人。」輔臣進呈湖南轉運司奏：「知長沙縣常禋名臣之後，修潔自持，束吏愛民，衆所稱譽。」詔進禋一官，俟任滿與陞擢。壬申，上謂沈該曰：「頃蜀中歲貢錦繡帟幕，雖民之幼女亦追以供役作，其擾如此，朕令止之，蜀人極喜。近又減四川民輸至一百二十餘萬，民力必稍寬矣。」癸酉，興化軍免解進士彭與進所著周易解義及神授圖太極歌。詔特補下州文學。己卯，新明州州學教授郟次雲入見，奏請守令闕則擇清望官，臺諫闕則擇郡邑循吏爲之。上謂大臣曰：「朕用人正欲内外適平，如監司、守令治狀顯著，不必一一召來，當增秩賜金〔四四〕，且令久任。」遂以次雲行國子録。

六月戊戌，四川安撫制置使兼知成都府蕭振卒〔四五〕。振再守蜀凡二年，時利州舊宣撫司有積緡二百萬，守者密獻之朝，下制置司取撥。振曰：「此所以備水旱、軍旅也。一旦有急，是又將取於民。」請於朝，留其半。比卒，蜀人思之。甲辰，宰執進呈秘書省著作佐郎黄中轉對，言：「仰惟神宗皇帝即位之初，厲精求治，常慮萬事之幾不能遍燭，首舉舊章，每遇起居日，俾百寮轉對。陛下厲精庶政，無異於神宗之用心，故百寮轉對，至今行之未嘗廢也。然而二十年間，大臣專恣，好佞惡直，一時習尚往往以言爲諱，凡所建明，不過毛舉細故以塞責而已。如神宗皇帝所以詔告丁寧，蓋未之有也。臣謂陛下宜追述神祖之意，特降詔書，申飭在位。自今以往，應轉對之官有所開陳，要在竭誠盡忠，切於治道，毋得蹈常襲舊，排摭細微〔四六〕，以應故事。然後陛下觀其人，擇其言，而爲之虛心訪問，俾得以盡其情實。積日累月，庶幾有補於萬一，則舊章不爲虛設矣。」上覽疏曰：「中所論極當，大抵轉對之法，恐朝政闕失、民間利病，有不得上聞者，皆當論奏。自秦檜當國，轉對之名雖不廢，而所輪者不過大理寺官數人，攟摭細微，姑應故事而已，初無鯁切有及於時事者。如此則繆悠之談，何補於國。今中所言，頗合朕意。可令士大夫知之。」戊申，知樞密院事湯思退守尚書右僕射、同中書門下平章事。壬戌，祕書丞楊邦弼、校書郎陳俊卿並兼普安恩平郡王府教授。俊卿爲學官，多所裨益。一日，普安郡王習毬鞠，俊卿微誦韓愈諫張建封書以諷，王即誦全文不遺一字，俊卿退而喜曰：「王聰明而樂從諫，社稷之福也。」

秋七月庚午，王師心言：「鼎、澧、歸、峽産茶，民私販入北境，利數倍，自知㑗法不顧，因去爲盜，由引錢太重，貧不能輸，故抵此。望別創憑由，輕立引價，既開其衣食之門，民必悔過改業，而盜自弭矣。」上覽疏謂宰執曰：「茶鹽禁榷本爲國用所需，若財賦有餘，則摘山煮海之利朕當與百姓共之。姑遵舊制可也。」户部侍郎林覺言：「國朝慶曆以來，歲鑄錢一百八十餘萬緡，其後亦不下百萬。如前年猶得十四萬緡，去年猶得二十二萬緡，而提點司官吏徒縻禄廩，朝廷罷之，但付之漕司，議者以爲，諸路物料有無不等，運司不相統轄，無以通融鼓鑄。欲出户部錢八萬緡爲饒、贛、韶三州鑄本，委各州通判主管，漕臣往來措置。今歲權以二十三萬緡爲額，即不得復以舊錢代發。」從之。江南西路轉運判官黃仁榮知衢州，荆湖北路轉運判官楊沂移江西路。上覽除目，曰：「監司、守臣席未及暖已輒更易，不惟迎送勞費，而官吏軍民於政教〔四七〕、獄訟亦莫知所適從。自今悉令久任。」辛未，下詔戒敕污吏。癸酉，下詔戒飭：「監司、郡守舉劾守令，毋得觀望當路，挾情徇私。有賞有罰，朕當信而必之。」丙戌，御藥院言：「永祐、昭慈等欑宫帝后生辰酌獻所用鋪翠、鏤金花乞以藥玉葉、漆金紙代充。」從之。時上禁銷金鋪翠甚嚴，自禁中始。

八月甲午朔〔四八〕，三省擬京西轉運副使霍蠡知潭州〔四九〕。同知樞密院事陳誠之言：「蠡有風力，必能爲陛下辦事。但京西難得其人，聞知鄂州熊彦詩久諳軍中事，可以除代。」上曰：「蠡歷官多年，在京西尤鎮静，彦詩累任郡守，此二人皆可用。朕思今天下無事，惟在留意監司、郡守。卿等皆持公心商確人才，朕謂雖未盡得人，將見十得七八矣。」誠之曰：「臣獲與廟堂末議，雖迂愚無取，至於進擬人才，實不敢萌私意。」上曰：「朕用卿爲執政已及一年，卿見朕聽斷之際，曾有一毫私意否！」誠之曰：「陛下無私如天地，臣夙夜奉承，實千載之遇也。」乙未，參知政事湯鵬舉知樞密院事。丁酉，詔重修宗學。用宗丞吴景偲請也。辛亥，詔諸路換給不盡僧道度牒並納禮部。用三省請也。上曰：「昨權禮部侍郎賀允中上殿，朕問即今僧道之數。允中言有僧二十萬，道士纔萬人。朕見士大夫奉佛，其間議論多有及度牒者。朕謂目今田業多荒，不耕而食猶有二十萬人，若更給度牒，是驅農爲僧。且一夫受田百畝，一夫爲僧，即百畝之田不耕矣。佛法自東漢明帝時流入中國，終不可廢。朕亦非有意絶之，正恐僧徒多則不耕者衆矣。」己未，湯鵬舉奏：「前日罷坑冶鑄錢司歸諸路轉運司，必能就緒。」上宣諭曰：「此一事，朕詢之士大夫，亦無他説。獨王珪再有章疏。朕謂凡有建立，人各以所見相可否，歸之至當而後可。若一人唱之，百人和之，事或未當，朕則何取？」庚子，詔置提領諸路鑄錢官於行在，命侍從或卿監一員，置官屬二員。

九月癸酉，參知政事張綱罷，知婺州。吏部尚書兼侍讀陳康伯參知政事。戊寅，詔：「淮南、京西、湖北路州軍，自紹興十四年至二十七年，合起内藏庫紬絹〔五〇〕、錢帛，可並與蠲免。日後合起發數目，令逐路提刑轉運司官親巡所部，度量事力開具的實合發納分數以聞。自來年始。」先是，諸路久逋内藏庫紹興甲子以後合發上供錢帛，上欲悉與蠲之，以諭宰執沈該曰：「昔唐玄（元）宗有云：『朕雖瘠，天下肥矣。』大哉王言，此所以致開元之治也。朕有取焉。朕約於奉己，内帑未嘗妄費一金，邊郡所欠故多，然户口未復，責輸實難，可悉與蠲免。」癸未，夜，雷。乙酉，新知漢州于霆入辭。上曰：「蜀中地遠，卿至官，有民間疾苦利病一一奏來，仍須速行，不宜緩也。」丁亥，秘書省校書郎葉謙亨言：「祀典散佚，望酌景德故事，命禮官及祕書省取祭祀之式，勒成一書，目曰紹興正辭録〔五一〕，以爲彝制。」從之。

冬十月丙申，上曰：「朕在京師時，惟開封府頗類外方官司〔五二〕，如大理寺、御史臺法令嚴密，官吏謹畏，無敢干以私者。自渡江以來，大理寺治獄官吏極有姦弊，至於容情請託，賄賂公行，玩習既久，理宜懲革。」乙巳，以講筵讀三朝寶訓徹章，燕儒臣，始用化成殿樂。侍讀王師心因講畢，奏曰：「祖宗創業垂統，所以長慮卻顧，爲萬世子孫之計甚備。熙寧大臣私意改作，流毒至今，不可不監。」又言：「帝王之於史，其要在於觀得失，究治亂。今進讀漢書，願摘切於治體者讀之。」己未，上謂宰執曰：「近臣僚獻利害，往往各述己見，未必知有無見在之法。自今宜令有司講究詳審，無輕改祖宗成憲。」湯思退等曰：「臣僚奏請，不惟未詳條具，固有便於一方而不可行於天下，豈容輕議改法。當依聖訓行之。」辛酉，詔四川制置司、總領所、轉運常平司各具所部州縣有無旱傷聞奏。如有旱傷，即行減放，仍以舊宣撫司樁積錢米賑濟之。

十一月癸亥朔，詔減福建路轉運司鈔鹽錢每年八萬緡。初，提舉常平茶鹽事張汝楫乞行鈔法。上問同知樞密院事陳誠之如何。誠之曰：「閩中山溪之險，細民冒法私販，雖官賣鹽猶不能絶，若百姓賣鹽，豈無私販之弊。第恐不盡請鈔，則有虧額。」上曰：「中間福建曾用鈔法，未幾復罷。若可行，祖宗已行之，不待今日。正如萬户酒，前日欲榷者甚多，然竟不可行。大抵法貴從俗，不然不可經久。」時福建歲認鈔錢三十萬緡，乃詔減八萬。自此漕司及州縣稍舒，不復抑售於民矣。乙丑，太常少卿、充賀金國正旦使孫道夫、閤門宣贊舍人充副使鄭朋辭行。道夫既至虜廷〔五三〕，金主亮詰以關輔買馬非約，始欲敗盟。己卯，刑部奏百姓張璘等用藥殺人、劫取官綱公事。上曰：「此罪當死。古者用刑貴情法相當。祖宗以來，好生之德間有用例貸死刑者，然不可爲常。苟當死而不死，無以禁暴戢姦，恐殺人愈多，非愛民之道也。」辛巳，右正言何溥請「特詔大臣〔五四〕，毋庸數易郡守」。上謂宰執曰：「此論切中時病。近亦有因事移易者，今非甚不得已，且令成資。」湯思退曰：「豈惟郡守，監司亦然。昨因近臣薦除監司，至春間往往當替，欲於卿監、郎官中擇資淺者，令中外更代，皆至成資而罷。」上曰：「如此不惟免迎送之擾，亦可革内重外輕之弊矣。」丙戌，進呈給事中賀允中封駁吴國長公主女夫直祕閣鄭珙陳乞轉官添差浙東帥司參議官事。上曰：「命下逾兩旬，鄭珙已被受差遣敕矣。」宰執退，召允中至堂，面諭聖旨。允中申，執所見，不欲中易。翌日，再進呈，上曰：「雖稍後時，所論極有理，當曲從之。所降轉兩官指揮更不施行。」丁亥，知樞密院事湯鵬舉罷爲資政殿學士、提舉在外宫觀，免辭謝。以殿中侍御史葉義問累疏論其罪。尋詔落職。己丑，宰執進呈次，雪大作，沈該等稱賀。上曰：「前此久雨，深以爲慮。幸而穀價不至騰踴，今得此雪，來年二麥必大豐稔也。」

十二月乙未，權吏部侍郎凌哲以湯鵬舉所薦，不自安，乞守小郡。上曰：「朕嘗與臺諫論大臣出處，或以罪去，但及其身足矣，至所薦引，當觀其人，若不問賢否一切斥逐，是使之爲朋黨，非公正之道也。」

臣留正等曰：元祐相司馬光，盡取熙、豐之政與其人而更新之，天下至爲相賀，而程顥獨有憂色。蔡確新州之竄，一時大臣有名望如文彦博、吕大防，臺諫知大體如劉安世、范祖禹，皆以爲當，然而范純仁獨爲之慨然曰：「縉紳之禍自此始矣。」夫成敗興廢，天也。君子能爲其可爲者，至其不可爲，則安之以俟命而已，固奚暇他顧。然獨不觀諸水乎？順而導之則行，激而怒之則搏。

今以其泛濫無畔際也，堤而障之，曰：吾以止水也，激而不已，奔怒四出，臣見決堤破岸傷物轉甚耳，惡乎止？大哉太上皇帝之言也。其殆知消息盈虛者乎！夫漸而察之則不遽，擇其已甚而去之則不苛，薄其法以待其改則不怨。使元祐大臣家存斯言，則士君子之紛紛竄逐，奚至如紹聖之甚哉。縱使有之，必不至空天下君子黨而籍之，更歷再世以至於危亂而不悟也。雖然，天下之更相是非，豈有既哉。太上皇帝之言，臣願聖子神孫萬世寶之。

詔：「諸路帥臣、監司於本路武臣大使臣已上，及見任寄居，歷任有勞效之人，每歲各舉二員，以備量才任使。」兩浙轉運副使趙子潚言：「被旨措置鎮江府沙田，欲選官打量，隨地肥瘠，輕立租課，就令佃人耕種，所有已前收過租利不少，依條合盡行追納入官。」詔：「人户冒佃積年收過租課，特免追納〔五五〕，其田疾速拘收措置。」甲辰，上謂宰執曰：「監司、郡守固當久任，然其間老病之人，難以使之在職，蓋移易不過有迎送之擾，而廢弛則貽患於一路一州，利害孰爲輕重？今後有如此等，可與宫觀，理作自陳。」

戊寅紹興二十八年春正月壬午，罷廣南十州歲科黄河紅藤錢二千九百餘緡。是日，雷。甲申，上諭大臣曰：「比既詔監司刺舉守令，而監司賢否勤惰將使誰察之？宜爲立法。」乃詔監司貪墮不法，臺諫自當彈奏，其治狀顯著之人，令臺諫、侍從三人以上公共推薦，三省考察取旨。丙戌，太府寺丞鄭知剛提舉兩浙東路常平茶鹽公事。知剛入辭，上以其老病增劇，諭大臣曰：「監司非養痾之地，可改授一差遣。」遂以爲江南東路安撫司參議官。庚寅，上謂輔臣曰：「聞閩中民户輸納苗米，每斛爲錢八千，有諸？」同知樞密院事陳誠之曰：「近歲有之。」上曰：「閩中米斛幾何？」誠之曰：「三千。」上曰：「使此錢悉以助國，猶恐有傷於民，況資州縣妄費乎！其令以實直取之。」

二月丙申，同知樞密院事陳誠之爲知樞密院事。先是，誠之因奏事，上曰：「卿，文人讀書，乃知兵務如此之熟。」遂進用之。乙巳，尚書工部侍郎王綸同知樞密院事。

三月辛酉朔，日有食之，陰雲不見，宰相欲率百僚稱賀。御筆：「日月薄蝕，乃上穹垂戒，而有司以陰雲不見，欲集班拜表稱賀，殊非朕寅畏天威之意。令毋得稱賀。」翌日，宰執共贊所降詔語。上曰：「朕德薄不足以格天，陰雲蔽日，蓋偶然耳。至於時雨霶霈，此乃可喜也。」甲子，福州童子莊大成，十歲能誦經史書。上謂輔臣曰：「朕即位以來，童子以誦書推恩者多矣，未聞有登科名顯者，何也？」詔免解罷之。丙寅，雷。丁卯，玉牒所上三祖下仙源積慶圖。祕書少監曾幾等上神宗寶訓一百卷。丙子，宰執進呈殿中侍御史葉義問言：「宰執、侍從薦引人才，須先赴都堂審察，乃令上殿。」上曰：「天下人才若非宰執、侍從薦引，朕亦何緣盡識。俟召到，並令引對，不須審察，但臨時除授足矣。近來士大夫以内任爲榮，以朕觀之，正當以民事爲重。或監司、郡守有闕，可擇行在官更迭補外，其外官有奉法循理、實惠及民者，亦須召擢。庶幾内重外輕之弊，可以漸革。」乃詔：「今後侍從以上薦引人才，並須文行相副，治績昭著，務得實才，以副詳延之意。」〔五六〕戊寅，詔曰：「朕式稽古訓，爲官擇人，均治内外。可今後侍從有闕，通選帥臣及第二任提刑資序、曾任郎官以上者。卿監、郎官闕，選監司、郡守之有政績者，並須治狀昭著，及有譽望之人。卿監、郎官未歷監司、郡守者，令更迭補外。在内官除詞臣、臺諫係朕親擢，餘並須在職二年，方許遷除。庶内外適均，無輕重之偏，職業修舉，有久任之效，以副朕重民事之意。」甲申，内藏庫言：「湖、婺州所起綾羅，率紕薄不堪。」三省擬欲退換。上曰：「此皆民所輸納，若卻回其物，未必及民，必致重擾。朕不欲如此，第令薄懲兩州受納官可矣。」

夏四月丙申，詔：「文臣中大夫至朝奉郎，武臣武功大夫至武翼大夫，陳乞致仕，亡殁在出敕前，而不曾犯入己贓及私罪徒者，許蔭補。即亡殁在致仕後，或已致仕而未亡殁之人，但不犯入己贓，即許蔭補。」用權吏部尚書王師心請也。自是犯私罪徒之人皆得以遺恩任子矣。甲辰，福建轉運判官趙不溢奏南劍州禁軍作閙。上曰：「治軍與治民不同，又事有雖大而可闊略，雖小而不可貸者，顧其情如何耳。此豈可姑息。自今有犯，但當行法，更當精擇守臣，使任其責。」

五月癸亥，嚴州遂安民江大明等作亂，犯衢州，官軍獲之。是日以聞。上曰：「既已獲賊，賞宜速行，若稍緩即失信於人，無以示勸。」既又奏賞事，上曰：「土豪賞太輕，宜加一等。朕於賞典必務從厚，不然無以勸功。又不可濫，若厚賞而復濫，尤非勸功之道也。」庚午，權户部侍郎徐林奏版曹調度闕乏〔五七〕。上謂大臣曰：「祖宗以來，所用亦廣，未聞不足。今朝廷無他浮費，於經費中又務從約，而有司每告乏，何也？孔子曰：『百姓足，君孰與不足。』藏之於民，猶外府也。爲今之計，但當裁節，不可取之於民。」甲戌，宗正少卿楊偰乞將取應宗子比府監進士，理年免舉。上曰：「此自有成法，遵守可也。祖宗以來，若可行，不至今日矣。」丁丑，起居舍人洪遵請以經筵官除罷及封章進對、燕會錫予、講讀問答等事，悉行編録，以邇英記注爲名。從之。自是年秋講始。是月，金主亮謀欲再修汴京而徙居之，爲南侵之釁。

六月壬辰，入内修武郎蔣堯輔除名，不刺面配新州牢城。堯輔爲永祐陵都監，以不法屬吏當死。上因謂輔臣曰：「朕待内侍加嚴，故比前犯法者少，以此知人主之於臣下，以嚴御之者，乃所以愛而全之也。」癸巳，禮部言：「目今諸州保明到童子乞試者，欲依祖宗典故，並送國子監試驗訖，如合格者，送中書，宰執聚廳，舍人挑試。又合格者，取旨推恩。」從之。是日流星晝隕。丙申，詔以盛暑，遣翰林醫官四員，遍詣臨安府城内外診視居民，合用藥於和劑局應副，俟秋涼罷。是日，嘉陵江水溢入興州城，壞棧道，利州、大安軍皆被水。甲辰，樞密院都承旨陳正同言：「諸路奏讞死囚，例多降配非是。」上曰：「刑罰非務刻深，欲當其罪，若專事姑息，廢法用例，則人不知畏，非所以禁暴戢姦。卿等可諭刑部，常令遵守成憲。」

史臣曰：言刑以不殺爲仁，言法以撫摩苟安爲得策，世言俗士，信哉。南劍言兵變，上曰：「此但可行法。」福州請寬海盜死，上曰：「此姑息耳。」不惟是也，以招安爲非弭盜之法，以首身爲非御軍之法，明乎哉〔五八〕，聖人之慮也。

秋七月辛未，右正言何溥言：「近朝廷擇取教授、通判之闕於部，以爲堂除。臣獨惜夫士大夫之才，有長於爲邑者，而置之無用之地，使百里之民不見由、求、卓、魯之政，甚可嘆也。望用建隆、天聖故事，擇大縣闕爲堂除。」上謂沈該曰：「朕謂天下事治其末者不若治其本，縣令末也，監司、郡守本也。若監司、郡守盡得人，則縣何患不得人。卿等爲朕擇監司、郡守足矣。」既而吏部請「依故事，遇堂除知縣，下本部取闕，供給視諸州簽判，餘如溥所請」。從之。戊寅，起居舍人洪遵面對，論鑄錢利害，大略謂：「今錢寶不惟銷毀作器用，而南過海，北度淮，所失至多。自罷提點官，復置屬官二員，無異監司，而鑄錢殊未及額，亦宜多方措置。」上諭大臣曰：「遵論頗有可採。前後銅禁行之不嚴，殆成虚文[五九]。銅器雖民間所常用，然亦可以他物代之。今若自公卿貴戚之家以身率之，一切不用，然後申嚴法禁，宜無不戢者。」己卯，上出御府銅器千五百事送鑄錢司，遂大斂民間銅器，其道佛像及寺觀鐘磬之屬並置籍，每斤收其算二十文，民間所用照子、帶鑻之類，則官鬻之。凡民間銅器，限一月輸官，限滿不納，十斤已上徒二年，賞錢三百千，許人告。自後犯者，私匠配錢監重役。其後得銅二百萬斤。庚辰，上出御製郊祀天地宗廟樂章十三首示輔臣。甲申，給事中賀允中權吏部尚書。允中在黄門，多所駁正。嘗因對，論君子小人之異。允中言：「君子志在尊君，則不能無忤。小人志在悦君，故第爲詭異。此不可不辨也。」上稱美久之。允中又言：「聞陛下欲闢御苑，以近某人園，果乎？」上曰：「誰爲此言？」允中曰：「臣既有聞，不得不奏也。」上曰：「卿言甚忠，繼有所聞，宜悉以奏。」尚書司封員外郎黄中守國子司業。乙酉，詔諸路没官田並令出賣。知復州何棐言：「湖北路所賣茶引，歲有常額。其間户口繁庶去處，年額不多，是致小商私販以規利。兼有人煙户口未及前時，而引數頗多，科及保正，甚者不問貧富，以丁口一例科抑。」詔：「提舉司參酌人户多寡，通融措置，毋得科敷。」

八月戊子朔，詔置國史院，修神宗哲宗徽宗三朝正史。己丑，詔諸路風水災傷州縣並令提舉官檢放苗税，而賑貸其不給者。用監察御史任古請也。戊戌，尚書右僕射、提舉實録院湯思退等上徽宗實録一百五十卷。實録自八年秋開院，至是踰二十年乃成，舊秦檜所進，自元符三年至大觀四年，至是，再加增潤，然猶多疏略云。上御垂拱殿，進呈訖，奉安於天章閣。又以小本進入禁中。壬寅，尚書省勘會：「張浚已服闋。」詔落職，提舉江州興國宫，依舊永州居住。甲寅，夜，地震。

九月己巳，初，環周以大理寺丞面對，論：「太湖地低，杭、秀、蘇、湖四州民田多爲水浸。請復導諸浦分注諸江。」詔兩浙漕臣按視。至是，轉運副使趙子潚等言：「總計用工三百三十餘萬，錢三十三萬餘貫、米十餘萬石。」乃詔監察御史任古、提點刑獄徐康覆視，遂出御前激賞庫錢、平江府上供米如其數，用正月庚申興工。戊寅，領殿前都指揮使職事楊存中言〔六〇〕：「本司見造戰船，乞置虎翼水軍一千人駕放。」從之。庚辰，中書舍人王剛中充四川安撫制置使兼知成都府。先是，權禮部侍郎孫道夫言：「中外藉藉，皆謂金人有窺江淮意，不知達聖聽否？」上曰：「朕待之甚厚，彼以何名爲兵端？」道夫曰：「夷狄，禽獸也〔六一〕。彼身殺其兄而奪其位，興兵豈問有名。願陛下預爲之圖。」又言：「成都帥陛下不可不擇，宜求才可以制置四川者二三人，常置之聖度。」上云：「當儲人以待緩急之用。」剛中亦言：「禦戎最今日先務之急。夷狄之情，强則犯邊，弱則請盟。今勿計夷狄之强弱，盍先自擇將帥、蒐士卒、實邊儲、備器械，加我數年，國勢富强，彼請盟則爲漢文帝，犯邊則爲唐太宗。」上壯其言，會西蜀謀帥，上曰：「無逾王剛中矣。」遂有是命。又令道夫以蜀中利害語之。時太常博士杜莘老因轉對，亦論虜將敗盟〔六二〕，宜飭邊備。且曰：「勿恃其不來，恃吾有以待之。」上稱善再三。癸未，三省言：「平江紹興府、湖秀州被水，欲除下户積欠，恐侵歲計，乞令户部開具。」上曰：「止令具數，便於內庫撥還。朕平時無妄費，內庫所積，正欲備水旱耳。本是民間錢，卻爲民間用，復何所惜耶。」甲申，起居郎洪遵言：「臣幸得以記注陪侍經幄，每先朝書曆〔六三〕，經筵官講讀畢，許留身奏事，而記注官未嘗有奏事者，皆云近例如此。且聯名一曆，不應別爲二體。望許依講讀官奏事。」遵又言：「自紹興九年至今，起居注未修者殆十五年，乞令兩制除見修按月進入外〔六四〕，餘未畢者每月帶修兩月。」皆從之。乙酉，權户部侍郎趙令詪言：「州縣義倉米，積久陳腐。欲行出糶，及水旱災傷檢放不及七分去處，亦許賑濟。」上曰：「義倉歲以三之一出陳易新，何至侵損。土田自有高下，必俟通及七分，則當賑濟處絕少矣，飢民何由得食。卿等可別行措置。」

冬十月戊子，虞允文爲祕書丞。允文知渠州，地磽民貧，而常賦之外又行加斂，流江一邑尤甚。允文奏罷之，凡六萬五千餘緡。沈該薦其才，召對，允文獻言謂：「君道有三，曰畏天，曰安民，曰法祖宗。」時論韙之。又論州縣科需，尋詔監司約束。初，上作損齋，屏去玩好，置經史古書於中，以爲燕坐之所，且爲之記。權吏部尚書賀允中請以賜群臣。庚寅，上謂宰執曰：「允中嘗於經筵問朕好道之意，朕謂之曰：『朕之所好，非世俗之所謂道也。若果能飛昇，則秦皇、漢武當得之。若果能長生，則二君至今不死。朕惟治道貴清静，故恬淡寡欲，清心省事，所謂爲道日損，期與一世之民同躋仁壽，如斯而已。』當降出碑本，以賜卿等。」

史臣曰：在易之損六五，君位也。其辭曰：「或益之十朋之龜，弗克違，元吉。」履尊以損，則益之者衆，所以元吉也。然則自損之道，祗其所以爲益歟。

十一月丁巳朔，出内庫錢三萬九千餘緡付户部，代平江府、常湖州水災下户積欠租税。辛酉，詔大禮金銀錢帛並減半供進。翌日，沈該等言：「近蒙聖恩捐内庫錢代三郡積欠，以寬民力，今所進又減半，深恐錫賚之際，或不足用。」上曰：「大禮支費，朕半年前預立定格，無分毫濫，比之前郊，才及十之五。」該曰：「陛下恭儉出於天性，豈前代帝王所可跂及。」己卯，冬日至，合祀天地於南郊，赦天下。故事，每遇大禮，則命近臣看詳編置罪人所犯，或放或徙。秦檜用事，士大夫貶責者雖屢赦不移，至是，用何溥言，壬午，命權吏部尚書賀允中、刑部侍郎楊揆檢舉〔六五〕，因是遂爲永制。

十二月辛丑，上謂大臣曰：「近州縣官吏曾經臣僚論列，而監司、郡守失於按發，雖已行遣一二，其餘待罪者皆放，恐公然容庇姦贓之吏，無所忌憚。」壬寅，詔自今量其輕重，必行責罰，不許待罪。是歲，賜道人黄元道號達真先生，御製贊賜之。上召對蜀人皇甫坦，問：「何以治身？」坦曰：「心無爲則身安，人主無爲則天下治。」復問長生久視之術，坦曰：「先屏諸欲，莫令放逸，丹經萬卷，不如守一。」上歎曰：「真人也。」爲書「清虚」二字以名其庵，且繪其象於禁中焉。

己卯紹興二十九年春正月庚辰，左正言何溥請禁諸州科賣倉鹽〔六〕。上曰：「鹽雖民間常用之物，不可一日闕，至於科賣，則爲大害。朕頃在京東目擊此事，州縣抑民均買，謂之計口食鹽。其後盜賊此起。今當嚴禁止之。」

史臣曰：榷，弊法也，而又計口抑配以虐取之，民將何堪。此後世一切之政，徒謂其食用所須，官有必鬻之令，莫我違者，敢爲不恤，以欺吾君也。民知其不吾恤，亦輕於爲盜，此固聖君之所動心也。其後福建鹽綱有歲鬻名額，以率價於民者，亟命革之。君之仁至矣。

二月丁亥，初，諸州鑄錢監自紹興以來，或省或併，其存者所鑄亦希，故兵匠有闕不補，視舊數損十之三，積其衣糧，號三分闕額錢，饒、池、江、建、嚴、韶、信、衡、南雄、南安諸郡皆有之。提點坑冶司之未廢也，朝廷三次降銅本錢凡三十六萬緡。至是，權户部侍郎提領鑄錢趙令詪言：「諸州三分闕額錢已積下六載，今欲撥付諸監充銅本。」從之。

是後不復降本，第收諸州所樁以資鼓鑄之用。辛卯，詔信州上清正一宮道士張守真特封正應先生。守真，道陵三十二世孫也。丁酉，詔蠲四川折估、糴本積欠錢三百四十萬緡。戊戌，雪。又雨雹。壬寅，上諭大臣曰：「近户部會賣田錢數頗多〔六七〕，須樁管。近時士大夫持論多説『百姓足君孰與不足』，見公家稍寬，遽欲免民常賦，不知緩急闕用，取之甚難，非時而科，是謂横斂，苟徒知施惠之虚名，而不恤横斂之實害，豈愛民之道也。」己酉，上謂大臣曰：「聞江西境内有群聚而掠人於道者，凡災傷處，悉令賑濟，蠲欠已及二十七年，不知州縣奉行如何。輕徭薄賦，自無盜賊。故唐太宗用魏證（徵）之言〔六八〕，行仁義既效，且曰惜不令封德彝見之。然德彝與虞世基輩皆隋朝佞臣，誤煬帝者，太宗受命，自當斬之，以爲奸佞之戒。」祕書省校書郎汪澈言〔六九〕：「立國惟文武二道，而人才尤不可偏，要當求於無事之時。陛下親政以來，除召四出，滯者奮，屈者伸。然武臣中未聞有薦者，望詔帥臣、監司於本路大小使臣舉智謀可充將帥、勇鷙可率士卒者。其侍從、臺諫官如有所知，亦許論薦。」自孫道夫使還，言金主亮詰以關陝買馬非約，恐將來釁於我，士之有識者默爲此慮，而未敢顯言爲備。澈因轉對首有是請，上從之。

三月丙辰朔，詔今後四川類試用九月十五日鎖院。癸亥，夜，雷聲初作。丙子，詔諸路州縣紹興二十七年以前積欠官錢三百九十七萬餘緡，及四等以下户係官所欠，皆除之。宰執奏擬詔意，上曰：「輕徭薄賦，所以息盜，歲之水旱所不能免，儻不寬恤，而惟務催科，有司又從而加以刑罰，豈使民不爲盜之意。故治天下，當以愛民爲本。」丁丑，詔帥臣、監司、侍從、臺諫歲舉可任將帥者二員，具材略所長及曾立功效聞奏。大理評事趙善養言：「古者制民之産，皆有定法。比年以來，爲害甚者，無如差役。今官户田多，差役並免，其所差役，無非物力低小貧下之民，州縣稍不加恤，求其安裕樂業不可望也。望命有司立限田之制，以抑豪勢無厭之欲。」户部奏：「品官之家所置民産，依條格合得頃畝已過數者，乞免追改。將格外之數衮同編户，募民差役。」詔給舍同户部措置。其後給事中周麟之等請：「品官子孫名田減父祖之半，其詭名寄産皆併之。滿三月不陳，許人告，以其田之半歸官，餘給告者。其募人充役，並募本縣土著有行止人充。」從之。

夏四月壬辰，國子司業黄中賀金主生辰還。時金主亮再修汴京，以圖南牧。沈介爲賀正旦使，先還，不敢言。中歸，爲上言：「彼國治汴京，役夫萬計，此必欲徙居以見迫，不可不早自爲計。」時約和久，中外解弛，無戰守備。上聞矍然曰：「但恐爲離宫也。」中曰：「臣見其所營悉備，此不止爲離宫。若南徙居汴，則壯士健馬不數月可至淮上。惟陛下深圖之。」宰相沈該、湯思退聞之，詰中曰：「沈少監之歸，屬耳不聞此言，公安得爲此也?」居數日,復往白,請以妄言即罪。思退怒,至以語侵中。時中書舍人洪遵亦請密爲邊備,該等不聽。己亥,鎮江府火。辛丑,詔修臨安府至鎮江運河堰閘。壬寅,國子司業黄中守祕書少監。近例,使北還者率得從官,宰相以中言虜有南牧意〔七〇〕,惡之,故沈介遷吏部侍郎,而以中補其處。先是,武成王廟生芝草,武學博士朱熙載密爲圖以獻。熙載,湯思退所薦也,於是宰相召長貳赴都堂責之曰:「治世之瑞,抑而不奏,何耶?」祭酒周綰未及言,中指其圖謂曰:「治世何用此爲?」綰退而歎曰:「惜不使通老爲諫諍官也。」辛亥,宰執進呈祕書省正字王端朝請選縣令。先是,累詔監司、帥守舉按縣令功罪〔七一〕,雖間有發擿而未聞特薦一二人者,蓋務專行法而無旌賞,使人歆艷,恐非勸功之道。乃詔:「縣令有政績者,委諸司同薦,不次陞擢,以風勵之。」

五月己未,上與宰執論儲蓄事〔七二〕。上曰:「比緣河流淺澀,綱運稽緩,已支内帑錢五百萬緡以佐調度。朕自息兵講好二十年所積,豈以自奉,蓋欲備不時之須,免臨時科取,重擾民耳。可令户部計每歲經常之費,量入爲出,而善藏其餘,自非饑饉、師旅,勿得妄動。」辛酉,詔:「官員豪富之家計囑諸軍部轄人,放債與軍人,厚取利息,於請受内尅還,有害軍政。令内外諸帥幾察禁止,其有債負,日下除放,即理索及還之者,皆抵罪。自今有犯,命官取旨。」己巳,宰相沈該、湯思退言:「近旨令監司、守臣按察所部官屬，其治績顯著者保舉陞擢。緣未有定立條目，致舉刺皆未能當。竊見元祐間，司馬光陳請舉按官吏八條，委是詳密，於今可見，臣等今重行修立，舉薦四條，曰仁惠（謂安民利物，衆所畏愛，非疲軟不立、曲取人情者）、公直（謂心無適莫，事不吐茹，非內私外公、實佞詐直者）、明敏（謂深察情理，應機辨事，非飾詐掠美、利口矜功者）、廉謹（謂安貧守分，動遵法度，非詐情釣名、偷安避事者）。按察四條，曰苛酷（謂用刑繁苛，殘虐踰法）、狡佞（謂傾險巧詐，危人自安）、昏懦（謂不曉物情，依阿無守）、貪縱（謂饕餮無厭，任情不法）。凡應薦舉者，州舉之部使者，部使者舉之朝廷，皆籍記姓名，隨材任使。」庚午，詔武舉人依府監年數與免解。

六月甲申朔，同知樞密院事王綸爲大金奉表稱謝使，知閤門事曹勛副之。時士大夫數言虜情難信〔七三〕，請飭邊備。沈該等不以爲然，奏遣大臣往探虜意，且尋盟焉。乙酉，詔減荊南府經總制錢四千七百緡〔七四〕。以通判府事張震言：「民力未復，無可收趁也。」丁亥，權尚書禮部侍郎孫道夫罷，知綿州。道夫數言武事，沈該慮其引用張浚，故出之。己丑〔七五〕，提舉江州太平興國宮張九成卒〔七六〕，年六十八。九成既以病風廢，且喪明，前五日，兩疾頓除，其親舊皆喜，至是，偶與諸生讀江少虞所集皇朝類苑，至章聖東封，丁謂取玉帶事，忽怒曰：「丁謂姦邪，雖人主物亦以術取。」因不懌，廢卷而入，疾復作，不能言。一夕卒。癸巳，殿前司選鋒軍統制李顯忠陞都統制。楊存中爲上言：「顯忠才氣，豈宜處之偏裨。」故有是命。丙申，知樞密院事陳誠之知泉州。尋與宮觀，奪職。丁酉，詔：「累禁不得以包苴交結，而邇來尚或有之。在州縣則科取於民，在軍旅則掊尅卒伍。夫居上位者必有所欲，而後人得因其所欲以濟請託之私。宜申戒飭，有犯，重置於法，仍令臺諫糾彈，在外令監司按劾。」己亥，參知政事陳康伯兼權樞密院事，以西府全闕故也。辛丑，左朝奉大夫李光守本官致仕。光既許便居，行至江州而卒，年八十二。丁未，中書舍人兼樞密都承旨洪遵每邊防民隱必爲上言之。北兵索郭小的、劉孝恭等二百家，遵執不可。軍器刓敝命遵科簡，遵區別良窳，衆謂熟於軍旅者所不及，由是上益嚮意用之。己酉，尚書左僕射、同中書門下平章事沈該提舉臨安府洞霄宮。庚戌，詔該致仕。以言者彈擊未已，上疏力辭職名，乃有是命。

閏六月癸丑朔，太尉、知荆南府劉錡請益戍。甲寅，詔馬軍司選兵千人、騎二百戍之。

秋七月壬午朔，淮東安撫司言：「北邊蝗蟲爲風所吹，有至盱眙軍、楚州境上者，然不食稼，比復飛過淮北，皆已静盡。」癸未，上謂大臣曰：「此事甚異，可以爲喜，仰見上天垂祐之意。」陳康伯曰：「皆由聖德所感，鄰境聞之，當自懾伏。」上曰：「然使其聞之，必不敢妄作矣。」

史臣曰：古者以灾異多興國，謂其誠於畏也〔七七〕。誠於畏則君德彰矣。朝桑所以彰太戊也，鼎雉所以彰高宗也，熒惑所以彰景公也，誠矣。今夫蝗之來，不可祝而去，蝗之孽〔七八〕，惟苗是食，其去而不食，果何以致之也。德聞於天，天且眷之矣。虜安得而不服，臣以謂非誠於畏者不能也。

乙酉，詔：「自今功臣子孫敘遷當至侍從，並令久任在京宫觀，庶幾恩義兩得，永爲定法。」給事中楊椿封還之，曰：「爵秩，天下公器。陛下縱私之，奈清議何？」上面諭椿：「朕欲以虛名奬用勳臣子孫。」椿曰：「名器不可假人。恐倖門一開，援例者衆。」丁亥，權吏部尚書賀允中參知政事。癸巳，中書舍人洪遵言：「近奉指揮，自今功臣子孫敘遷至侍從，並令久任在京宫觀，永爲定法。臣竊計内外將家子孫亡慮二十人〔七九〕，若以敘遷，不出十年，西清次對之班皆可坐致。恭惟太祖皇帝之世，所與開國創業及南征西伐諸大功臣，其子若孫不過諸司使，惟曹彬之子琮、瑋以功名自奮，王承衍、石保吉以聯姻帝室，皆爲節度使，初不聞遞遷侍從之例。今指揮一出，使十年之間，清穆敞閒之地，類皆將種，非所以示天下之美觀。望收還前詔。」從之。戊戌，翰林學士、修國史周麟之言：「知雙流縣李燾嘗著續皇朝公卿百官表九十卷。」詔給札録付史館。燾博學剛正，張浚、張燾咸器重之。秦檜盛時，嘗遣人諭意，欲得燾一通問，即召用之。燾惡其誤國擅權，迄不與，坐此偃蹇州縣垂二十年。四川安撫制置使王剛中聞其名，奏以爲幹辦公事。初，燾以司馬光百官表未有繼者，乃遍求正文實録，傍採家集、野史，增廣門類，起建隆，迄靖康，合新舊官制，踵而成書。其後續資治通鑑長編蓋始於此。庚子，江南東路轉運判官李稹爲江淮等路提點鑄錢公事〔八〇〕。填復置闕〔八一〕，上諭宰執曰：「泉司利害，大概有四：坑户，銅本，人工，木炭是也。卿等宜諭稹講究利害，令鼓鑄復額，以稱朕意。」乙巳，右僕射湯思退等乞以上親書近降戒驕惰禁賂遺二詔〔八二〕，立石於尚書省，以墨本頒於中外。從之。思退因贊雲章奎畫超冠古今。上曰：「朕自少時留心翰墨，至今不倦。然迄不能臻其妙。在唐惟太宗好二王書，一時翕然相尚，歐、虞、褚、薛皆有可觀。朕有舊藏文皇數帖，其間有『好謙自牧，上畏天，下畏群臣』等語，不惟字畫可喜，其用心實後世所矜式也。」

八月丁巳，執政以皇后生日，用例從激賞庫進銀三萬兩充禮物。詔：「今自除皇太后生辰、内教犒賞將士外，朕生日、皇后生日、冬、年、寒食節並減半，餘並免。」宰執奏：「仰見陛下約己便民，恭儉之德度越前代遠甚。」上曰：「前後所進，尚有餘，若留之，不過椿管以備不時之須耳。」庚申，詔四川等處見在行在進士歸鄉赴試，可特令就兩浙轉運司附試一次。其後試者七百五十人。詔令發解十五人。甲子，詔兩浙東路提刑徐度、兩浙西路提刑吕廣問、左迪功郎朱熹並召赴行在，知建州建安縣韓元吉令任滿日赴行在，皆用輔臣薦也。熹，松子，少孤，從延平李侗學，弱冠中進士第，調泉州同安簿。官滿，當路尊敬，不敢以屬吏相待，同安之民不忍其去，五年而後罷。於是慨然有不仕之志，築室武夷山中，四方游學之士從之者如市。上聞其賢，故召之，熹卒不至。

九月壬午，詔委官詳定閩、浙、廣三路舶司條法。用御史臺主簿張闡請也。舊番商之以香藥至者十取其四，即貴細者十取其一。闡前提舉兩浙市舶還朝，爲上言：「三舶司歲抽入〔八三〕、和買約可得二百萬緡。」〔八四〕上謂輔臣曰：「此皆在常賦之外，未知户部如何收支，可取見實數以聞。」殿中侍御史汪澈言：「知英州吴名世所爲貪酷。」詔放罷，令提刑司取勘。其後法寺言：「名世贓罪絞。」詔貸死，除名，藤州編管，仍籍没家財。是夜，雷。乙酉，奉使大金稱謝使王綸、副使曹勛等還朝入見，言：「鄰國恭順和好無他。」丙戌，宰相湯思退等皆再拜賀。上曰：「蓋前此中外紛紜之論，皆欲沿邊屯戍軍馬，移易將帥，及儲積軍糧之類，便爲進取之計，萬一遂成輕舉，則兵拏禍結〔八五〕，何時而已。今而後宜安邊息民，以圖久長。」思退曰：「遣使尋盟，和好益堅，皆陛下威德所致。」然金主亮已定寇江之計，綸所言蓋妄也。甲午，尚書右僕射湯思退遷左僕射，參知政事陳康伯守右僕射，並同中書門下平章事。上謂康伯曰：「卿静重明敏，一語不妄發，真宰相也。今與思退共政，如有可否，不憚商量。」康伯曰：「大臣論國事，進退人材，自當盡心。若媕婀取容，植黨以自固，臣不敢也。」庚子，皇太后韋氏崩於慈寧宮。辛丑，百官班慈寧殿，宣遺誥。時百官入臨皆吉服，吏部員外郎虞允文獨易服，有非之者，允文不改。俄詔百官易服〔八六〕。甲辰，有司以辰日罷朝夕哭〔八七〕，起居郎、權中書舍人黄中争之曰：「此非經。且唐太宗猶以是日哭其臣，況臣子於君母乎。」

冬十月癸丑，皇太后殿攢，有司以權制已訖，請百官以吉服行事。黄中復曰：「唐制啓攢雖在易月之外，猶曰各服其初服。今以易月，故而遂吉服以殯，非禮也。」朝廷用之，於是百官常服黑帶入朝，衰服行事。辛未，雨。同知樞密院事王綸因奏事言：「梓宫進發，河道無淺涸之患。」上因論溝洫利害云：「往年宰臣曾欲盡乾鑑湖，云歲可得米十萬碩。朕答云，若遇歲旱無湖水引灌，即所損未必不過之。凡慮事，須及久遠也。」癸酉，同知樞密院事王綸言：「密院大事，每與三省同議。」上曰：「樞庭雖五代之制，疑太祖、太宗曾入思慮。五代弊法，祖宗掃除略盡，惟存此一二大者，必有深意。」上又曰：「大臣固不當疑，雖人告其不軌，朕亦不信。若有姦邪即罷之，不當任而疑也。」綸曰：「自古帝王用人之道，無越於此矣。」

十一月甲申，日南至。命尚書工部侍郎王晞亮祀昊天上帝於南郊〔八八〕，以輔臣皆奉册寶不克齋故也。

十二月甲寅，諜報北界揭榜禁安傳起兵事。上曰：「此事有無固不必問，朕觀其科擾勞役民不聊生，豈是久長之道。朝廷但當精擇牧守，務爲自治，安邊息民，静以待之耳。」庚申，金國賀正旦使施宜生等入境。先是，宜生坐范汝爲事遠竄，遂奔僞齊，齊廢，復爲敵用，累遷禮部尚書。至是，以翰林侍講學士來賀來年正旦。侍衛親軍馬耶律翼副之〔八九〕。接伴使宗正少卿金安節、帶御器械韓偰迓之於淮岸口。安節等發舟至中流，互問聖躬已，宜生遣人謂安節：「此持賀禮而來，迓使安得服黑帶？」安節答曰〔九〇〕：「太后上仙未遠，若純吉服恐成失禮。」北人曰：「既以日易月，豈得至今未除？」安節曰：「以日易月，乃太后遺誥耳。主上至孝，以未卒哭尚衣素服，朝廷百官皆是黑帶。」北人曰：「頃者哀謝使之來，朝廷以宋國有喪，尚令止樂。今宜生等持賀禮而行，迓使當以吉禮相待。」安節曰：「往者哀謝使雖在制中，不敢易服，尊上國也。今在境内，自當如禮。」久之，宜生遣人來，云請使副自便。安節疑其語不誠，即召其引接宋國趙選諭之云：「此事上有朝廷，非使副所專，日已向暮，幸速赴宴。」有頃，宜生等答曰：「且從所諭。」相距踰兩時乃至岸。丙寅，提舉萬壽觀兼侍讀張燾試吏部尚書。初，上知普安郡王之賢，欲建爲嗣，而恐顯仁皇后意所未欲，故遲回久之。顯仁崩，上問燾以方今大計所在，燾曰：「儲貳者，國之本也。天下大計無踰於此。今兩郡名分宜早定。」上喜曰：「朕懷此久矣。卿言適契朕心，開春當議典禮。」燾頓首謝。時風俗侈靡，財用匱乏，燾勸上止北貨之貿易，省非時之賜予，罷土木，減冗吏，躬行節儉，民自富足。上嘉奬再三。辛未，同知樞密院事王綸進知院事。丙子，金國賀正旦使施宜生、副使耶律翼見於垂拱殿。時吏部尚書張燾奉詔館客，宜生素聞其名，畏慕之，一見顧翼曰：「是使南朝不拜詔者也。」宜生，閩人，燾以首丘桑梓語之。宜生敬燾，頗漏虜情〔九一〕。燾密奏之，且言宜爲之備。上深然其説。亮又隱畫工於中，即使密寫臨安之湖山城郭以歸。既則繪爲屏，而圖己之像策馬於吴山絶頂，後題以詩，有「立馬吴山第一峰」之句，蓋亮所賦也。

校證

〔一〕丁内艱　李校：原作「于内艱」，據繫年要録卷一七一改。汪按：「丁」，再造本、文海本均誤作「于」。李校是，今從之。

〔二〕癸亥　李校：原作「癸未」，據繫年要録卷一七一改。汪按：再造本、文海本作「癸亥」不誤，應作校改依據。

〔三〕節度副使　「副」字原脱，再造本、文海本同，據繫年要録卷一七一、宋史卷三六〇趙鼎傳補。

〔四〕團練副使　「副」字原脱，再造本、文海本同，據繫年要録卷一七一、宋史卷三七〇鄭剛中傳補。

〔五〕彭州　李校：原作「彭用」，據繫年要録卷一七一改。汪按：文海本作「彭用」，再造本作「彭州」，後者應作校改首據。

〔六〕數目　原作「數因」，據再造本、文海本、繫年要録卷一七一校改。又「其」疑爲「除」之訛。

〔七〕趙開　李校：原作「趙聞」，據（繫年）要録卷一七一改。汪按：再造本、文海本亦作「趙開」，應作校改依據。

〔八〕土着　再造本、文海本同，繫年要録卷一七一作「土著」。下一「土着」同。

〔九〕零分　原作「更分」，據再造本、文海本、繫年要録卷一七一校改。

〔一〇〕價高　二字原脱，再造本、文海本同，據文義及繫年要録卷一七一補。

〔一一〕虜　原作「北」，據再造本、文海本回改。

〔一二〕重作行遣　「重」後原衍「一」字，據再造本、文海本、繫年要録卷一七一删。

〔一三〕臨川　原作「臨州」，文海本字模糊。宋無「臨州」，據再造本、繫年要録卷一七二校改。

〔一四〕慢罵　再造本、文海本同。繫年要録卷一七二作「謾罵」。

〔一五〕陳岩肖嘗任秀州學舍　「陳岩肖」，李校：原作「陳岩霄」，據繫年要録卷一七二改。汪按：作「陳岩肖」是，再造本即作「陳岩肖」，另熊克中興小紀卷二四、陳騤南宋館閣録卷七官聯等可爲佐證。「任」，再造本同，繫年要録卷一七二作「在」。作「任」不文，似作「在」是。

〔一六〕續　「續」字原脱，再造本、文海本同，句不通。據繫年要録卷一七二補。

〔一七〕冒户　原作「儒户」，再造本、文海本均爲空闕，宋無「儒户」，據繫年要録卷一七二校改。劉才邵檆溪居士集卷六賜科舉誡諭詔：「近年以來，士風寖薄，巧圖牒試，妄認户名，貨賂請求，重疊冒試，逮至禮闈，不遵繩矩，挾書、代筆、傳義、繼燭，種種欺弊，靡所不爲……」可參。

〔一八〕虜　原作「其」，據再造本、文海本回改。

〔一九〕虜　此「虜」及下文三「虜」字，原均作「金」，並據再造本、文海本回改。

〔二〇〕豐積　再造本、文海本同，繫年要録卷一七二作「豐濟」。

〔二一〕今後科舉　原作「今科科舉」，據再造本、文海本、繫年要録卷一七二校改。

〔二二〕節次放免　原作「節取放免」，「節取」不文，據再造本、文海本、繫年要録卷一七二校改。

〔二三〕獄犴　原作「獄刑」，據再造本、文海本、繫年要録卷一七三校改。

〔二四〕呈　原作「早」，文海本同。作「早」不文，據再造本、繫年要録卷一七三校改。

〔二五〕郕　再造本、文海本同。繫年要録卷一七三作「炳」。長編卷九亦作「陶郕」。

〔二六〕陳　原脱，再造本、文海本同，據繫年要録卷一七三、張綱華陽集卷一五乞審聽察劄子卷四○附録張公行狀補。

〔二七〕一任　原作「二任」，據再造本、文海本、繫年要録卷一七三校改。

〔二八〕屬　再造本、文海本同，繫年要録卷一七三作「等」。

〔二九〕閤郡　原作「閤部」，據再造本、文海本、繫年要録卷一七三校改。

〔三〇〕秦熺　原作「秦焆」，文海本同，據再造本、繫年要録卷一七四、宋史卷四七三姦臣秦檜傳校改。

〔三一〕沈興傑　原作「沈興等」，文海本同，據再造本、繫年要録卷一六六、卷一七四及宋史卷四七三姦臣秦檜傳校改。

〔三二〕鄭緝　文海本同，再造本、繫年要録卷一七四作「鄭縝」。

〔三三〕李邦獻　原作「李邦憲」，再造本、文海本同，據本卷前文及繫年要録卷一七四校改。

〔三四〕並　「並」字原脱，再造本、文海本同，據繫年要録卷一七四補。

〔三五〕舉主　原作「舉士」，文海本同，據再造本、繫年要録卷一七四校改。

〔三六〕許數　文海本、繫年要録卷一七五同，再造本作「計數」。

〔三七〕虜　此「虜」原作「金」，本月下文三「虜」字原均作「敵」，並據再造本、文海本回改。

〔三八〕立爲定數　「定」原作「之」，文海本同，據再造本、繫年要録卷一七五校改。
〔三九〕王俣　原作「王促」，文海本同，據前後文及繫年要録卷一七五、宋史卷三一高宗紀校改。
〔四〇〕王晞亮　李校：原作「王希亮」，據（繫年）要録卷一七五、卷一七七改。汪按：再造本、文海本均作「王希亮」。「王晞（希）亮」在宋元文獻中頗多出現，大抵作「王晞亮」者遠多於作「王希亮」者，故從李校。
〔四一〕宰執進呈　「宰執」後原有「聞」字，文海本同，再造本、繫年要録卷一七五均無「聞」字，有「聞」文不通，據删。
〔四二〕龍淵　再造本、文海本、繫年要録卷一七五均同，然宋史卷三八二黄中傳、趙善璙自警編卷二操修作「龍大淵」。
〔四三〕除直學士　再造本、文海本、繫年要録卷一七七均同，然與前文「落直字」矛盾，疑當作「直除學士」。宋史卷三八〇蕭振傳載：「進秩四等，加敷文閣學士。」中興小紀卷三七作「遂進秩四品，自待制除敷文閣學士」，可證。
〔四四〕增秩　原作「賜秩」，據再造本、文海本、繫年要録卷一七七校改。
〔四五〕四川　原作「西川」，文海本同。據前文及再造本、繫年要録卷一七七校改。
〔四六〕排摭　再造本、文海本均同，繫年要録卷一七七作「攟摭」。
〔四七〕政教　原作「刑教」，據再造本、文海本、繫年要録卷一七七校改。

〔四八〕朔　「朔」字原脫，再造本、文海本同，據繫年要録卷一七七、薛季宣浪語集卷三四祭蕭帥文補。

〔四九〕擬　原作「疑」，文海本同。作「疑」文不通，據再造本、繫年要録卷一七七校改。

〔五〇〕内藏庫　原作「内藏軍」，文海本同，據再造本、繫年要録卷一七七校改。

〔五一〕紹興正辭録　再造本、文海本、王應麟玉海卷五八藝文均同，然繫年要録卷一七七、宋史卷三一高宗紀作「紹興正祠録」。

〔五二〕外方　原作「外官」，據再造本、文海本、繫年要録卷一七八校改。

〔五三〕虜廷　原作「敵廷」，據再造本、文海本回改。

〔五四〕特詔　原作「特召」，據再造本、文海本、繫年要録卷一七八校改。

〔五五〕特免　原作「特時」，文海本字不清，據再造本、繫年要録卷一七八校改。

〔五六〕以副詳延之意　「副」字原脫，再造本、文海本同，脫「副」意不通，據繫年要録卷一七九補。

〔五七〕版曹　原作「版漕」，據再造本、文海本、繫年要録卷一七九校改。

〔五八〕明乎哉　文海本字不清，再造本、繫年要録卷一七九注引宋史全文「史臣曰」均作「淵乎哉」。

〔五九〕虛文　原作「虛用」，文海本同，再造本闕文，據繫年要録卷一八〇、中興小紀卷三八、章如愚群書考索後集卷六〇財用銅錢校改。

〔六〇〕殿前　原作「御前」，再造本、文海本同，按自紹興十一年以後，楊存中的官銜一直是「領殿前都指揮使職事」，現據繫年要録卷一八〇、中興小紀卷三八等校改。

〔六一〕夷狄禽獸也　原作「夷狄難測也」，據再造本、文海本回改。

〔六二〕虜　原作「金」，據再造本、文海本回改。

〔六三〕每先朝書曆　再造本、文海本、繫年要録卷一八〇均同，然歷代名臣奏議卷二〇〇起居郎洪遵乞修注官經筵奏事劄子曰：「……每於雙日先期書曆……」則「朝」或爲「期」之訛。

〔六四〕兩制　再造本、文海本同，繫年要録卷一八〇作「兩省」。

〔六五〕檢舉　原作「儉舉」，據再造本、文海本、繫年要録卷一八一校改。

〔六六〕科賣倉鹽　李校：原作「（科）責倉鹽」，據（繫年）要録卷一八一改。汪按：再造本、文海本均作「科責倉鹽」，宋史卷三一高宗紀、戴埴鼠璞卷下均作「科賣倉鹽」。從文義看，作「科賣倉鹽」是，故從李校。

〔六七〕錢數　原作「數數」，據再造本、文海本、繫年要録卷一八一校改。

〔六八〕魏證　應作「魏徵」，此爲撰者避宋諱用字，故不校改。

〔六九〕汪澈　原作「汪徹」，據再造本、文海本、繫年要録一八一、李幼武宋名臣言行録别集上卷三汪澈、宋史卷三八四汪澈傳校改。下文「澈因轉對」之「澈」同此。

〔七〇〕虜　原作「敵」，據再造本、文海本回改。

〔七一〕縣令　此「縣令」及下文「縣令有政績者」之「縣令」，原均作「縣令」，據再造本、文海本、繫年要録卷一八一校改。

〔七二〕儲蓄　「蓄」原作「畜」，文海本同，據再造本、繫年要録卷一八二校改。

〔七三〕虜　此「虜」與下文「探虜意」之「虜」，原均作「敵」，並據再造本、文海本回改。

〔七四〕荆南府　原作「荆南府路」，再造本、文海本同。既言免經總制錢，則應針對州府，故「路」字衍，據繫年要録卷一八二刪。

〔七五〕己丑　李校：原作「己亥」，據（繫年）要録卷一八二改。汪按：再造本、文海本均作「己亥」。依時序，作「己丑」是，故從李校。

〔七六〕提舉　李校：原作「提學」，據（繫年）要録卷一八二改。汪按：再造本作「提舉」，文海本作「提學」，再造本應作校改依據。

〔七七〕誠於畏　此「誠」及下文「誠於畏」、「誠矣」之「誠」字，原均作「成」，文海本同，據前後文及再造本、繫年要録一八三注引中興聖政「史臣曰」校改。

〔七八〕蝗之孽　原作「煌之生」，據再造本、文海本、繫年要録一八三注引中興聖政「史臣曰」校改。

〔七九〕二十　原作「二千」，據再造本、文海本、繫年要録一八三、歷代名臣奏議卷二八四校改。

〔八〇〕李稹　再造本、文海本同，繫年要録一八三作「李禎」。此人即宋史卷三七九李植傳之「李植」。繫年要録卷一八五、徐松宋會要輯稿職官四三之一五六等處亦作「李植」。似作「李植」是。

〔八一〕填　原作「稹」，再造本、文海本同，作「稹」句不通，據繫年要録卷一八三校改。

〔八二〕二詔　原作「三詔」，文海本同，據前文及再造本、繫年要録卷一八三、劉時舉續宋編年資治通鑑卷六校改。

〔八三〕抽入　再造本、文海本同，繫年要録卷一八三作「抽」無「入」字，宋會要輯稿職官四四之二六、文獻通考卷二〇市糴考均作「抽解」。

〔八四〕二百萬緡　原作「三百萬緡」，文海本同，據再造本、繫年要録卷一八三及上引宋會要輯稿、文獻通考校改。

〔八五〕兵拏禍結　再造本、文海本同，繫年要録卷一八三、中興小紀卷三八作「兵連禍結」。

〔八六〕詔　原作「召」，據再造本、文海本、繫年要録卷一八三校改。

〔八七〕罷朝夕哭　再造本、文海本同，四庫本繫年要録卷一八三作「罷哭臨」，國學叢書本繫年要録作「罷朝夕臨」。

〔八八〕王晞亮　原作「王晞亮」，據前後文及再造本、文海本、繫年要録卷一八三校改。

〔八九〕侍衛親軍馬　再造本、文海本均同，然金朝無此官銜，似當依繫年要録卷一八三作「侍衛親軍馬步軍副都指揮使」。

〔九〇〕安節　原作「安國」，再造本、文海本同，據上下文及繫年要録卷一八三校改。

〔九一〕虜　原作「敵」，據再造本、文海本回改。

宋史全文卷二十三上

宋高宗十八

庚辰紹興三十年春正月戊子，吏部員外郎虞允文面對，論：「虜决敗盟〔一〕，異時爲南牧之計，必爲五道出蜀口，出荆襄，止以兵相持，淮東沮洳，非用騎之地，他日正兵必出淮西，奇兵必出海道，宜爲之備。」上頗納其言。癸巳，詔：「諸州守臣闕員，可令六曹尚書、侍郎、翰林學士、臺諫官正言已上，各舉曾任通判資序，公勤廉明、治狀顯著可充郡守者二人。」尚書司封員外郎鮑彪引年告老，吏部郎官楊樸、虞允文、葉謙亨、胡沂、洪邁、司勳郎官陳俊卿、考功郎官陳棠等言：「彪篤學守道，安於静退。甲科及第，處選調二十年，了無遺佚阨窮之嘆。其博物洽聞可以備議論，清介端愨可以表縉紳。春秋雖多，不見老人衰憊之態，而勇退戒得，陳義甚高。望表而出之，以勵士大夫之節。」制曰：「爾以經明行修，早擢上第，壅閼不試，幾二十年，厖眉郎潛，垂上清近，今纔七十耳，幡然上歸老之章，爾之志决矣。朕何忍閔勞以官職之事乎。褒進文階，華以命服，且詔有司，上其子若孫一人大夫。其修身守道，以昌高年，優游里閭，以須三老五更之召，可特授左奉議郎、守尚書司封員外郎，賜緋魚袋致仕。」甲午，雷作非時。丙申，尚書吏部侍郎葉義問同知樞密院事。丁酉，上曰：「昨見河朔有步擔米，專欄猶於十里外收稅〔二〕。況舟船之多，其擾可知。當嚴禁止之。」罷軍容班〔三〕，本殿前司樂工也。先是，御前置甲庫，凡乘輿所須圖畫什物，有司不能供者，悉取於甲庫，故百工技藝之精巧者，皆聚於其間，日費亡慮數百千。禁中既有内酒庫，而甲庫所釀尤勝，以其餘酤賣，頗侵户部贍軍諸庫課額，以此軍儲常不足。前一日吏部尚書張燾因對，論：「甲庫萃工巧以蕩上心，酤良醞以奪官課，教坊樂工員數日增，俸給賜賚耗費不貲，皆可罷。」上曰：「卿可謂責難於君。」明日，罷甲庫諸局，以酒庫歸有司，減樂工數百人。燾之從容補益皆此類也。

二月乙卯，雪。丁巳，監察御史任文薦罷。先是，文薦爲别試所監試，有告舉人劉侯度、吴漸傳義者，文薦不依條扶出，而移之簾前，且以狀申都省。詔給事中王晞亮密究其事，二人皆避知舉官御史中丞朱倬親，而文薦里人也。於是詔與文薦外任。甲子，宰相湯思退、陳康伯奏事畢，樞密院官將退，上留王綸、葉義問同諭之曰：「朕有一事所當施行，似不可緩。普安郡王甚賢，欲與差别，卿等可議除少保、使相，仍封真王。」衆皆前賀。綸、義問退，上曰：「朕久有此意，深惟載籍之傳，並后匹嫡，兩政耦國，亂之本也。朕豈不知此，第恐顯仁皇后意所未欲，故遲遲至今。」思退曰：「陛下春秋鼎盛，上天鑒臨，必生聖子。爲此以繫人心，不可無也。」上復曰：「此事出於朕意，非因臣下建明。」宰執退，思退留身，言：「適奉聖訓，非古帝王所及。」上曰：「朕覽唐宣宗事，群臣有議及嗣儲者，輒怒斥去，可謂不達理矣。」於是，普安郡王自育宫中至是已三十年，而王天資英明，豁達大度，左右未嘗見喜愠之色，趨朝就列，進止皆有常度，騎乘未嘗妄視，平居服御儉約。每以經史自適，嘗語府僚曰：「聲色之事未嘗略以經意，至于珠寶瑰異之物，心所不好，亦未嘗蓄之。」騎射翰墨皆絶人。上嘗謂近臣曰：「卿亦見普安乎，近來骨相一變，非常人比也。」丁卯，吏部尚書張燾充資政殿學士致仕。時上欲用燾，而燾以病疾力辭，且言：「臣年齒已暮，氣力已衰，是用抗章，乞賜骸骨。今言愈切而寵彌厚，懇愈力而位益崇。儻恃鴻私不知退避，高爵厚禄處之自如，則是前後告老之辭悉皆僥倖進取之計〔四〕，要君罔上，欺世盜名，公議沸騰，臣節掃地。」疏入，上察其誠，乃有是命。戊辰，三省樞密院進呈普安郡王加官、移鎮、進封國名及宣制吉日。上曰：「可便以爲皇子，此事朕志素定，已九年矣，顧外庭未知爾。」陳康伯曰：「聖慮高遠，豈前代帝王所可跂及。臣敢爲天下賀。」上曰：「如恩平郡王璩亦與少恩禮，令判大宗正事，置司紹興府。」思退言：「立皇子當降詔及遣官告郊廟。」上可之。甲戌，内出手詔曰：「朕荷天祐序，承列聖之丕基，思所以垂裕於後，夙夜不敢康，永惟本支之重，彊固王室，親親尚賢，厥有古義。普安郡王瑗，藝祖皇帝七世孫也。自幼鞠於宮闈，嶷然不群，聰哲端重，閱義有立，亢於宗藩，歷年滋多，厥德用茂，望實之懿，中外所聞，朕嘗考禮正名，昭示天下，夫立愛之道，始於家邦。自古帝王以此明人倫而厚風俗者也。稽若前憲，非朕敢私，其以瑗爲皇子，仍改賜名瑋。」丙子，制以皇子爲寧國軍節度使、開府儀同三司，進封建王。制既出，朝士動色相慶，中外大悦。丁丑，宰執入賀。上曰：「昨日宣詔，想見人心喜悦。」湯思退曰：「豈惟士夫，雖閭巷細民，無不鼓舞，仰見睿謨英斷，合天人之心如此。」上又與王綸等論淮上盜賊，因曰：「自古銷盜賊之術，無如輕徭薄賦。」綸曰：「陛下一語盡之矣。昨罷榷場，南北之商棄物而逃，困於道路，無所得食，漸至抄掠。是時皆勸陛下嚴責州縣捕之，陛下非惟不殺，且給之裹糧，使各歸業，不久遂定。」上曰：「知此道者惟唐太宗。」綸曰：「正（貞）觀之治，庶幾三代者，豈虚乎哉。」己卯，詔滁州上供錢依濠州、盱眙軍例，更展免一年。上優假淮民，自休兵至今，未嘗起税也。

三月辛巳，詔：「自今除授館職，並先召試，學官依格選除。」議者言：「儒林册府之官，祖宗以來，必試可而後授。比年召用人才故事浸廢，使州縣小吏皆有僥倖超躐之心。望特命大臣舉行召試之典。」事下吏、禮部議，故有是旨。戊子，上策試禮部舉人。

既而得右迪功郎許克昌。克昌用故事降爲第二，遂賜梁克家等四百十二人及第、出身、同出身。癸巳，上謂大臣曰：「監司、郡守所寄非輕，須平日選擇有人望者，以待有闕，便可除用。」乙未，樞密院進呈，有劉穎者，上書陳廣中利便五事。上曰：「所言有益於公私者，皆即行之。惟結好南蠻，其意不過欲誘說蕃商，利其寶貨。朕於此等物舉無所好，何苦自擾。假令設十觥飲酒，酒味則一，一觥足矣，餘安用哉。」王綸曰：「不貴異物，賤用物，民乃足。陛下了然與六經合，故能托物指諭，以曉臣下。」上亦誦「不寶遠物則遠人格，所寶惟賢，則邇人安」，至再三而止。丙午，恩平郡王璩開府儀同三司、判大宗正事，置司紹興府，始稱皇姪。丁未，上謂知樞密院事王綸曰：「璩昨日之除如何？」綸曰：「陛下春秋鼎盛，已爲宗社無窮之計。今日談笑裁決，略無難色。」上曰：「朕決此計已九年，建王所佩玉魚乃置榷場之初令買此玉以備今日之用，舉此即可知矣。」

夏四月乙卯，祕書省校書郎兼權建王府教授史浩兼直講，祕書省校書郎兼建王府教授魏志兼贊讀。一日，浩講周禮至酒正，因言：「膳夫掌膳羞之事，歲終則會，惟王及后、世子之膳羞不會，至酒正所掌飲酒之事，歲終則會，惟王及后之飲酒不會，而世子不與焉。以是知世子之膳羞可以不會，而世子之飲酒不可以無節也。」王作而謝曰：「敢不佩服斯訓。」丙辰，參知政事賀允中兼同知樞密院事。以葉義問使北也。乙丑，祕書省校書郎王十朋兼建王府小學教授。先是，教授入講堂，則與皇孫叙賓主，而教授居賓位。十朋不可，王特爲之加禮而位教授於中。

五月辛巳，上書「玉堂」二字賜翰林學士周麟之。麟之奏依淳化故事，就都堂宣示宰執，仍以石本分賜侍從、館閣官。從之。太尉、知荆南府劉錡兼本府駐劄御前諸軍都統制。先是，領御前都指揮使職事楊存中建言：「諸重地，如四川、鄂渚、池陽、建康、京口皆已宿兵嚴守，獨荆南歷代用武之地，今爲重鎮，而九江上流要害之地，緩急不相應援，請各置都統制，以廣屯備。」朝廷從之。荆南府、江州創軍自此始。丙戌，出内庫銀十萬兩，下兩浙轉運司糴馬料大麥。戊子，賜江東轉運司銀七萬兩，糴大麥二十萬斛。辛卯，參知政事賀允中免兼同知樞密院事，以同知樞密院事葉義問將及境也。初，義問入北境，見虜已聚兵〔五〕，有入寇意。及還，密奏：「虜人以剋剥不恤爲能，以殺戮不恕爲威。今欲遷汴京，且造戰船，虜人皆有深意，以臣度之，若果遷都，則在彼已失巢穴。今江淮既有師屯，獨海道宜備。臣謂土豪、官軍不可雜處，今欲於江、海兩處分寨以土豪爲寨主〔六〕，令隨其便，使土豪撓於舟楫之間，官兵扼於塘岸之口，則官無虚費，民無横擾。此策之上者也。」兵部尚書楊椿言於右僕射陳康伯曰：「逆虜敗盟，其兆已見。今不先事爲備，悔將何及。」因與康伯策所以防慮之術。康伯見上言：「虜謂我和好滋久而兵備弛，其南牧無疑。」因條上兩淮守禦之計。上嘉納之。殿中侍御史汪澈亦條陳利害曰：「慮之有素則事至而安靜，慮之無素則事至而倉卒，靖康之變可爲龜鑑。」

龜鑑曰：安石既去，而珪、確之行新法自若也。子厚既去，而曾布、李清臣之紹述自若也。主和誤國，固檜之罪。今檜往矣，改圖可也，而當國者執政如初，是一檜死而一檜復生也。紹興末年，逆亮新立，營汴久矣，湯思退、沈該之徒豈不知虜將有叛盟之志，特恐和議敗則張浚之徒進而己復退，此其用心是即秦檜之用心也。張浚因星變求言，而謂：「虜決於數年間求釁用兵，當爲之備。」是見幾之論也。而二相笑以爲狂，且加竄斥。至紹興二十九年孫道夫使虜回，言：「虜將求釁於我。」未幾，黄中再使回，又言：「虜治汴兵矣。不數日可至淮上。」而時宰且詰之曰：「沈少監歸不聞此言，公安得爲此。」而不之信。王綸阿附，妄言：「鄰國恭順，和好無他。」而湯思退遽爾稱賀。此正趙子砥所謂「金人講和以用兵，我國斂兵以待和也」。及至葉義問使還，見虜已聚兵，有入寇意。於是右僕射陳康伯言：「虜謂我和滋久，兵備弛，其南牧無疑。」因條上兩淮守禦之策，而遣將命帥始皇皇焉。吁！二十年講和之久，張俊〔七〕、岳飛往矣。解潛、吴玠死不復生。劉錡、顯忠擯不復用。意其頹敗廢棄之餘，無復英鋭果敢之氣。而一日分屯列戍，四川則有王剛中，襄陽則有吴拱，江淮則有劉錡，海道則有李寶，蜀則有吴璘、姚仲、王彦，江則有戚方、王權、李顯忠〔八〕，雲合響應，氣勢翕張，則知人心忠義，雖更秦檜銷鑠之餘，而亦不能使之泯没也。

是日大雨，於潛、臨安二邑山水暴至。夜，安吉縣洪水作，居民屋廬多壞，人死者甚衆。

後四日詔轉運司賑恤之，其田決爲溪者蠲其税。丙申，金國賀生辰使蕭榮、副使張忠輔入見，置酒垂拱殿。時建王侍燕，榮等望見，聳然曰：「此爲建王耶！」竟夕不敢仰視。

六月戊申，宰執奏：「殿前司申，明州水軍内福建秋廬、延祥兩寨效用軍，二年一替，今到軍年餘，方知紀律，欲候滿日更留一年。」上曰：「瓜時而往，及瓜而代，二年一替，軍人望之久矣。今將及期而改，是上失信而下失望也。」遂令更戍如期。壬戌，三司申明逃亡軍人首身之限。上謂宰執曰：「朕始見此法，未深曉其意，使出人主一時恩宥，人猶不測，著爲定法，是教之逃也。」因顧王綸曰：「卿解之否？蓋不如此，即此曹聚而爲盗。始知祖宗用意深遠。」「丙寅」〔九〕，上謂宰執曰：「歲方六月，禾稼未登，聞已催民間積欠。可令諸路轉運司〔一〇〕，遍下州縣，候秋成月催理，庶幾民不告乏。」處州麗水縣童子楊富老七歲喪父，哀慕不已，夜則露臥塚前，不避雨雪。州上其事於朝。詔賜束帛。庚午，知樞密院事王綸知福州。

秋七月乙未，翰林學士周麟之言：「臣聞傳曰：『非天子不制度，不議禮，不考文。』切見吏部續降申明條册，乃有頃年都省批狀指揮參於其間，今遂與成法並行。望令諸選具紹興二十五年以前指揮，令敕令所看詳，可削則削，毋令與三尺混淆。」從之。戊戌，同知樞密院事葉義問進知樞密院事。於是，義問奏應變、持久二説。御史中丞朱倬參知政事，翰林學士周麟之同知樞密院事。庚子，權工部侍郎黄中言：「御前軍器所領屬中人，其調度程品，工部、軍器監有不得而聞者，非祖宗正名建官之意。請得隸屬稽考之。」詔工部每季輪差官一員檢察。辛丑，浙西諸司言：「知鹽官縣胡堅常治狀爲一路之最〔二〕。」詔特轉一官，俟任滿日取旨陞擢。癸卯，詔以郡守多闕，令侍從、兩省、臺諫各舉嘗任通判、治狀顯著者二人，又趣郎官以上依新制舉縣令。甲辰，詔户部科降銀錢一百二十五萬緡，令兩浙、江、湖六路轉運司置場市軍儲，通去年已糴之數，湊爲三百萬碩。

八月丙午朔，日有食之。庚戌，言者論諸州揀汰多不實。上以問宰執，朱倬曰：「近來指揮招填，故揀汰甚易。」上曰：「老病不堪帶甲在軍蠶食，則揀汰之。今皆緣請託以求脱去，員數猥多，坐食諸郡，無以贍之，其間又有尚堪用者，亦可惜。」乃詔委總領所保明，樞密院審實之。壬子，詔：「自今州縣官犯入己贓及用刑慘酷，令刑部具失按察官姓名，申尚書省取旨。即有隱蔽，令御史劾之。」癸丑，參知政事賀允中特轉一官致仕。允中使北還，言虜勢必背盟〔三〕，宜爲之備。上疑未决。允中因告老，乃有是命。丙辰，上諭宰執曰：「近有獻用車戰者，朕以用在人不在車，南北異宜，木性亦異。如大舟以荔枝爲棹，北方絶無。而造車多用榆木，南方亦少。况江湖沮洳之地，雖有車騎，何所用。卿更宜精思。」湯思退曰：「謹遵聖訓。」提舉兩浙西路常平茶鹽公事楊倓乞以私販敗獲之人配隸諸軍，無使放縱。上曰：「私販之禁非不嚴備，第官司奉行失信耳。朕聞私販多以大風雨夜，用小舟破巨浪，潛行般置。巡尉素不諳熟，豈肯冒不測之淵，以冀賞給哉。使所捕者皆此等輩，當賞不踰時，以示之信。若其圖升合之利以爲活，亦可恕也。」户部乞申嚴徒配舊法行下。上從之。尚書右僕射、提舉詳定一司敕令陳康伯上參附吏部敕令格式七十卷，刑名疑難斷例二十二卷。翌日，上謂輔臣曰：「頃未立法，加以續降太繁，吏部無所遵承。今當一切以三尺從事，不可復令引例。若更精擇長貳，銓曹其清矣。」已未，言者奏：「國家因陳亨伯建議，始立經總制錢。多出於酒、税、頭子、牙契錢。自紹興十六年，因李朝正上言，專委通判拘收。無何，議者妄有申請，始命知、通同掌。通判壓於長官之勢，恣其侵用，迄今九載，歲虧二百餘萬緡。望復委通判拘督。」從之。甲子，初，資政殿學士張燾爲吏部尚書，奉詔舉兩浙西路兵馬都監武鉅可充將帥。至是進呈，上問：「鉅知書否？」湯思退曰：「鉅議論過人，深達文義。」上曰：「武臣若知書，方曉民事，可令籍記，俟邊郡有闕，則命之。」壬申，淮南東路馬步軍副都總管許世安得諜報，金主已至汴京，重兵皆屯宿、泗，亦有至清河口者。乃遣通判州事劉祖禮告急於朝廷。

九月丁亥，詔申嚴銷金銅器之禁。時行在之人復有鬻二物於市者，論者以爲貴近導之，乃令官司嚴切覺察。己丑，新淮南西路馬步軍副總管兼知黄州李寶改添差兩浙西路副總管、平江府駐劄兼副提督海船。時浙西及通州皆有海舟，兵梢合萬人。詔平江守臣朱翌提督。言者請擇武臣有勇略知海道者副之，乃有是命。寶乞於沿江州縣招水軍效用千人。詔許三百。又請器甲弓矢及乞鎮江軍中官兵曹洋等五十人自隸。皆從之。壬寅，太學録周必大、太學正程大昌並爲秘書省正字。以學士院召試合格也。舘職復故事召試，自此始。上覽必大策，大善之，諭輔臣：「他日當令掌制。」秘書省校書郎王十朋面對，言：「臣聞道路洶洶，咸謂虜情叵測〔一三〕，有巢穴汴都、窺伺江淮意。廟堂之上，帷幄之臣，必有料敵制勝之策。然議者謂邊奏有警則群臣失色，相顧傳聞稍息，則恬然便以爲安。且謂敵有内難，勢必不來。夫不恃我之有備，而幸敵之有難，謀國之術，亦疏且殆矣。今日禦戎之策，莫急於用人，用人之要，莫先乎人望。今内外士夫軍民口無異詞，咸謂有天資忠義、材兼文武、可爲將相者，有長於用兵、士卒樂爲之用者，今反投閑置散，無地自效，或老於爲郡，以泯没其身，内爲讒邪之所媢疾，外爲蠻夷之所竊笑。天下輿情憤悶抑鬱〔一四〕。臣願陛下斷然爲社稷計，起而用之，以從人望，可以作士氣，可以慰人心，可以寢敵人之謀，可以圖恢復之計，禦戎之策莫大於此。」又言：「陛下比懲大臣之盜權，收還威福之柄。朝廷清明，邇者衆口藉藉，謂權雖歸於陛下，政復出於多門，是一秦檜死，百秦檜生也。其間最重者，如三衙管軍輩，與北司深交固結，盜陛下之大權，養成跋扈之勢。今禍胎於內，亂形於外。臣竊憂之。夫權之大者，莫如名器與財與兵。今以管軍而位居三公，是盜名器之極，古之時無有也，祖宗之時無有也。夫樞密號本兵之地，號令節制天下之諸將。今殿陛立班，管軍傲然居前，樞密甘心其後，倒置如此，其不奉行其意旨者幾希，其能節制號令之耶。今臺諫言及侍從大臣，隨即罷斥，而風憲獨不行於管軍之門，其何以爲國耶。至若清資横加於噲伍〔一五〕，高爵濫及於醫門。諸軍置承受，福威自恣，不減唐之監軍。皇城置邏卒，旁午察事，甚於周之監謗。内外將帥剥下賂上，結怨於三軍，道路之間，捕人爲卒，結怨於百姓，皆非治世事。臣願陛下慨然發憤，斷自宸衷，杜邪枉之門，塞僥倖之路。不惟尊嚴朝廷，亦所以保全此類。」自秦檜扼塞言路，士風浸衰。及上總攬萬機，激厲忠讜，而餘習猶未殄，朝士多務緘默。至是十朋與校書郎馮方、正字胡憲查籥〔一六〕、太常寺主簿李浩，始因轉對相繼有所開陳。聞者興起，太學之士爲五賢詩以述其事焉。吏部侍郎沈介上封事曰：「臣切惟今日之慮，莫若備敵之策爲急。顧今大患有二：一曰國論不定，二曰威令不行。二患既除，而後守之之策可得而言也。守之之策其要有四：一曰御將，二曰訓兵，三曰先聲以奪敵人之心，四曰棄瑕以用度外之士。四策既行，勿奪於群臣，勿移於左右，則社稷之危庶乎可安矣。」

冬十月丁未，起居舍人虞允文爲賀大金正旦使，知閤門事孟思恭副之。允文至虜庭〔一七〕，與館客者偕射，一發中的，君臣驚異。監察御史劉珙守尚書吏部員外郎。珙前在銓曹，時苦吏爲姦，思有以制之。一日，命張幕設案於庭，置令式其中，使選集者得出入繙閱〔一八〕，與吏辨，吏無得藏其巧，人甚便之。間攝侍郎，引選人改官班，占對詳敏，上悦焉。庚戌，夜，雷作非時。辛酉，殿中侍御史陳俊卿言：「任用人材，乞略小過。」上謂大臣曰：「中間有顯過者，若復進用，卻恐人言紛紛。」上又言：「贓污之吏不可復用，蓋其天性貪墨，使在州縣，必難變革。」壬戌，知荆南府劉錡充鎮江府駐劄御前諸軍都統制，代劉寶也。癸亥，日方中天無雲而有雷。時侍御史汪澈等欲論左僕射湯思退〔一九〕，殿中侍御史陳俊卿曰：「爲相無物望，而天災亟至，此固當罷，何以他爲。」於是澈等相繼論之。

十一月庚辰，殿中侍御史陳俊卿言：「比年江西、湖廣米斗纔數十錢，而職田米乃令折價至三四千，監司、守倅利其豐於己而莫敢問。如永之祁陽，乃監司職田之所聚，爲縣令者惟於諸司職租不乏，則薦削可盈，不知斯民何辜，而取其膏血以自媒也。按令，職田折錢而增直者計贓，望今後只令納本色。」從之。丙申，福建路轉運副使王時升言：「到官纔一考，樽節到浮費三十萬緡，乞以其半代民輸舊欠鈔鹽錢。」執政言：「恐合旌賞。」上曰：「漕臣能節約妄用而代民輸，理宜褒録，第恐他路聞之，妄認以爲羨餘，侵漁百姓。可俟其政績有聞，與陞職名。」後旬日，乃徙時升兩浙轉運副使。丁酉，池州駐劄御前諸軍都統制李顯忠請令諸軍屯田。上謂大臣曰：「此事可行。然須先立規模，如括田，市牛，立廬舍，給糧種，置農具之類，悉有條理，乃可施行。兩三年間，且盡與地利，使之歲入有得則不勸而耕矣。」

十二月乙巳朔，守尚書左僕射、同中書門下平章事湯思退罷爲提舉江州太平興國宮。尋落職。初，命臨安府印造會子，許於城内外與銅錢並行。至是，權户部侍郎兼知府事錢端禮乞令左藏庫應支見錢，並以會子分數品搭應副。從之。東南用會子自此始。戊申，知嚴州樊光遠奏：「三衙誘略近郡平民爲軍，乞自今軍丁不許取近〔三〇〕，遇有闕額，均下諸州招填。」樞密院亦奏其弊，且言三衙見管兵，增過紹興二十六年元奏人數。辛執進呈，上曰：「兵不貴多，當有限制。今天下財賦十分之八耗於養兵。朕躬行節儉，未嘗一緡妄費，而諸軍冗費豈可增添不已。自今三衙令以見管兵帳爲額，在外諸軍亦與立爲定額，日下住罷。」上謂大臣曰：「朕頃見秦檜論除授，必曰臣未知其心術如何，恐招物議，似未爲確論。朕謂果知其賢，固當用之，不然採之公論。國人皆曰賢，如何不用。借使繆濫，旋行罷黜，亦惟公論，但不容私意，無不可也。」

史臣曰：爵位，公器也。是非、賢不肖，公論也。採之公論而任以公器，設有不如所任又從而去之，在我無客心焉。此宰相代天之義也。奈何徇一己之私見，以未知其心術，而遽棄焉。嘗觀趙鼎薦用臣僚，後乃奏罷。而上謂鼎非護短，益以重之。人曰張浚用趙哲〔二〕、曲端、劉錫，見其有過，即加重譴，其措置未爲有失，何得輕用言者以罪浚。嗚呼。檜之罔上而上察之，鼎之盡公、浚之無罪而上知之，所謂明矣。

夜，白氣如帶，道東西亘天。己酉，太學博士鄭聞言：「太學補試弟子員，至五六千人，望自今以舉人居本州縣學滿一年，三試中選及不犯罰者，州縣保明給據，聽赴補試。」從之。乙卯，宰執奏，累有臣僚論知縣庸懦不職。上曰：「知縣若非贓私慘酷，依祖宗朝與兩易其任，不理違闕，此良法也。」丙辰，初，直顯謨閣續觱以帶職故，乞磨勘中奉大夫。既許之矣，起居郎兼權中書舍人楊邦弼言其非舊制，封還録黄。丁巳，進呈，陳康伯奏：「此由秦檜放行王晌等三人，致援例者衆，實違令甲。」上曰：「檜不獨此一事放行，且如禁軍換易亦改動祖宗格法，朕無一事敢違舊章。」康伯曰：「當以邦弼所奏報行，庶絶後來援例之弊。」上曰：「善。」庚申，詔：「春秋三傳非係釋經處，毋得出題以取士。」用右正言王淮奏也〔三〕。丙寅，上謂宰執曰：「比屢諭卿等，屯田事須先立規摹〔三〕，如一夫受田多少，以括到荒閑田充佃，耕牛取於何地，下至農具、糧種、廬舍之類，當悉有條理，方可行下，兹大事也。經始勿亟，庶後來無更改之弊，不可以一夫獻言遽即行之，當博採物議而詳審之也。」庚午，安南進馴象，邊吏以聞。上謂大臣曰：「蠻夷貢方物乃其職，但朕不欲以異獸勞遠人，可令帥臣詳諭今後不必以馴象入獻。」辛未，右承務郎襲封衍聖公孔搢爲右承奉郎。搢年十九，法未當磨勘。吏部奏搢先聖之後，特遷之。

是冬，孝慈淵聖皇帝崩於朔庭，年六十一。

辛巳紹興三十一年春正月甲戌朔，日有食之。上不受朝。命權吏部侍郎李澗用牲於太社，百司守職。既而太史局言：「當交不虧。」詔勿賀。丁丑，雷發非時。丁亥，夜，風雷雨雪交作，人疑其異。既而侍御史汪澈言：「春秋魯隱公大雷震電，繼以雨雪，孔子以八日之間再有大變，謹而書之。今一夕之間，二異交至，此陰盛也。今臣下無姦萌，戚屬無乖刺，而又無女謁之私意者，殆爲夷狄乎。願陛下飭大臣常謹於備邊也。」殿中侍御史陳俊卿言：「震雷，陽也；雨雪，陰也。意者陽不能制陰，故陰出而爲害，以類推之，是夷狄包藏，窺伺中國，臣下驕恣，玩習威權之象也，可不懼乎。」庚寅，上問宰執三朝國史何日可進。陳康伯曰：「帝紀已成，列傳未就。」上曰：「史官才難，劉知幾謂必具才、學、識，卿宜謹擇之。」上又曰：「頃有乞撰會要者，湯思退不曾行。會要乃祖宗故事之總轄，不可闕也。但自元豐後續爲之，蓋舊書分門極有法，似不須革。」康伯曰：「謹遵聖訓。」甲午，上與宰執論給舍繳駁事。因曰：「祖宗所以置給舍，正欲其拾遺補闕，若緘默不言，豈設官之意。然或探人主意及阿附大臣，甚者至於不論臧否，沽激取名，此正仁廟、裕陵之所戒也。」丙申，大雨雪。詔出内府錢賜三衙衛士，凡九萬五千緡，日予貧民之不能自存者三萬九千餘人，又以内藏錢帛市薪炭賜之。輔郡細民，命常平官賑給，諸路委監司決獄事。

史臣曰：天人之應，甚不遠也。天大雨雪，而上以仁民愛物爲心，不旋踵間，其應如響。是年冬，虜嘗窺江，欲禁出關潛遁者，上惻然不許，曰：「朕思維揚之擾，至今追恨。」大哉，帝王愛民之言，天實臨之矣。未幾，逆亮以自斃聞。噫，誠於民而不違於天，惟聖人能之。

己亥，詔提舉江州太平興國宮張浚令湖南路任便居住。時浚尚責居永州，殿中侍御史陳俊卿間爲上言：「浚忠義，且兼資文武，可付以閫外。臣素不識浚，雖聞其嘗失陝服、散淮師，而許國之心白首不渝。今杜門念咎，老而練事，非前日浚也。願陛下勿惑讒謗，雖未付以大柄，且與近郡，以繫人心，庶緩急可以相及。」上納其言。詔衡州編管人胡銓與放逐便。庚子，詔浚運河，命總領淮東錢粮朱夏卿、兩浙漕臣林安宅董視之。壬寅，詔館職續編元豐以來會要。左正言王淮論魏安行抑賣官田。詔安行罷江南東路轉運副使。安行在江東，急於受賞，督迫州縣鬻田甚峻，屬邑一切望風。知徽州洪适甫至，官民競赴愬，适曰：「賞可慕，民獨不可愛耶。」乃戒屬邑有虐吾民者必劾。已而安行罷去，民卒得寬。是月，金主亮令諸處統軍擇其精於射者，得五千人，分作五軍，皆用茸絲聯甲，紫茸爲上，黄茸、青茸次之，號硬軍，亦曰細軍。亮每自詫曰：「取江南，此五千人足矣。」

二月丙午，宰執進呈：「昨得旨問儀鸞司换舊陳設有無收支。」上曰：「陳設不過享廟，及大使至時用之，何至一歲五易。朕已令以新易舊，仍據數收支矣。」上又曰：「朕宫中未嘗用此，惟以儉爲尚。」乃詔自今非破損勿易。軍器監主簿楊民望言：「監司三弊：一曰按吏徇其好惡以示威福。二曰巡按以察州縣而一縣所費或至千緡。三曰公使互送過於供給。」戊申，詔邛州復置惠民監，歲鑄鐵錢二萬緡爲額，内大小錢各半。甲寅，領殿前都指揮使職事楊存中爲充醴泉觀使，進封同安郡王，奉朝請。存中領殿巖幾三十年，至是，王十朋、陳俊卿、李浩相繼論言存中之過。上感其言。存中聞北事有萌，乃上疏言：「虜人年來規畫有異〔二四〕，雖信好未渝，而蛇豕荐食之心已露，宜及未然，於沿邊衝要之地置堡列戍，峙糧聚財，濱海沿江，預具鬬艦。」至於選將帥，繕甲兵，謹關梁，固疆塞，明斥堠，訓郡縣之卒，募鄉閭之勇，申戒吏士，指授方略，條爲十事以獻。會趙密謀奪其權，因指爲喜功生事。存中聞其議，乃累章丐免。丙辰，置行在會子務。後隸都茶場，悉視川錢法行之東南諸路，凡上供軍需並同見錢，仍分一千、二千、三千凡三等。蓋權户部侍郎錢端禮主行之，仍賜左帑錢十萬緡爲本。初命徽州造會子紙，其後造於成都。辛酉，詔侍從、臺諫薦士各二人，帥臣、監司各一人。癸亥，封建王府夏氏爲齊安郡夫人，翟氏爲咸安郡夫人，給内中俸。時王在藩邸，左右嬪御不過數十人，僅足以備使令。一日出十餘人，厚其資而遣之。有一年少而俊麗者，王雖奇之，而亦竟不留。常語宫僚曰〔二五〕：「聲色之事未嘗略以經意，至於寶貝珠玉侈靡奇異之物，平生心所不好，亦未嘗蓄之。」甲子，上與宰執論薦舉人才，因曰：「人材當用實可濟事者。若高談闊論，雖可觀，然徒欲近名，譬猶畫餅，終不可食，何益於事。卿等宜審度之。」乙丑，詔經義、詩賦依舊分爲兩科以取士。先是，議者願復經義、詩賦分科之舊。詔禮部、國子監、太學官看詳經久可行，申尚書省。至是，權禮部侍郎金安節等奏：「依舊爲兩科，詩賦不得侵取經義分數。若經義文理優長合格人有餘，許將詩賦人才不足之數聽通融優取，仍以十分爲率，毋得過三分〔二六〕。自今年太學公補試爲始。」於是行之至今。中書言：「昨以僧徒冗濫，令禮部權行住給度牒，已經二十餘年，望量行製造度牒，立定價數，分降諸路州軍。」詔户、禮部措置〔二七〕。户部乞每料給降二千道，每道價錢五百千，綾紙錢十千，皆省陌。兩浙州軍輸左藏庫，江、淮、荆湖、京西輸三總領所，江西、湖南、閩、廣委逐路提刑司，仍輸左藏。願以金銀計直者聽。從之。是月，觀文殿大學士致仕、嘉國公秦熺薨於建康府。詔贈太傅。

三月己卯，右諫議大夫何溥爲翰林學士兼權吏部尚書，仍兼侍講。先是，溥嘗言：「君子小人和同比周之弊，有曰：『同近於和，而和實非同。比近於周，而周終不比。』世人之假同以爲和，託比以爲周，求濟於小己之私，而卒貽天下之患。臣願辨之於其早〔二八〕，制之於其微，使同與比之迹不形，而和與周之實常著，則朝廷正而百官正矣。」又言軍政之弊曰：「爲將帥者不治兵而治財，刻剥之政行而拊摩之恩絶，市井之習成訓練之法壞。二十年間，被堅執鋭之士，化爲行商坐賈者不知其幾。」〔二九〕又言：「爲備於無事之時，擇才於自代之舉，置總帥以護諸將，則勢同臂指，募民兵以捍兩淮，則可固藩籬，皆當今急務。」上察其忠，乃有是命。壬午，兵部尚書楊椿參知政事。丁亥，給事中黄祖舜言：「契勘故相秦檜當政，擅作威福，不知有上，陷害忠良，爲國斂怨。其子熺實與謀議。及其亡也，陛下保全其家，俾熺休致而歸，不置之罪，恩亦至矣。今乃贈以帝傅之秩，又與之遺表恩，寵命横加，深駭物聽。」詔前降指揮更不施行。庚寅，尚書右僕射、同中書門下平章事陳康伯遷左僕射，參知政事朱倬守右僕射、同中書門下平章事。

夏四月甲辰，詔利州西路駐劄御前中軍都統制、新知襄陽府吴拱以西兵三千人戍襄陽。朝廷聞金人决欲敗盟，乃令兩淮諸將各畫界分使自爲守，措置民社，增壁積糧。是時御前諸軍都統制吴璘戍武興，姚仲戍興元，王彦戍漢陰，李道戍荆南，田師中戍鄂渚，戚方戍九江，李顯忠戍池陽，王權戍建康，劉錡戍鎮江，壁壘相望，而襄陽獨未有備，故命拱以所部戍之。其闕額令吴璘招填，限一季。丁巳，御批：「比來久雨，有傷蠶麥，及盜賊間發，雖已措置，未至詳盡。可令侍從、臺諫條具消弭災異之術，防守盜賊之策，各以己見實封聞奏。」時久雨，故殿中侍御史陳俊卿上疏請之。上謂宰執曰：「應天以實不以文，可令侍從、臺諫各具時政之闕，有不便者即與改正。」宰臣陳康伯、朱倬皆待罪。上曰：「罪在朕躬，豈可移過大臣。」翰林學士何溥言：「夷狄爲中國之陰，天意若曰夷狄將有不測之變，故出災異以警戒之。臣謂安邊之圖雖在擇將帥，而立國之本要在得人心。推原天人相與之際，莫如自治之急。」俊卿又言：「今虜居汴京，已逼吾境，而武昌、襄陽〔三〇〕、荆南各相去數百里，宜擇威望重臣以兼制之，使首尾相應。」權禮部侍郎金安節言：「爲今之謀，要使規模不失和好之形，而實有備豫之策。其策有三：一曰厲將帥。二曰擇地形。三曰明覘候。」己未，上曰：「朕思州縣逋欠，若民果貧困，自合蠲放。若已輸納而官吏侵用，則亦不可不與覈實，明示罪責。治道貴信賞必罰，漫不經理，則是姑息。姑息雖堯舜不能治。」是日，遂進呈四川總領王之望催驅殿最事目。上曰：「依所乞並令諸路亦如此施行。」

五月甲戌，國子司業陳棠言：「自興學至今二十年，六經博士未嘗備員，望加惠學者，俾六經各置博士。每經擇經明行修二人充選，庶幾經各有師，得以輪遞講説。」詔博士闕員，許令正、録兼講。丙子，金國賀生辰使高景山、副使王全始入境，用故事，遣中使黄述賜扇帕於洪澤鎮，景山等舉趾倨傲，述與之對揖，略不加禮。又遣人量閘面闊狹，沿淮顧盼，意若相視水面者，識者知其有敗盟之意。甲申，詔諸路監司失按屬吏一歲及四人以上者，令御史臺檢舉，申朝廷議罰。用殿中侍御史陳俊卿請也。大理寺言獄空。上謂宰執曰：「大理寺、臨安府在闕下雖未敢謂刑措，然獄訟清簡，冤抑得伸，亦庶幾焉。惟是諸路憲臣或不得人，則吏强官弱，民無所措。卿等宜思革此弊。」辛卯，大金國賀生辰使高景山、副使王全見於紫宸殿。景山當奏事，自稱語訥不能敷奏，乞令副使王全代奏。上許之。景山招全，全乃陞殿之東壁，面北厲聲奏，奏訖降殿。駕興，全在殿下揚言曰：「我來理會者兩國事。」譊譊不已。帶御器械李横約全曰：「不得無禮，有事朝廷理會。」時百官班未退，帶御器械劉炎白陳康伯曰：「使人在廷，有茶酒之禮，宜奏免之。」康伯曰：「君自奏聞。」炎遂轉屏風而入，見上哭泣，炎奏其事，上然之。炎出傳旨曰：「今爲聞淵聖皇帝訃音，忽覺親躬不安，閤門賜茶酒宜免，使人且退。」班遂退。宰執聚殿廬議舉哀之故。或謂上不可以凶服見使者，欲俟其去乃發喪。權工部侍郎黄中聞之，馳白康伯曰：「此國家大事，臣子至痛之節，一有失禮，謂天下後世何！且使人問焉，將何以對。」於是始議行禮及調兵守江淮之策。壬辰，宰執内殿奏事，同知樞密院事周麟之言：「猾虜意可卜〔三〕，宜練甲申儆，静以觀變，使不當遣。」上曰：「卿言是也。彼欲割地，今何以應之？」麟之曰：「講信之始，分畫封圻，故應有載書存，願出以示使者，厥請將自塞矣。」甲午，宰執召三衙帥趙密、成閔、李捧及醴泉觀使楊存中至都堂議舉兵。既又請侍從、臺諫集議。陳康伯傳上旨云：「今日更不尚和與守〔三〕，直問戰當如何？」執政欲遣閔等將禁衛兵禦襄漢上流。虞允文言：「虜必不從上流而下〔三〕，恐發禁衛則兵益少，朝廷内虚，異時無兵可爲兩淮之用。」執政不聽。日午下詔發喪。時朝論洶洶。入内内侍省都都知張去爲陰沮用兵之議，且陳退避之策。或因妄傳有幸閩、蜀之計，人情皇惑。上意雅欲視師，陳康伯奏曰：「敵國敗盟，天人共憤。今日之事，有進無退。若聖意堅決，則將士之氣自倍。願分三衙禁旅助襄漢兵力，待其先發，然後應之。」權工部侍郎黄中自使還，每進見，未嘗不以邊事爲言。至是，又率同列請對，論決策用兵，莫有同者，中乃獨奏曰：「朝廷與仇虜通好〔三四〕，二十餘年，我未嘗一日言戰，彼未嘗一日忘戰，取我歲幣，啗彼士卒，我日益削，彼日益强，今幸天褫其魄，使先墜言以警陛下，惟亟留聖心焉。」乙未，領御前諸軍都統制職事判興州吴璘爲四川宣撫使，仍命四川安撫制置使兼知成都府王剛中同措置應干事務。時有詔夔路遣兵五百人往峽州屯駐，俟荆南有警，則令夔路安撫李師顔親往援之。侍御史汪澈言：「天下之勢强弱無定，形在吾所以用之。陛下屈己和戎，厚遺金繒，而彼輒出惡言以撼吾國，若將唾掌而取。三尺之童，無不痛憤。願陛下赫然睿斷，置師江上，而專付閫外之任。益兵上流，而增重荆襄之勢。渡師淮甸，以守其要害。嚴備海道，以遏其牽制。然後以不戴天之讎、在原之戚，下詔以告中外，將見上下一心，其氣百倍。機會之來，間不容髮，在陛下斷之而已。」丙申，起居郎楊邦弼、起居舍人虞允文並試中書舍人。允文自賀金主正旦還，首言：「虜已授甲造舟，必爲南渡之計。」至是，遂擢用之。起復主管侍衛馬軍司公事成閔對於内殿。朝議以上流重地，邊面闊遠而兵力分，宜遣大將。上乃面諭閔，俾以所部三萬人往武昌控扼。戊戌，太學生程宏圖等上書，言：「今日之事，國家所以應之者，其先務有四：一曰留使者以款虜人之謀。二曰下詔書以感南北之士。三曰先舉事以決進取之策。四曰用人望以激忠義之心。」

六月壬寅，殿中侍御史陳俊卿權尚書兵部侍郎。先是，俊卿復言張浚可用。上曰：「卿欲用浚爲何官？」俊卿曰：「此在陛下。」上曰：「浚才疏，使之帥一路或有可觀，若再督諸軍必敗事。」俊卿曰：「人皆以浚爲可用，陛下何惜不一試之。」上首肯。俊卿又言：「張去爲竊威權，撓成筭，乞斬之以作士氣。」上曰：「卿可謂仁者之勇。」至是，宰執奏事，上曰：「陳俊卿敢言，朕將賞之。」陳康伯言：「俊卿在臺振職。」乃有是命。己酉，監察御史杜莘老守殿中侍御史。莘老入見，上曰：「知卿不畏强禦，故有此授。自是用卿矣。」時陳俊卿既出臺，求去甚力。莘老因奏事，從容曰：「人材實難，況多事之際，令俊卿輩在論思之地，必有補益。」上以爲然。俊卿乃復留。同知樞密院事、充大金起居稱賀使周麟之上疏曰：「臣聞事有必至，理有固然，固不待上智而後知。昔日之和戎，今日之渝平，是已累日以來，側聽聖訓，仰見廟謨雄斷，不惑群策。唯是遣使一事，遲回至今，曉夕深思，蓋有不可者七。若夫彼有速亡之形，我有恢復之冀，有血氣者類能言之。陛下審處而應之爾。臣當竭智畢力協贊事機，儻使摇尾乞憐，復下穹廬之拜〔三五〕，臣竊恥之。」疏入，上大怒。左僕射陳康伯見麟之，以國事勉之。麟之語侵康伯，康伯曰：「上若遣康伯，聞命即行。大臣同國休戚，雖死安避。」麟之卒辭之。乙卯，御前諸軍都統制劉錡爲淮南江南浙西制置使。錡自順昌之勝，金人畏之，下令：有敢言其姓名者，罪不赦。上亦知其能，故有是命。丙辰，浙西馬步軍副總管李寶入奏事。翌日，上謂輔臣曰：「寶非惟驍勇，兼其心術可以倚仗，朕素識其人，觀之久矣。他日未易量。」先是，寶言：「連江接海，便於發舶，無若江陰。臣請徙守，萬有一不任，甘死無赦。」上從之。寶即遣其子公佐與將官邊士寧潛入虜境〔三六〕，伺動靜。至是，虜謀益泄，復召至闕庭，問方略。寶奏以：「海道無險要可守，萬一虜艦散入諸洋，則難以蕩滅。臣止有一策出萬全。」上問：「何如？」對曰：「凡用兵之道，自戰其地與戰人之地不同。自戰其地者必生之兵也，戰人之地者必死之兵也。必生者易破，而必死者難卻。今虜未離巢穴，臣仰憑天威，掩出不意，因其驚擾而疾擊之，可以得志。」上曰：「善。」問所總舟幾何，曰：「堅全可涉風濤者得百二十，皆舊例所用防秋者。」所總人幾何，曰：「僅三千。止是二浙、福建五分弓弩手〔三七〕，非正兵也。旗幟器甲亦已粗備，事急矣，臣願亟發。」陛辭，賜寶帶、鞍馬、尚方弓刀戈甲之屬。庚申，夜，彗出於角。壬戌，右司員外郎、充送伴使呂廣問等還行在，奏：「臣等到盱眙軍，有金牌郎君到來，令臣等跪受大金皇帝聖旨，云六月二十三日來南京。」癸亥，中官正、判太史局李繼宗等各降一官。坐奏星文不實故也。丁卯，殿中侍御史杜莘老言：「善御天下者，無事則深憂，有事則不懼。無事深憂，所以預備。有事不懼，所以濟功。今虜欺天背盟〔三八〕，政陛下待以不懼之時，願繼自今益以剛大爲心，勿以小利鈍爲異議所摇。諛言所惰，則人心有所恃，而士氣振矣。」因上四事：「一用建炎詔書，不限早暮延見大臣及侍從，謀議國事。二申敕侍從、臺諫、監司、守臣速舉可用之才。三虜情雖叵測，然趨我使期，宜以時遣使，曲在彼。四車駕既謀順動，則留鑰所付，宜須擇重臣。」皆從之。

秋七月癸酉〔三九〕，御史中丞、充湖北京西宣諭使汪澈入辭。上命凡吏之能否、民之利病，悉以上聞。澈受詔而去。癸未，宰相陳康伯率百官爲孝慈淵聖皇帝請謚於南郊。謚曰恭文順德仁孝，廟號欽宗。乙酉，左司諫梁仲敏請初官有出身人滿三考、無出身人滿四考，方許監司、郡守薦以京削〔四〇〕，庶抑趨競而惠孤寒。詔吏部看詳，尋從之。戊子，同知樞密院事周麟之與在外宫觀，放謝辭。宰執進呈臺諫章疏，上曰：「爲大臣臨事辭難，何以率百僚。」乃有是命。庚寅，麟之責授祕書少監、分司南京，筠州居住。

臣留正等曰：人君設高爵厚禄，加體貌以待二三大臣，非私之也，以其能爲人之所難爲，而任人之所不能任者也。當無事時，居高食厚，被顧遇而不辭，遇事之難，輒辭焉。彼固未嘗以身許國，與所期者甚異，此而不懲，何以厲臣節。太上皇帝罷麟之本兵之柄，爲避事者之戒，善乎其有以勸百哉。

初，上命池州諸軍都統制李顯忠擇淮西地利爲固守之計。至是，顯忠言：「江北平夷，別無險阻，惟摐揚鎮北二十五里中坊浄嚴寺依峽山口一帶，地利衝要，可以屯駐。乞於八月初分遣半軍過江屯駐。顯忠躬親往來伺其動息，即全軍渡江，觀敵所向，隨機決戰。」從之。壬辰，樞密都承旨、充大金起居稱賀使徐嚞等至盱眙軍。金主已遣翰林侍講學士韓汝嘉至泗州待之。汝嘉既渡淮，嚞欲就岸口亭子相見，汝嘉即與其徒八人馳馬徑入宴館，嚞與副使知閤門事張掄皆大驚，朝服以待。汝嘉入館闔其扉，守臣周綜即館外穴壁以窺，汝嘉令嚞、掄跪於庭下，抗聲稱有敕。言畢陞堂，分賓主而坐。嚞戰灼無語，掄乃稍進而問曰：「萌子小邦何煩皇帝親行？」汝嘉不能對。掄曰：「侍講往來口言有敕本國君相，何以爲憑，乞書於紙以俟聞奏。」汝嘉即索紙筆書畢而去。甲午，上謂宰執曰：「夜來小雨應候可喜，屬有邊事，今乃得雨，天相國家，使不闕食。」康伯曰：「誠如聖諭。」知通化軍莫濛言：「江淮荆楚之間年穀屢豐，粒米狼戾。望令屯營去處兑撥合解官錢，令州縣從便和糴。」從之。乙未，詔：「新造會子許於淮、浙、湖北、京西路州軍行使，除亭户鹽本錢並支見錢外，其不通水路州軍上供等錢，許盡用會子解發。沿流諸州軍錢會各半。其諸軍起發等錢並以會子品搭支給。」用户部請也。是月，金主亮徙汴京。亮及門而雨暴至，儀從皆不克舉。亮入内，至承天門，迅雷大風作，天變如此，亮不知懼也。一日，亮坐正隆殿，召其大臣問曰：「許多宰執，孰有能爲統軍者？」尚書右丞劉蕁曰：「臣請爲之。」亮喜，即拜蕁爲漢南道行營統軍，將二萬衆，歷唐、鄧以瞰荆、襄。又以張忠彦爲西蜀道統軍，王彦章副之，將五萬衆據秦、鳳，以窺巴蜀。蘇保衡統水軍，完顔鄭家奴副之，由海道將趨二浙。餘兵亮自將焉。

八月辛丑朔，忠義人魏勝復海州。勝，北神人，素無賴，私渡淮爲商。至是，率其徒數百人至海州，自稱制置司前軍，大兵且繼至。海州遂降。甲辰，左朝請郎馮時行知彭州。初，時行守黎州，上記其名，召赴行在。時行至建康以疾不進，上疏言：「虜决敗盟〔四一〕，望移蹕進幸建康，下罪己之詔感動中外，願與社稷俱爲存亡。自古未有人主退而能使天下進，人主怯而能使天下勇。臣紹興初蒙陛下召對，時虜適請和，臣以爲疑，至煩聖訓以爲親屈己之意。然和議既成，無以善其後，臣之愚言猶有驗於今日。今虜既敗盟，臣又以其狂愚冒瀆聖聽，望陛下特垂聖覽，採而用之，無使狂瞽之言又驗於他日也。」疏奏，乃有是命。辛亥，詔昭慶軍承宣使致仕王繼先令於福州居住。用殿中侍御史杜莘老奏劾也。繼先怙寵干法，富埒公室，子弟直延閣、通朝籍，姻戚黨友莫非貴游，數十年間，未有敢摇之者。自聞邊警，日輦重寶之吴興，爲避賊計。莘老入見〔四二〕，面奏繼先十罪。上作而曰：「有恩無威，有賞無罰，雖堯、舜不能治天下。」乃詔繼先福州居住。凡繼先掠良家子爲奴婢者百數，悉還其家，籍其貲以千萬計。壬子，詔鬻繼先田園及金銀，並隸御前激賞庫，專以賞將士。其海舟付李寶〔四三〕，天下稱快焉。進呈後省繳駁劉堯臣、韓彥直進職事。先是，給事中黄祖舜、中書舍人楊邦弼同狀乞劉堯臣仍舊祕閣修撰，韓彥直依舊直顯謨閣赴任，候有治效，因以加之，庶幾倖門不開。上曰：「依奏。」癸丑，兩浙轉運司獻讚積錢二萬緡，臨安府獻五萬緡。上謂大臣曰：「可椿留外府，若下諸路，切戒毋得科敷。如昔時羨餘，適資贓吏而擾吾民也。」是日，金主亮弒其母太后於宫中。初，其母病，亮往視之，問以所苦。母曰：「吾無他疾，以皇帝用兵不止，遠征江南，是吾病也。」亮大怒曰：「非朕母，乃梁宋國王之小妻也。」遂命護國將軍赤盞彥忠弒之，〔四四〕以威言者。甲寅，浙東馬步軍副總管李寶以舟師三千人發江陰。先是，寶自行在還，即謀進發。軍士洶洶，争言西北風力尚勁，迎之非利。寶下令大計已定，不可摇，敢有再出一語者斬。遂進發。知平江府洪遵竭資糧器械濟之，放蘇州大洋，行三日，風果怒甚，舟散漫不能收。寶慷慨顧左右曰：「天欲以試李寶耶。此心如鐵石不變矣。」即酹酒自誓，風亦隨止，退泊明州關澳，追集散舟。不浹旬復故，而裨將邊士寧自密州還，言魏勝已得海州矣。寶大喜，促其下乘機速發，而大風復作，波濤如山者經月未得進。乙卯，江淮制置使劉錡引兵屯揚州。錡將渡江，以軍禮久不講，乃建大將旗鼓以行，軍容整肅，江浙人所未見也。時錡方病，不能乘馬，乃以皮穿竹爲肩輿。

鎮江城中香煙如雲霧，觀者填擁。丙辰，金主亮殺其翰林直學士韓汝嘉。汝嘉自盱眙歸，諫亮寢兵議和。亮曰：「汝與南宋爲游説邪！」遂賜死。壬戌，資政殿學士張燾落致仕，復知建康府。金人既卻二使還，復求遣，仍令九月中旬至汴京。朝廷報以三節人從悉已放散，若再行收合，恐趁期不及。俟非久賀正當令嘉、掄充副使，一就奏禀。亮不意朝廷與之絶，大怒。戊辰，忠義人魏勝補武翼郎、統制忠義軍馬〔四五〕。

九月庚午朔，命輔臣朝饗太廟。辛未，宗祀徽宗皇帝於明堂，以配上帝。甲戌，金人犯鳳州之黄牛堡。先是，統軍張忠彦與其陝西都統完顔合喜將五千餘騎，自鳳翔大散關入川界三十里，分爲三寨。至是，游騎攻黄牛堡，守將李彦仙來告急。四川宣撫使吴璘即肩輿上殺金平，彦仙督官軍用神臂弓射敵卻之。璘遣將官高松爲之援，仍與本堡管隊官張操同力拒虜〔四六〕，虜遂扼大散關深溝高壘以自固。璘駐青野原，顧謂其下曰：「虜自守之兵，不足慮也。」益調内郡兵分道而進，面授諸將方略。庚辰，給事中黄祖舜同知樞密院事。辛巳，上謂辛執曰：「近臣僚多上封事，朕常親閲，往往至夜分，誠恐其間不無利害。」又曰：「方兹多事，朕於宫中所在常令以筆硯自隨，每思得一事，即札記付外行之。」乙酉，詔劉錡、王權、李顯忠、戚方各隨地分措置沿淮三處河口，嚴爲隄備。先是，錡亦檄權引兵迎敵，權受檄與其姬妾泣别而行，又聲言犒軍，悉以舟載其家金幣，泊新河爲遁計，築和州城居之〔四七〕。錡再檄權往壽春，權不聽命，以威脅總領財賦都潔。江東轉運判官李若川固請於朝，乞留權守和州江面。錡又督行，權不得已，每三日遣一軍往廬州屯戍。丁亥，四川宣撫使吴璘遣將彭清直至寶雞渭河，夜劫橋頭寨〔四八〕，勝之。壬辰，浙西馬步軍副總管李寶以舟師發明州關澳。癸巳，金人犯通化軍，權軍事張超率邦人巷戰，金人死者數十，乃引去。甲午，盱眙軍奏夏俊已復泗州。興州駐劄御前前軍統領劉海復秦州。乙未，金人寇信陽軍，統制趙樽自將所部騎赴之，虜馳徑去〔四九〕，侵蔣州。丙申，四川宣撫使吴璘所遣將官曹洙復洮州。戊戌，詔：「金虜無厭，背盟失信，軍馬已犯川界，今率精兵百萬，躬行天討，有措置招諭事件，令三省、樞密院降敕榜曉諭。」江淮浙西制置使劉錡發揚州。錡在揚州病，上遣中使譚某將醫往視。錡曰：「錡本無疾，但邊事如此，至今猶未決用兵，俟敵人侵犯，然後使錡當之，既失制敵之機，何以善後。此錡所以病也。」中使以奏，錡遂行，日發一軍。時錡已病，不能食，但啜粥而已。己亥，興州都統司後軍正將彭清、副將張德破隴州。是月，金主亮以其尚書右丞李通爲大都督，而將軍粘安阿述虎副之〔五〇〕，令先造浮梁於淮水之上，亮遂自將入寇。時亮衣橘紅袍，所乘馬金甲，自宋門出兵，號百萬，氈帳相望，鉦鼓之聲不絶，遠近大震。

冬十月庚子朔，手詔曰：云云。「屬戎虜之無厭〔五一〕，曾信盟之弗顧，怙其簒奪之惡，濟以貪殘之凶，流毒遍於華夷，視民幾於草芥。赤地千里，謂暴虐爲無傷。蒼天九重，以高明爲可侮。輒因賀使，公肆嫚言，指求將相之臣，坐索漢、淮之壤。吠堯之犬，謂秦無人。朕姑務於含容，彼尚飾其姦詐。嘯厥醜類，驅吾善良，妖氛寖結於中原，烽火遂交於近甸。皆朕威不足以震疊，德不足以綏懷，負爾萬邦，於今三紀。撫心自悼，流涕無從，方將躬縞素以啓行，率貔貅而薄伐。取細柳勞軍之制，考澶淵卻狄之規。詔旨未頒，歡聲四起。歲星臨於吴分，冀成淝水之勳，鬭士倍於晉師，當決韓原之勝。尚賴股肱爪牙之士，文武小大之臣，戮力一心，捐軀報國，共雪侵陵之恥，各堅恢復之圖。播告邇遐，明知朕意。」四川宣撫使吴璘檄告契丹、西夏、高麗、渤海、韃靼諸國及我河北、河東、陝西、京東、河南等路官吏軍民等曰：「蓋聞惟天無親，作不善者神弗赦。得道多助，仗大義者衆必歸。敢攄一切之誠，用諗萬方之聽。我國家功高上古，澤潤中區，列聖重光，方啓中興之運。斯民不幸，適丁板蕩之災，蠢兹女真之微，首覆契丹之祀，恃其新造，間我不虞，妖氛既陷於神都，虐焰殆彌於宇縣。凡居率土，誼不戴天。主上紹開中興宏濟大業，望山河而隕涕，瞻陵廟以傷心。蓋卧薪嘗膽之是圖，寧拯溺救焚之敢緩。然人命至重，佳兵不祥，靡辭屈己以事讎，姑欲安民而和衆。豈謂冥頑之虜〔五二〕，狃於簒逆之資，以至不仁，行大無道，毆我中原之老稚，翦爲異類之囚俘。乃輕棄於穴巢，輒坐張於畿甸。自謂富强之莫敵，公然反覆以見欺。指揮而取將相之臣，談笑以求淮、漢之地。九州四海，聞之怒髮以衝冠。百將三軍，誰不搴旗而抵掌。幕府濫膺齋鉞，盡護戎旃，冀憑宗社之威靈，一洗穹廬之穢孽。待時而動，歷歲於兹。天亡此胡，使委身而致死。人自爲戰，不與賊以俱生。帝尊一臨，士氣百倍，劉制置悉南徐之甲，成馬軍興侍衛之師，李四廂虎視於青徐。王太尉鷹揚於潁壽，鄂帥擣殽函之險，步軍衝伊洛之郊，前無堅鋒，勇有餘憤。以此制敵，何敵不摧，以此攻城，何城不克。惟彼諸蕃之大國，久爲鉅宋之歡鄰。玉帛交馳，尚憶百年之信誓。封疆迴隔，頓疏兩地之音郵。願敦繼好之規，共作侮亡之舉。至於晉秦奇士，齊趙雋才，抱節義之良謨，志功名之嘉會。或爲劉氏左袒，飽聞思漢之忠。傒湯后東征，必慰戴商之望。抗旌雲合，投袂風從。或據郡以迎降，或聚徒而特起，乘吾破竹之勢，立爾前茅之勳〔五三〕。侯王寧有種乎，人皆可致富貴。是所欲也，時不再來，更期父老之誨言。深念祖宗之德化，勿忘舊主，重建丕基。檄到如章，書不盡意。」檄，樞密院所降本也。江淮制置使劉錡至盱眙軍，會諸將議事。

是日，浙西副總管李寶以舟師至東海縣。先是，魏勝既得海州，久之官軍不至，城中之人始知爲所紿，然業已背虜〔五四〕，不敢有貳心。勝懼，乃推寶之子公佐領州事，自出募兵得數千人，往攻沂州。有女真萬户之妻王夫人者，陽引兵避之，勝入城，遇伏兵，與戰，大敗，僅以身免。勝復還海州，虜兵圍之。寶聞，麾兵登岸，以劍劃地曰：此虜界，非復吾境，當力戰。因握槊前行，接虜奮擊，士無不一當十。虜驚出意外，亟引去。於是勝出城迎寶。寶維舟犒士，遣辯者四出招納降附。辛丑，金人自渦口繫橋渡淮。先是，池州都統制李顯忠提兵在壽春、安豐之間，欲回軍廬州，徐觀其變。俄聞虜大至，遂自峽山路渡大江以歸。癸卯，統制忠義軍馬魏勝知海州。金主亮至安豐軍，又破蔣州。甲辰，吳璘奏劫金人橋頭寨獲捷。上謂宰執曰：「散關小捷，豈非信順之助。而況篡弒君親，誅戮殘忍，天地所不蓋載，禽獸所不肯爲，神怒人怨，滅亡無日。今二道出師，置帥招討，審彼己，量虛實，撫定我城邑，招集我人民，收復我寢廟，毋焚燒，毋虜掠，毋殺傷，以圖萬全之舉。高爵醲賞，朕所不吝。卿等贊朕成筭，協以衆謀，庶幾恢復神州，以雪兩朝之恥。」丁巳，劉錡自盱眙軍引兵次淮陰縣，留中軍統制劉汜、左軍統制員琦守盱眙。丁未，金人立其東京留守葛王褎爲皇帝，改元大定。戊申，上謂大臣曰：「朕曩於内帑儲錢備邊，士大夫不諭朕意，甚者至指爲瓊林、大盈之比。顧朕雖積此，亦何嘗妄費一錢。向撥百萬緡付公府，而近日遣軍及諸處犒賜，皆於是乎出，豈不正資今日之用。況方用兵，國賦亦須得人經理。士大夫恥言利，多事之時，艱於選任，亦今時之一病也。」是日，夜漏下二鼓，王權自廬州引兵遁，屯昭關。初，金主亮在壽春欲渡淮，繫浮橋已成，邏者獲權軍擺鋪數人，中有一曹司，亮見之，問權所在。曹司曰：「在廬州。」又問：「有兵幾何？」曰：「有兵五萬。」亮曰：「是也。吾知之矣。」乃以金千餘兩遺曹司，且令附書與權。權聞亮已渡淮，遂自廬州退兵，沿路作虛寨以相疑。既又退保和州，令破敵軍收後。辛亥，金人陷滁州。初，金主亮既渡淮，令萬户蕭琦以十萬騎，自花靨鎮由定遠縣取滁陽路至揚州。琦之深入也，每過險阻必憂吾有備，至則全無守禦，如蹈無人之境。虜甚笑我之失計焉。壬子，四川宣撫使吴璘等奏已復秦州。上曰：「金虜無故敗盟，數路出師，朕之應兵，良不得已。今日之捷，雖由祖宗德澤，然亦天人信順之助。」江淮制置使劉錡得金字牌遞報淮西虜勢甚盛，令錡退軍備江。時錡在淮陰，與金人隔淮相持已數日，至是，清河口有一小舟順流而下，錡使人邀取之，有粟數囊而已。錡曰：「此探水勢者也。」俄頃金人各抱草一束作馬頭以過舟，舟約數百艘，有載糧過濠州者，有載激犒之楚、揚州者。錡募善没者鑿舟沉之，虜大驚。癸丑，户部侍郎劉岑等乞借江、浙、荆湖等路坊場浄利錢，一界計錢三百八十萬緡，以備賞軍，限半月足。許之。國朝混一之初，天下歲入緡錢千六百餘萬，太宗以爲極盛，兩倍於唐室矣。其後月增歲廣，至熙、豐間，合苗役、市易等錢，所入乃至五千餘萬。渡江之初，東南歲入猶不滿千萬，上供纔二百萬緡，此祖宗正賦也。吕頤浩在户部，始創經制錢六百六十餘萬緡〔五五〕。孟庾爲執政，又增總制錢七百八十餘萬緡。朱勝非當國，又增月樁錢四百餘萬緡。紹興末年，合茶鹽酒筭、坑冶、榷貨、糴本、和買之入，凡六千餘萬緡，而半歸内藏。昔時中都吏禄兵廩之費，全歲不過百五十萬緡。元豐間月支三十六萬，宣和崇侈，然後支百二萬〔五六〕。渡江之初，連年用兵，月支猶不過八十萬。其後休兵寖久，用度滋益多，户部常患無餘。及軍興，遂有此請。是日，金人圍廬州。甲寅，金主亮以大軍至廬州城北之五里，築土城居之。金人寇樊城，副將翟貴、部將王進引兵出戰，二將俱死，士卒半掩入江中。是役也，以大捷聞，張平未嘗出戰，亦遷中衛大夫，軍中謂之樊城功賞。乙卯，江淮制置使劉錡聞王權敗，乃自淮陰引兵歸揚州。淮甸之人初恃錡以爲安，及聞軍退，倉卒流離於道，死者十六七。丙辰，金主亮入廬州。建康府駐劄御前破敵軍姚興與金人戰於尉子橋，死之。先是，王權既屯昭關，將士猶有欲戰之心。權引兵先遁，金人以鐵騎追及尉子橋，興以所部三千人力戰，權置酒仙宗山上，以刀斧自衛，殊不援興。自辰至申，興出入三四，殺虜數百，統領官戴皋下道避虜，虜遂假立權幟以誤興。興奔入，與其徒鄭通等五十人俱陷死之。中書舍人權直學士院虞允文聞王權至濡須〔五七〕，知事急，度權與劉錡必退回，遂率侍從數人同見輔臣，言：「權退師已臨江口，必敗國事。」尚書右僕射朱倬、參知政事楊椿皆曰：「權自言退師以導虜深入，身當其衝，令步軍司左軍統制邵宏淵出其右，池州都統制李顯忠出其左，夾攻之。」允文等力辨其不然，且言：「此權必爲走計。」倬等猶不以爲然。丁巳，得報王權果敗歸，中外大震。上召和義郡王楊存中同宰執對於内殿。上諭以欲散百官浮海避狄。左僕射陳康伯曰：「不可。」存中言：「虜空國遠來，已犯淮甸，此正賢智馳騖不足之時。臣願率先將士，比首死敵。」上喜，遂定親征之議。時有欲遣使詣虜以緩師者，敷文閣待制曾幾聞之，上疏曰：「遣使請和，增幣獻城，終無小益而有大害。爲朝廷計，當嘗膽枕戈，專務節儉，整軍經武之外，一切置之。如是，雖北取中原可也。且前陛下降詔，諸將傳檄，數金人君臣如罵奴爾，何辭復與和耶。」是日，官軍復鄧州。戊午，知樞密院事葉義問督視江淮軍馬。中書舍人虞允文參謀軍事，樞密院檢詳洪邁、秘書省校書郎馮方並參議軍事。侍衛步軍司左軍統制邵宏淵及金國統軍蕭琦戰於真州胥浦橋〔五八〕，宏淵退屯於楊子橋，真州遂陷，虜得城不入，徑自山路犯揚州。江淮制置使劉錡軍還至邵伯埭，聞虜犯真州，疑揚州已不守，未敢發。會探者報揚州城上旗幟猶是官軍。錡曰：「雖失真州，而揚州猶爲國家守，當速進。」乃自北門入，見安撫使劉澤。澤以城不可守，勸錡退屯瓜洲。己未，侍衛馬軍司中軍統制趙樽引兵渡淮，攻蔡州。樽在信陽軍，聞虜已寇淮右，曰：「此可以進兵擣其虚矣。」遂行。是日，金州統制官任天錫等復商州。庚申，葉義問入辭，乞犒軍金帛。上命出内帑錢九百萬緡予之。參謀軍事虞允文繼對，上諭曰：「卿儒臣，不當遣，以卿洞達軍事，勉爲朕行。」允文曰：「臣敢不盡死力。」趙樽破褒信縣。建康府都統制王權自和州遁歸。權聞虜且至，紿其衆曰：「已得旨棄城守江矣。」遂引兵登車船渡江，屯於東采石。辛酉，金人入和州。初，虜兵至近郊，猶未知王權棄軍而歸也。後軍統制韓霖最後出城，乃縱火，城中喧亂。金人聞之，曰：「南兵遁矣。」遂進兵入城，城中糗糧器械盡委於賊。虜乘勢奔突，軍民自相蹂踐，及争渡溺死者，莫知其數。將士憤怒號呼，指船詆罵，皆以權不戰誤國爲言。潰兵往往棄甲抱蘆葦浮江而渡，得生者十四五。壬戌，知建康府張燾始至本府視事。先是，建康居民驚移而去者十五六，及燾至，人情粗安。侍衛馬軍司中軍統制趙樽至新蔡縣，虜人所命令佐率衆迎敵〔五九〕，趙樽一鼓破之。是日，江淮浙西等路制置使劉錡退軍瓜洲鎮。虜陷揚州。始，有司辦嚴，用紹興七年故事。杜莘老爲上言：「今親征與曩日事異，宜皆從簡，以幸所過郡縣。」上曰：「此行中宫及内人不往，止與建王行，欲令遍識諸將耳。」乃命王府直講史浩從行。自虜人窺伺江淮，一時宿將莫不震怖惕息，獨王處之恬然不懼。廷臣有奏請王爲元帥者，及扈行，邊遽日至，王預料某所可守，某所可攻，某人可用，後率如所言。王權自采石夜還建康，既而復如采石。時金主亮率大軍臨西采石楊林渡已數日，權與知太平州王傳猶庇匿不以聞〔六〇〕。州學諭汪餘慶與教授蔣繼周同往見傳，責之，傳氣奪，一日發八奏。甲子，特進、提舉江州太平興國宮、和國公張浚復觀文殿大學士、判潭州。趙樽下興平縣。忠義統領柳萬克伏羌城。興州前軍統制吴挺、知文州節制軍馬向起敗金人於德順軍之治平寨。乙丑，鎮江府左軍統領員琦及金人戰於揚州皂角林，敗之，斬統軍高景山，俘數百人。時諸處以報捷旗趨行在者絡繹於道路，市人爲之語曰：「雖日聞捷報可喜，但一報近如一報，亦可憂。」督視軍馬葉義問讀琦捷報，至金人又添生兵，顧謂侍吏曰：「生兵是何物？」聞者皆笑。當時謂之「兔園樞密」〔六一〕。丙寅，浙西馬步軍副總管李寶與金人舟師遇於密州膠西縣陳家島，大敗之。初，金主亮用降人倪詢、商簡、梁三兒等計，造戰船數百，使工部尚書蘇保衡等統之，約以十月十八日至海門山，入錢塘江。斡事畢，令雄州刺史阿瓦來江上迎〔六二〕。報虜舟泊唐家島，寶舟泊石臼山，相距三十餘里，而北風日起，寶憂之，有大漢軍水手數百來降。大漢軍，簽起上等户也。寶問之，頗得北軍事實。裨將曹洋請逆戰，知朐山縣高敞曰：「不可。彼衆我寡，宜避之。」洋曰：「彼雖衆，皆不諳海道，且降人云女真在船中惟匍匐而睡，略不能動，雖衆何爲。」寶伺虜未覺，遣洋與裨將黄瑞禱於石臼神〔六三〕，祈風助順，夜漏將盡，起碇進船，風猶未順，衆有難色。良久，南風漸應，衆喜，争奮引帆握刃。俄頃過山薄虜，鼓聲震疊，虜驚失措，虜帆皆以油纈爲之，舒張如錦繡，綿亘數里，忽爲波濤卷聚一隅，窘蹙摇兀，無復行次。會火頭船有火起者，寶命以火箭射之，着其油帆，煙焰隨發，延燒數百。火不及者猶欲前拒，寶命健士躍登其舟，以短兵擊刺，殪之舟中。其餘簽軍皆中原舊民，脱甲而降者三千餘人。獲其副都統完顔鄭家奴等五人斬之〔六四〕。阿瓦爲官軍所殺。保衡舟未發，亟引去。得倪詢等三人及虜詔書、印記、征南行程曆與器甲、糧斛以萬計。江淮制置使劉錡還鎮江府。錡在瓜洲四日，無日不戰，至是有詔令錡專防江上。會錡病已劇，遂肩輿渡江，留中軍統制官劉汜以千五百人塞瓜洲渡。知均州武鉅遣將與忠義軍復盧氏縣。是日，侍衛馬軍司中軍統制趙樽引兵攻蔡州，距城二十里，金人出兵，背城而戰，方成列，樽出虜不意，命官軍於宿草間乘風縱火，鼓譟而進。虜衆披靡。樽率親兵衝擊，斬其總管楊寓，遂整衆入城，秋毫無犯。丁卯，知樞密院事葉義問至鎮江，權立行府。中書舍人兼參謀軍事虞允文見太尉劉錡，問兵敗狀。錡曰：「兵凶器，聖人不得已而用之。」允文曰：「虜席卷兩淮，直窺江表。今日用兵爲得已乎？」錡曰：「錡非好官職者，今當上還制置、招討二印耳。」允文曰：「國事如此，九重方有蒙塵之懼，公持是印，欲安所歸乎？」錡慚不能答。是日，金州統制官任天錫自商州遣兵會虢州，忠義章傳等取朱陽縣。戊辰，初，金新主裦既立，遣通事蕭恭持赦詔撫定州縣。於是，自黄河以北皆下之。左丞張浩自汴京録裦赦，馳以報金主亮，亮嘆曰：「朕欲俟江南平後，取一戎大定之義以紀元，是子乃先我乎。」命取書一帙示其下，果預識改元事。

十一月己巳朔，監察御史吴芾行殿中侍御史。先是，芾建言：「陛下當修德以服虜人。虜以其力，我以其德。雖强弱之勢不侔，而勝負之形已見。」又言：「陛下勿以敵之進退爲憂愉，勿以事之緩急爲作輟，凡下詔必務責己，引對必令盡言，使隱之於心，有合於天地，發之於政，無愧於祖宗。」上韙其言，故有是命。芾又言：「今日之事有進無退，若爲蓄縮之計，則大事去矣。」江州都統制戚方奏已復蔣州。金州統制官任天錫引兵入虢州。庚午，劉錡捷奏至。上曰：「劉錡在淮東屢捷，可謂與國家宣力。」遂遣使以金五百兩、銀七萬兩遍勞有功將士。上又曰：「使人人如此立功，將來凱還，王爵亦所不吝。」金人犯瓜洲渡，中軍統制官劉汜用尅敵弓射卻之。辛未，知樞密院事葉義問在鎮江，得知建康府張燾公狀，言金人侵犯采石爲渡江之計，其勢甚危，乞日下火急發來前，保守江渡。義問乘大舟，以二校執器械，立馬門左右，見者無不笑。義問至鎮江，聞瓜洲官軍與金人相持，已遑遽失措。行府有統制官輔逵、米忠信數人，或問金人近在江北，何以卻之。逵曰：「國家勢弱，無法可以卻敵。」聞者皆掩鼻。時江水低淺，沙洲皆露。義問役民夫掘沙爲溝，可深尺許，沿溝栽木枝爲鹿角數重，曰：「金人若渡江，姑以此障之。」鄉民執役且笑曰：「樞密肉食者，其識見乃不逮我輩食糠秕人。」一夜潮生，沙溝悉平，木枝皆流去矣。」會建康告急，義問乃遵逵而進。壬申，新知潭州張浚改判建康府兼行宮留守。知建康府張燾赴行在。鎮江府中軍統制劉汜及金人戰於瓜洲鎮，敗績。時金人以重兵直擣瓜洲，權都統制李横引諸軍迎敵，葉義問督鎮江駐劄後軍渡江，衆皆以爲不可，義問强之，未着北岸，義問懼怯之狀見於顔色，即向西去，曰欲往建康府催諸軍起發耳。市人皆媟罵之。汜性驕傲不習軍事，至是卒敗。癸酉，淮寧人陳亨祖執金人所命同知陳州完顔耶魯〔六五〕，以其城來歸。事聞，命亨祖知淮寧府。是日，趙樽去蔡州，以援成閔。於是金人所命刺史蕭德懋復入城據之。甲戌，葉義問至建康。夜，被命罷王權赴行在，以李顯忠代之。督府詐以檄召權來府議事，命中書舍人參謀軍事虞允文往蕪湖〔六六〕，趣顯忠交權軍，且犒師采石。蓋權軍采石未散也。時知建康府張燾至府纔十餘日，夜漏下二鼓，燾方就寢，允文扣門求見甚急，曰：「此何等時，而公欲安寢乎？」燾曰：「日來人情洶洶，視太守動息而去留，儻不鎮之以静，必不安。雖然，舍人何以見教？」允文曰：「聞諜者言，虜以明日渡江〔六七〕，約晨炊玉麟堂，公何以爲策？」曰：「燾當以死守留鑰，皇恤其他。舍人平日以名節自任，正當建奇功以安社稷。」允文曰：「此允文之素志，特決公一言耳。」乙亥，金主亮臨江築壇刑白黑馬各一以祭天，期用翌日南渡。丙子，中書舍人虞允文督舟師拒金主亮於東采石，卻之。允文未至采石十餘里，聞鼓聲震野。允文見官軍十十五五坐路旁者，問之，衆曰：「王節使在淮西，聲金不聲鼓，我曹皆騎馬，節使命棄馬過江，今已無馬，我曹不解步戰。」從者皆勸允文還建康，曰：「事勢如此，皆爲他人壞之。且督府但委公犒師耳，非委督戰也。奈何代人任責。」允文不聽，策馬至采石，趨水濱，望江北虜營不見其後，而權餘兵纔萬八千人〔六八〕、馬數百而已。金主亮登高臺、張黄蓋、被金甲，據胡床而坐，諸將已爲遁計〔六九〕。允文召其統制張振、王琪、時俊、戴皐、盛新等與語，問之曰：「虜萬一得濟，汝輩走以何之？今前控大江，地利在我，孰若死中求生。且朝廷養汝輩三十年，顧不能一戰報國。」衆曰：「豈不欲戰，誰主張者。」允文曰：「汝輩止坐王權之謬至此，今朝廷已別選將將此軍矣。」衆愕立曰：「誰也？」允文曰：「李顯忠。」衆皆曰：「得人矣。」允文曰：「今顯忠未至而虜以來日過江，我當身先進死，與諸君戮力決一戰。且朝廷出内帑金帛九百萬緡，給節度〔七〇〕、承宣、觀察使告身〔七一〕，皆在此，有功即發帑賞之，書告授之。」衆皆曰：「今既有所主，請爲舍人一戰。」允文即與俊等謀整步騎陣於江岸，而以海鰍及戰船載兵駐中流擊之。時水軍將蔡某、韓某二人各有戰艦一艘，皆唯唯不動。乃急命當塗民兵登海鰍船踏車，軍人説諭民兵曰：「此是必死之地，若齊心求生，萬一有得歸之理。」民兵皆然之，布陣始畢，風色作，金主亮自執小紅旗麾舟，自楊林口尾尾相銜而出。亮所用舟皆撤和州民居屋板以造，及掠江濱渡舟，舟中之指可掬。虜始謂采石無兵，且諸將盡伏山崦，未之覺也。一見大驚，欲退不可。虜舟將及岸，官軍小卻。允文往來行間，顧見時俊，撫其背曰：「汝膽略聞四方，今可作氣否？若立陣後，則兒女子耳。」俊回顧曰：「舍人在此。」即手揮雙長刀出陣待虜。風色忽止，官軍以海鰍船衝虜舟，舟分爲二，官軍呼曰：「王師勝矣。」遂併擊虜人。虜人所用舟底闊如箱，極不穩，且不諳江道，皆不能動。其能施弓箭者，每舟十數人而已。遂盡死於江中。有一舟漂流至薛家灣。薛家灣者，采石之下數里，有王琪軍在焉，以勁弓齊射，舟不得着岸，舟中之人往往綴屍於板而死。是役也，二戰艦終不出。允文追二將各鞭之百。虜人士不死於江者，亮盡敲殺之，怒其舟不能出江也。初，亮問頃年梁王何以得渡江。或答曰：「梁王自馬家渡過江，江之南雖有兵，望見我軍即奔走，船既着岸，已無一人一騎。」亮曰：「吾渡江亦猶是矣。」及楊林口出舟，當塗之民在采石上下登山以觀者十數里不斷。亮望之曰：「吾放舟出江，而山上人皆不動，何也？」方虜舟未退，會淮西潰卒三百人自蔣州轉江而至，允文授以旗鼓，使爲疑兵。虜既敗去，允文即具捷以聞，且椎牛酒以勞軍。夜半復布陣待虜。琪，德子，新，亳州人。張俊下亳州，新挈家來歸，俊奏授正使兼閤職，漸陞爲正將，隸中軍。至是，爲水軍統制（張振，河内人，已見紹興十五年二月）。是日，金州統制官任天爵取商、洛、豐陽諸縣。丁丑旦，虞允文、盛新引舟師直楊林河口，戒曰：「若虜船自河出，即齊力射之，必與争死，毋令一舟得出。如河口無虜船，則以尅敵神臂弓射北岸。」新即駐舟江心，齊力射，虜騎望見，舟師遽卻，其上岸者悉陷泥中斃。官軍復於上流以火焚其餘舟。允文再具捷奏，且言：「虜軍鼎來，臣不當便引去，且留此與統制官同謀戰守，須俟一大將至乃敢還建康，望陛下特寬憂顧。」金主亮既不得濟，乃口占詔書，命參知政事李通書之，以招王權，曰：「朕提兵南渡，汝昨望風不敢相敵，已見汝具嚴天威。朕今至江上，見南岸兵亦不多，但朕所創舟與南岸大小不侔，兼汝舟師進退有度，朕甚賞愛。若盡陪臣之禮，舉軍來降，高爵厚禄，朕所不吝。若執迷不返，朕今往瓜洲渡江，必不汝赦。」遣瓜洲所掠鎮江軍校尉張千挐舟持書至軍前，將士皆變色，允文亟曰：「此反間也，欲携我衆耳。」時新除都統制李顯忠適自蕪湖至，謂允文曰：「雖如此，亦當以朝廷已罷王權之事答之，庶絶其冀望。」允文以爲然，遂作檄曰：「昨王權望風退舍，使汝鴟張至此。朝廷已將權重置典憲，今統兵乃李世輔也。汝豈不知其名，若往瓜洲渡江，我固有以相待，無虛言見怵，但備一戰以决雌雄可也。」遣所獲女真二人齎往。亮得書大怒，遂焚宮人所乘龍鳳車，斬劉漢臣及造舟者二人。於是始有瓜洲之議。庚辰，醴泉觀使湯思退爲行宮留守。是日，金主亮以大軍趨淮東。癸未，四川宣撫使吴璘自仙人原還興州。初，金主亮既往淮東，中書舍人虞允文謂建康都統制李顯忠曰：「京口無備，我今欲往，公能分兵見助否？」顯忠曰：「惟命。」即分主管侍衛步軍司公事李捧軍一萬六千人及戈船來會京口。允文至建康，留守張燾謂曰：「亮約八日來此會食，使燾安往？」衆議可以往鎮江者，皆有難色。燾曰：「虞舍人已立大功，可任此責。」允文欣然從之，至鎮江，謁招討使劉錡問疾。錡執允文手曰：「疾何必問，朝廷養兵三十年，我輩一技不施，今日大功乃出於一儒者，我輩愧死矣。」甲申，金主亮至瓜州。乙酉，鎮江府駐劄御前中軍統制劉汜特貸命，除名，英州編管。王權及汜既敗軍，乃先罷權爲在外宮觀。及吴芾奏權罪，請正典刑，上怒甚，將按誅權以厲諸將。同知樞密院事黄祖舜密言於上曰：「權罪當誅。然權誅則汜不當貸。若貸汜而誅權，是謂罪同罰異。顧劉錡有大功，今聞其病已殆，汜誅，錡必愧忿以死，是國家一敗而自殺三大將，得毋爲虜所快乎。」〔七三〕上納其言，二人得不死。江州都統制戚方言：「本軍統制官李貴及忠義孟俊取順昌府。知均州武鉅奏已復盧氏縣。」丙戌，權禮部侍郎黄中言：「本朝倣唐之制，創爲九廟。今日宗廟自僖、宣二祖以及祖宗凡九世，而十一室，望遵已行典故，遷翼祖神主，而祔欽宗。」詔恭依。丁亥，太尉劉錡提舉萬壽觀，以疾自請也。戊子，四川宣撫使吴璘復力疾上仙人原。有客詣葉義問上書云：「以太一局考之，虜酋不煩資斧〔七三〕，當以冬至前有蕭墻之變。」閫府皆未以爲然。己丑，膠西捷奏至。上大喜，即日召所遣承節郎曹洋對於内殿，曰：「朕獨用李寶，果立功爲天下倡矣。」即賜詔書獎諭，命幹辦御藥院賈竑押賜金合茶藥金酒器數十事，且書「忠勇李寶」四字表其旗幟。清遠軍節度使王權特貸命，追毁出身以來文字，除名勒停，瓊州編管。庚寅，金主亮在瓜洲鎮，御營宿衛使楊存中、中書舍人督視府參謀軍事虞允文以賊騎瞰江，恐車船臨期不堪駕用，乃與淮東總領朱夏卿、鎮江守臣趙公稱相與臨江按試，命戰士踏車船徑趨瓜洲，將迫岸復回。虜兵皆持滿以待，其船中流上下三周金山，回轉如飛，虜衆駭愕，亟遣人報亮。亮至見之笑曰：「此紙船耳。」因列坐諸酋，一酋前跪曰：「南軍有備，未可輕。且采石渡方此甚狹，而我軍猶不利，願駐於楊州力農訓兵，徐圖進取。」亮震怒，拔劍數其罪命斬之，哀謝良久，乃杖半百而釋之。辛卯，吏部員外郎曾注上言〔七四〕，乞信賞必罰。上謂大臣曰：「賞罰，人主之大權。昨王權臨陣退衄，朕已遠竄。今三大帥招討、制置之命，宜批旨便除，以示懲勸。」上有言蓋指成閔、吴拱、李顯忠也。甲午，金人分兵犯泰州。初，金主亮在瓜洲，聞李寶由海道入膠西，焚其戰艦，而成閔諸軍方順流而下，亮愈怒，乃還揚州召諸酋約三日畢濟〔七五〕，過期盡殺之。諸酋謀曰：「南軍有備如此，進有淹殺之禍，退有敲殺之憂，奈何？」其中一酋曰：「等死，死中求生，可乎？」衆皆曰：「願聞教。」有總管萬戴者曰〔七六〕：「殺郎主，卻與南宋通和，歸鄉則生矣。」衆口一詞曰：「諾。」平旦，諸將大懷忠、蕭遮巴詣御寨奏事〔七七〕，亮醉卧未起，懷忠問宿直將軍樂家奴曰〔七八〕：「郎主夜來有何聖旨？」家奴曰：「昨夕與后妃飲，言三日渡江不得，將大臣盡行處斬。」諸酋聞之益懼。亮有紫茸等細軍不肯臨敵，專以自衛，衆患之。遮巴曰：「晚朝奏遣細軍東取海陵，仍請樂將軍諭以禍福，則可濟矣。」乃謂細軍曰：「淮東子女金帛皆逃在泰州，我輩急渡江，汝輩何不白郎主往取之。」細軍欣然共請，亮許之，於是細軍去者過半。亮妹婿唐括安禮能文知兵，掌黃頭女真，亮聞新主褒立，遣安禮以本部兵歸，故諸將益無所憚。乙未，金人弑其主亮於龜山寺。諸酋既定議，夜漏未盡二鼓，率兵萬餘人，控弦直入亮寢帳。閽曰：「何爲者？」曰：「欲奏事。」將軍樂家奴入告以南人劫寨，亮驚起，求劍甲不得，左右親兵皆散走，諸酋射帳中，矢下如雨，遂連射殪亮並及其帳中妃五人。參知政事李通、兵部尚書郭安國、左補闕馬欽皆死〔七九〕。亮在位十二年，年四十。金人陷泰州。是日，天重陰。有樞密行府使臣胡斌者，能知天文，謂樞密院檢詳洪邁曰：「昨夕四鼓，濃雲塞空，欲雪，而東北忽穿漏，一大星墜。蓋虜主死祥也。」〔八〇〕未幾，虢州簽軍雷政渡江報亮已被殺。

大事記曰：二十八年，虜將叛盟。孫道夫既言之，杜莘老又言之，而朝廷不之信。二十九年，黄中使回，言虜已治汴京，而二相猶詰之，以爲妄。虜已定寇江之計，王綸使還，妄言和好無他，而湯思退遽爾稱賀，秦檜之餘孽遺毒可勝道哉。惟黄中以爲：「廟廷與虜通好〔八一〕，我未嘗一日言戰，彼未嘗一日忘戰。」惟陳康伯以爲：「今日之事，有進無退。」故三十一年九月，逆亮入寇，百官盡爲避狄之計，惟康伯與黄中家屬在城中而已。二公既决親征之議，於是虜酋合喜至渭河〔八二〕，吴璘敗之。屬將劉諤犯襄陽，劉珙敗之。史俊敗之於茨湖。李顯忠敗之於全椒。李寶敗之於膠西，引舟師至石臼島，而錦纈帆爲之一燼。劉錡敗之於皂角林，至瓜洲渡，四日無日不戰，而虜師不得濟〔八三〕。惟劉汜〔八四〕、李横不利，王權逗遛不進，葉義問督視無功，亮得以至采石。而虞允文海鰍船一出，敗之於楊家渡。亮又趨瓜洲，允文踏車船一出，回轉如飛，虜退揚州而自倒戈矣〔八五〕。以講和之久，兵將驕怠者二十年，意其氣必衰，心必怯矣。今也，兵無不戰，戰無不勝，檜之邪説雖熾，而張、趙、韓、岳屢勝之威猶在也。韓常於紹興之初已曰：「昔我强彼弱，今彼勇我怯，然彼以力論爾，要之中原非腥羶之可污，正統非醜類之可干。佛貍飲江而死，苻堅渡淮而滅，耶律德光入晉而亡。女真雖横，而婁宿死於兵〔八六〕，粘罕死於讒〔八七〕，達懶、兀室、撒離曷之徒相繼誅夷〔八八〕，亶方被弑，亮又送死，而阿骨打之子孫殆盡〔八九〕，是人不能報中國之讎，而天能報之也。

龜鑑曰：考之太乙局，而謂有虜酋不煩資斧之讖〔九〇〕。驗之濃雲星墜，而謂有虜亡之祥。吁，此固上天悔禍，符應如是，而舉國盡付之天，則未爲至論也。我高宗有曰：「治亂安危，固有天命，亦必修人事以應之。若修人事不至而專聽天命，固無是理。」大哉王言，其知以人事而應天理者乎。且帝自即位以來，天之告符者數數矣，歲星當躔，興宋有兆，則先講禦戎自治之策。金星犯畢，趙地有之，則令諸將謹守邊之戒。敬觀「朕當兢業以祈天弭禍」之言，「當修人事以答天意」之語，則高宗未嘗不以人而應天也。今茲勝捷，雖曰天數，蓋亦人謀。使無江淮諸將相勉忠義，風鶴草木能自爲晉戰乎。

戊戌，金國都督府遣人持檄來鎮江軍中議和。

十二月己亥朔，侍衛馬軍司中軍統制趙樽復蔡州。庚子，黄旗奏報已殺虜酋完顏亮訖〔九一〕，朝野相賀。上曰：「此酋簒君弑母〔九二〕，背盟興戎，自采石與海道敗後，知本國已爲人所據，乃欲力決一戰。今遽滅亡，是天賜朕也。朕當擇日進臨大江，洒掃陵寢，肅清京都。但戒諸將無殺掠，此朕志也。」初，虜騎闞江〔九三〕，朝臣震怖，争遣家逃匿，權禮部侍郎黄中獨謂其家人曰：「天子六宫在是，吾爲侍臣，若等欲安適耶？」虜兵退，獨中與左僕射陳康伯家屬在城中，衆皆慚服。時楊存中與虞允文共議，偕至江北岸，以察虜情。諸將憚行，允文、存中獨以輕舟絶江而北。上嘗謂康伯及留守湯思退曰：「楊存中忠無與二，朕之郭子儀也。」金人以舟師犯茨湖〔九四〕，官軍擊卻之。辛丑，總領四川財賦王之望言：「吳璘疾病，乞還吳拱於蜀，使璘腹心有助。」之望恐璘不起，朝廷以姚仲代璘，故預有此請。凡五遺大臣書言之。是日，金國統軍劉萼班師，細軍之在泰州者亦棄城而去。癸卯，詔：「逆亮渝盟，侵犯王略，屬茲進發，躬往視師。文武群臣，各揚厥職，輯寧中外，共濟大功。」甲辰，進呈金國都督府牒。上曰：「大酋既已誅夷〔九五〕，餘皆南北之民，驅迫而來，彼復何罪。今即日襲逐，固可使隻輪不返，然多殺何爲。」左僕射陳康伯請率百僚稱賀，上曰：「未須爾。俟到汴京，與群臣共慶。」中書舍人兼權直學士院虞允文自鎮江還，入見，上慰藉甚渥。司農少卿杜莘老知遂寧府，從所請也。莘老爲御史，極言無隱，取衆素所指目如王繼先、張去爲輩悉擊去之。及罷，朝士祖道都門，以詩文稱述者百餘人。都人至今以爲美談。雖宿衛武夫、府寺賤隸，誦説前朝骨鯁敢言之臣，必曰杜殿院云。是日，均州忠義統領昝朝等復據鄧州。乙丑，淮西制置使李顯忠自茨湖引兵渡江。時金虜尚屯雞籠山，而顯忠兵在沙上，判建康府張浚自長沙聞命即日登塗，過池陽往勞，以建康激賞犒之，一軍見浚，以爲從天而下。浚諭顯忠曰：「聖駕將巡幸至此，而賊未退〔九六〕，得無慮乎。」顯忠乃以大軍濟江，去和州三十里與之相持，然賊亦未退。金人游騎焚真州報恩寺塔，徑往天長。丙午，淮東制置司統制官王選等復楚州。丁未，吳拱遣訓練官牛宏、王彥忠等入汝州。均州鄉兵總轄杜隱等入河南府。戊申，上發臨安府。庚戌，上次秀州，守臣俞召虎、知嘉興縣杜易見於幄殿。自是所過監司、守令皆引對。是日，金人大軍自盱眙渡淮盡絕。癸丑，鄂州水軍統制楊欽以舟師追金人至洪澤鎮，敗之。夜，鎮江府統制官吳超遣部將段溫等追金人，至淮陰縣，又敗之，獲其舟船糧食甚衆。是夜，淮東制置司統制官劉鋭、陳敏等引兵入泗州。甲寅，李顯忠與金人戰於楊林渡，卻之。翊日，虜乃去。乙卯，金人破汝州，殺戮殆盡。丁巳，淮東制置使李顯忠遣統制官張榮逐虜至全椒縣，敗之，得虜所獲老弱萬餘口。日暮，顯忠入和州。是日，判建康府張浚始至本府視事。浚首奏乞車駕早幸建康，聞已進發，乃督官屬治具，不半月而辦。戊午，上至鎮江府，未就舍，先乘馬幸江下觀戈船。浙西沿海制置使李寶從上行，因陳俘獲與所得百尺舟。上獎諭甚至，因嘆曰：「始朕用寶，謗書滿篋，至謂必復從僞，今竟如何。」壬戌，曲赦新復州軍。先是，宰執進呈赦書事目，上曰：「向已下哀痛之詔，今日恩宥，不必更揚完顏亮過惡，但專罪己而已。」起居舍人、權直學士院劉珙草制，略曰：「茲逆虜之干誅[九七]，幸上天之悔禍。爰整濯征之旅，坐揚耆定之功。元惡就屠，餘黨悉潰。重念中原之衆，久淪左衽之風。頭顱難保於淫刑，閭里悉空於重斂。宜推在宥，咸與惟新。」自江上用兵，珙獨在禁林，一時詔檄，多出其手，詞氣激烈，讀者感厲。癸亥，張浚言：「金賊已退〔九八〕，兩淮皆定。」初金岐王亮既爲其下所殺，參知政事敬嗣暉欲立其太子光瑛於南京，左丞相張浩不可，乃併亮后徒單氏殺之。亮所遣先鋒將郭瑞孫至滑州，聞變，留不進。金主褎知亮已死，乃與其子允升、允迪擁萬騎趨中都。

校證

〔一〕虜　原作「敵」，再造本闕文，據文海本回改。

〔二〕專欄　文海本同，再造本闕文，繫年要録卷一八四作「專攔」，「專攔」是宋代攔截商旅征收商税的胥吏，似作「專攔」是。

〔三〕軍容班　文海本、繫年要録卷一八四同，再造本闕文，疑當作「鈞容班」，「鈞容直」，乃宋代軍樂隊。

〔四〕僥倖　原作「僥僥」，據再造本、繫年要録卷一八四校改。

〔五〕虜　此「虜」與本月下文計十一「虜」字，原均作「敵」，據再造本、文海本回改。

〔六〕兩處　李校改「兩處」爲「要處」，謂：原作「兩處」，據（繫年）要録卷一八五改。汪按：再造本、文海本均作「兩處」。校改證據不足，暫不從，待考。

〔七〕張俊　原作「張浚」，文海本同，再造本字難辨。此處所言皆武將，張浚是文臣，不當列入，而張俊則是武將。今據繫年要録卷一八五注引何俌龜鑑校改。
〔八〕李顯忠　原作「李冠忠」，文海本同，據再造本、繫年要録卷一八五注引龜鑑校改。
〔九〕丙寅　李校：二字原闕，據（繫年）要録卷一八五補。今從李校。
〔一〇〕諸路轉運司　原作「諸處布案司」，文海本同。宋無布案司，據再造本、繫年要録卷一八五校改。
〔一一〕胡堅常　「胡」原作「湖」，據再造本、文海本、繫年要録卷一八五校改。
〔一二〕虜　原作「敵」，據再造本、文海本回改。
〔一三〕虜　原作「敵」，據再造本、文海本回改。
〔一四〕輿情　原作「輿清」，據再造本、文海本、繫年要録卷一八六校改。
〔一五〕噲伍　原作「儈伍」，據再造本、文海本、繫年要録卷一八六、王十朋梅溪集奏議卷一輪對劄子三首校改。
〔一六〕查籥　原作「王籥」，再造本、文海本作「至籥」，據繫年要録、卷一八六、宋史卷三八七王十朋傳、卷三八八李浩傳、卷四五九隱逸胡憲傳校改。
〔一七〕虜　原作「北」，據再造本、文海本回改。
〔一八〕使　原作「便」，據再造本、文海本、繫年要録卷一八六、朱熹晦庵集卷九七劉珙行狀等校改。

〔一九〕汪澈　原作「江澈」，文海本同，據本書前後文及再造本、繫年要録卷一八六、熊克中興小紀卷三九校改。

〔二〇〕軍丁不許取近　再造本、文海本均作「軍下不許收勍」。

〔二一〕張浚　原作「張俊」，文海本字難辨，據再造本、繫年要録卷一八七注引宋史全文「史臣曰」校改。

〔二二〕王淮　原作「王進」，文海本同，據再造本、繫年要録卷一八七校改。

〔二三〕屯田　原作「逆田」，文海本同，據再造本、繫年要録卷一八七校改。

〔二四〕虜　原作「敵」，據再造本、文海本回改。

〔二五〕宮僚　原作「官僚」，據再造本、文海本、繫年要録卷一八八校改。又「常」，再造本、繫年要録作「嘗」，宋代「常」、「嘗」混用，此處似作「嘗」更佳。

〔二六〕三分　李校：原作「主分」，據（繫年）要録卷一八八改。汪按：再造本、文海本均作「主分」，然作「主分」不通，作「三分」較合文義。徐松宋會要輯稿選舉四之三四作「三分」，可爲校改佐證。

〔二七〕户禮部　李校：原作「禮部部」，據（繫年）要録卷一八八改。汪按：再造本、文海本均作「禮部部」。作「禮部部」不文，今從李校。

〔二八〕願　原作「須」，再造本、文海本同。作「須」不通，繫年要録卷一八九作「願」，據校改。

〔二九〕李校：「行商坐賈者」，此下錯簡，原接「用故事遣中使黄述賜扇帕於洪澤鎮」，此據繫年要録卷一八九改回。汪按：再造本、文海本均不錯簡，應據校改。

〔三〇〕襄陽　原作「荆陽」，再造本、文海本同，據上下文及繫年要録卷一八九校改。

〔三一〕猾虜　原作「金人」，據再造本、文海本回改。

〔三二〕更不尚　再造本、文海本、繫年要録卷一九〇、員興宗九華集卷二五紹興采石大戰始末均同，宋史卷三八三虞允文傳、卷三八四陳康伯傳、徐夢莘三朝北盟會編卷二四二均作「更不問」。後者似是。

〔三三〕虜　此「虜」與本月下文二「虜」字，原均作「敵」，並據再造本、文海本回改。

〔三四〕仇虜　原作「金人」，據再造本、文海本回改。

〔三五〕穹廬　原作「窮廬」，據再造本、文海本、繫年要録卷一九〇校改。

〔三六〕虜　此「虜」與本月下文三「虜」字，原均作「敵」，並據再造本、文海本回改。

〔三七〕弓弩手　「手」原作「守」，文海本同。據繫年要録卷一九〇、李幼武宋名臣言行録别集上卷一二李寶、包恢敝帚稿略卷一防海寇申省狀校改。

〔三八〕虜　原作「彼」，下文「虜情」之「虜」原作「敵」，並據再造本、文海本回改。

〔三九〕癸酉　原作「丁酉」，文海本同，不合時序，據再造本、繫年要録卷一九一校改。

〔四〇〕京削　原作「京剡」，據再造本、文海本校改。繫年要録卷一九一作「京職」，似誤。
〔四一〕虜　此「虜」原作「敵」，下文二「虜」字原作「金」，並據再造本、文海本回改。
〔四二〕莘老　「莘」原作「華」，據再造本、文海本、繫年要録卷一九二校改。
〔四三〕海舟　原作「海河」，再造本、文海本同，據繫年要録卷一九二、宋史卷四七〇佞幸王繼先傳校改。
〔四四〕赤盞彥忠　原作「持嘉彥忠」，據再造本、文海本回改。
〔四五〕忠義軍馬　原作「忠州軍馬」，再造本、文海本均同。據繫年要録卷一九二、卷一九九、宋史卷三六八魏勝傳校改。
〔四六〕虜　此「虜」及下文二「虜」字，原均作「敵」，並據再造本、文海本回改。
〔四七〕築　原作「策」，文海本同。據再造本、繫年要録卷一九二校改。
〔四八〕橋頭寨　「橋」原作「撟」，據再造本、文海本、繫年要録卷一九二、宋史卷三二高宗紀及本書下文校改。
〔四九〕虜　此「虜」原作「敵」，下文「金虜」之「虜」原作「人」，並據再造本、文海本回改。
〔五〇〕粘安阿述虎　原作「聶赫與安春」，據再造本、文海本回改。
〔五一〕戎虜　原作「彊敵」，據再造本、文海本回改。
〔五二〕虜　原作「寇」，據再造本、文海本回改。

〔五三〕前茅　再造本、文海本同，繫年要録卷一九三、三朝北盟會編卷二三二均作「剪茅」。

〔五四〕虜　此「虜」及本月下文計三十三「虜」字，除「此虜界」、「虜人所命令佐」、「虜人窺伺江淮」三「虜」字原作「金」，又「金虜無故敗盟」之「虜」原作「人」外，其餘原均作「敵」，並據再造本、文海本回改。

〔五五〕六百六十餘萬緡　「十」原作「千」，再造本、文海本同，「六百六千」不文，據繫年要録卷一九三、朝野雜記甲集卷一七國初至紹熙中都吏禄兵廩等校改。

〔五六〕支百二萬　再造本、文海本、繫年要録卷一九三均同，然朝野雜記甲集卷一七國初至紹熙中都吏禄兵廩、章如愚群書考索後集卷六三會計録續集卷四六東南歲入均作：「宣和間，崇侈無度，然月支一百二十萬」。

〔五七〕濡須　原作「濡需」，再造本、文海本同，據繫年要録卷一九三、三朝北盟會編卷二四二校改。「濡須」自古是戰略要地，多見記載。如宋史卷三八六金安節傳：「廬之合肥、和之濡須，皆昔人控扼孔道。」

〔五八〕蕭琦　原作「蕭騎」，文海本同，據本書前後文及再造本、繫年要録卷一九三校改。

〔五九〕敵　「敵」字原脱，據再造本、繫年要録卷一九三補。

〔六〇〕王傳　「傳」字再造本、文海本均不規範，難辨是「傳」是「傅」。「王傳（傅）」在繫年要録多次出現，作「傳」作「傅」不一，三朝北盟會編卷二三八作「王傅」。

〔六一〕兔園樞密　再造本、文海本、繫年要録卷一九三均作「土園樞密」。

〔六二〕阿瓦　原作「阿爾威」，據再造本、文海本回改。下文「阿瓦」同。

〔六三〕黄瑞　再造本、文海本、宋名臣言行録別集上卷一二李寶同，繫年要録卷一九三、中興小紀卷四〇、劉時舉續宋編年資治通鑑卷七、文獻通考卷一五八兵考均作「黄端」。

〔六四〕完顔鄭家奴　「家」原作「蒙」，文海本字難辨，據本書前文及再造本、宋史卷三二高宗紀卷三七〇李寶傳校改。

〔六五〕所命　李校：原作「所因」，據繫年要録卷一九四改。汪按：再造本闕頁，文海本亦作「所因」。作「所因」不文，作「所命」義可通，今從李校。

〔六六〕參謀　李校：原作「參講」，據繫年要録卷一九四改。汪按：再造本闕頁，文海本亦作「參講」。本書前文三次言及虞允文官銜爲都督府參謀軍事，作「參謀」是，今從之。

〔六七〕虜　此「虜」及下文四「虜」字，原均作「敵」，並據文海本回改（再造本闕頁）。

〔六八〕權餘兵　原作「擁餘兵」，文海本字難辨，再造本闕頁，據繫年要録卷一九四、群書考索別集卷二三邊防校改。

〔六九〕遁計　李校：原作「道計」，據繫年要録卷一九四改。汪按：再造本闕頁，文海本字模糊。然群書考索別集卷二三邊防門、楊萬里誠齋集卷一二〇虞允文神道碑亦均作「遁計」，可爲佐證。

〔七〇〕節度　原作「節使」，再造本、文海本同，據上下文及繫年要録卷一九四、群書考索别集卷二三邊防校改。

〔七一〕此下至允文亟曰一句，原竄入卷二一四下的文字，原文闕，致内容不完整，文字上下不銜接，再造本、文海本同，現删去卷二一四下竄入文字，並據繫年要録卷一九四補所闕，雖不一定與原文全合，但可使内容完整，文字相銜接。爲了與前後文統一，所補文内「敵」、「金」，除「金主」外，依例以「虜」易之。

〔七二〕虜　此「虜」與下文「虜衆駭愕」之「虜」，原均作「敵」，並據再造本、文海本回改。

〔七三〕虜酋　原作「敵人」，據再造本、文海本回改。

〔七四〕曾注　李校：疑當作「曾汪」。永樂大典卷六六五引南雄府志、萬曆福州府志卷十六載其知南雄州、知福州均作「曾汪」。汪按：再造本、文海本、繫年要録卷一九四均作「曾注」。

〔七五〕酋　此「酋」及下文五「酋」字，原均作「將」，並據再造本、文海本回改。

〔七六〕萬戴　原作「方戴」，再造本、繫年要録卷一九四均作「萬戴」，文海本作「万戴」，據校改。

〔七七〕蕭遮巴　原作「蕭扎巴」，據再造本、文海本回改。下文「遮巴」同理。

〔七八〕樂家奴　原作「樂嘉努」，據再造本、文海本回改。下文「樂家奴」、「家奴」同理。

〔七九〕左補闕　「補」原作「輔」，再造本、文海本同，據繫年要録卷一九四、金史卷六世宗紀卷一二九酷吏馬欽傳校改。

〔八〇〕虜　此「虜」原作「金」，以下四「虜」字原作「敵」，並據再造本、文海本回改。
〔八一〕廟廷　文海本同，再造本、繫年要録卷一九四注引呂中大事記作「朝廷」。
〔八二〕虜酋合喜　原作「金將喀齊喀」，據再造本、文海本回改。
〔八三〕虜　此「虜」與史論下文二「虜」字，原均作「敵」，據再造本、文海本回改。
〔八四〕劉汜　原作「劉錡」，文海本同，再造本字殘難辨，前文言劉錡敗敵於皂角林，此不當言惟劉錡不利，據前後文及繫年要録卷一九四注引大事記校改。
〔八五〕倒戈　原作「倒伐」，文海本同，據再造本、繫年要録卷一九四注引大事記校改。
〔八六〕婁宿　原作「羅索」，據再造本、文海本回改。
〔八七〕粘罕　原作「尼堪」，據再造本、文海本回改。
〔八八〕達懶兀室撒離曷之徒　「達懶」原作「達蘭」，「兀室」原作「烏實」、「撒離曷」原作「薩拉噶」，並據再造本、文海本回改。
〔八九〕阿骨打　原作「阿固達」，據再造本、文海本回改。
〔九〇〕虜酋　原作「敵人」，據再造本、文海本回改。
〔九一〕虜酋　原作「金帥」，據再造本、文海本回改。
〔九二〕酋　原作「敵」，據再造本、文海本回改。
〔九三〕虜　此「虜」與下文六「虜」字，除「虜兵退」之「虜」原作「北」，「金虜尚屯雞籠山」之「虜」原作

「兵」外，原均作「敵」，並據再造本、文海本回改。

〔九四〕犯茨湖　「犯」原作「氾」，再造本、文海本同，據繫年要録卷一九五校改。

〔九五〕大酋　原作「金帥」，據再造本、文海本回改。

〔九六〕賊　原作「敵」，據再造本、文海本回改。

〔九七〕逆虜　原作「金帥」，據再造本、文海本回改。

〔九八〕金賊　原作「金兵」，據再造本、文海本回改。

宋史全文卷二十三下

宋高宗十九

壬午紹興三十二年春正月戊辰朔，日有食之。上在鎮江。己巳，金人犯壽春府。壬申，上至建康府，判府事張浚迎謁道左，衛士見浚復用，至以手加額。浚見上，謝曰：「秦檜盛時，非陛下保全，無此身矣。」上慘然曰：「檜爲人既忌且妬。」浚起於廢紬二十年之後，復當重寄，風采隱然，軍民恃以爲重焉。戊寅，張浚入對，上問勞甚渥。己卯，詔侍從、臺諫各舉可爲監司者一員、郡守二員，有不稱職，當坐繆舉之罰。庚辰，言者論：「監司不按吏，望令郡守每半歲各疏屬縣知縣治狀之得失，具申監司，監司覆實，並與屬郡太守治狀以聞。仍下御史臺考核，有不如言，論奏殿罰。庶幾郡邑勉勵，而監司之職不至曠廢。」從之。詔：「郡守年七十之人，令吏部並與自陳宮觀，著爲令。」壬午，金人寇蔡州，侍衛馬軍司統制趙樽率諸軍巷戰，金人敗乃去。丁亥，給事中金安節等言：「准尚書省備到白劄子，奉聖旨，令臣等同議聞奏事。臣切惟建康江山險固，從昔以爲帝王之都。蓋以南控楚越，西連巴蜀，北接中原，最爲形勝，實東南之要會也。今將圖回經略，指揮號令，固宜駐蹕於此。中原之地，久污腥羶〔一〕，民思拯援，如在焚溺。比聞大駕進臨江表，方徯來蘇。至於淮壖瘡痍之人，甫遂歸業，亦賴聲勢，以幸安堵。一旦聞戎輅還軫，恐乖始望。」先是，殿中侍御史吴芾言：「大駕宜留建康，以繫中原之望。」會有陳駐蹕利害者，宰相陳康伯不能決，上命侍從、臺諫同赴都堂集議。芾謂：「建康可以控帶襄漢，經理淮甸，若還臨安，則西北之勢不能相接。」衆不從，遂定回鑾之議。戊子，詔曰：「比者視師江上，虜騎遁去〔二〕，兩淮無警，已委重臣統護諸將，一面經畫進討。今暫還臨安，重惟建康形勢之勝，宜令有司增修百官吏舍、諸軍營寨，以備往來巡幸。可擇日進發。」

龜鑑曰：惜夫，視師之寄不屬之魏公，而屬之葉義問。使魏公亟趨而任其責，則觀其戰功，又豈止如是而已耶。魏公者兼資文武，出入將相幾三十年，武夫健將言者嘆息，兒童婦女知有都督，其德爲如何加之。許國之心白首不渝，杜門念咎，老而練事。今日之浚非前日之浚，建府迎謁，衛士懽呼，浚之措置經綸曾未設施，而局面又一變。成閔等領三衙，而招討散局矣。吴璘班師，而宣撫結局矣。金陵王者之宅席，我師之屢捷，爲駐蹕之弘規可也，未及一月，遽爾反旆，何耶？意者天道厭於西北，而黄旗紫蓋蓋應於東南郡〔三〕。否則聖心倦勤〔四〕，而恢復之義將有待於後人耶。邦畿千里，惟民所止。肇域彼四海，四海來假錢塘之形勢，此其地矣。噫，有田一成，有衆一旅，而祀夏配天，開拓若是，亦可以爲難矣。

給事中金安節等言：「當今之計，其大要有三：一曰進取，二曰招納，三曰備守。」金主褎遣高忠建張景仁來告登位，尚書左司員外郎洪邁充接伴使，知閤門事張掄副之。庚寅，宰執奏：「虜使二月渡淮。」〔五〕上曰：「今若拒之，則未測來意，有礙交好。受之則當遣接伴使副於境上，先與商量，願聞名稱以何爲正，疆土以何爲準，與夫朝見之儀，歲幣之數，所宜先定。不然，則不敢受也。」壬辰，洪邁、張掄入對，上謂宰執曰：「朕料此事終歸於和。卿等欲首議名分，而土地次之。蓋卿輩事朕，不得不如此言。在朕所見，當以土地人民爲上，若名分則非所先也。何者，若得復舊疆，則陵寢在其中，使兩國生靈不殘於兵革，此豈細事。」乙未，洪邁、張掄辭行。上顧掄曰：「洪皓三子，其才皆可用。」丙申，和義郡王楊存中爲江淮荆襄路宣撫使，中書舍人虞允文充副使。上將還臨安，軍務未有所付，張浚判建康府，衆望屬之，及除存中宣撫使，中外大失望。給事中金安節、起居舍人兼權中書舍人劉珙言：「比者金人渝盟，干犯王略，今陛下親御六飛，視師江滸，大明黜陟，號令一新。天下方注目以觀，傾耳以聽，凡所擢用，悉宜得人。存中已試之效，不待臣等具陳，頃以權勢太盛，人言藉藉，陛下曲示保全，俾解軍職。今復授以兹任，事權益隆，豈惟無以慰海宇之情，亦恐非所以保全存中也。儻聖意以允文資歷未深，未可專付，宜別擇重臣，以副盛舉。」疏入，上怒，謂輔臣曰：「珙之父爲張浚所知，其爲此奏，意專爲浚地耳。」宰相陳康伯、朱倬召珙諭上旨，且曰：「再繳累及張公。」珙曰：「珙爲國家計，故不暇爲張公計。若爲張公謀，則不爲是以累之矣。」命再下，珙執奏如初，乃止。於是允文改使川陝，存中措置兩淮而已。湖北京西宣諭使汪澈言已復光化、信陽軍。上流事勢稍定。

二月戊戌朔，中書舍人虞允文充川陝宣諭使，措置招軍買馬，且與吴璘相見議事。庚子，張浚、虞允文入對，時浚乞偕執政奏事，上不許，詔浚罷相後有合得特進恩數，皆還之。興州前軍同統領惠逢復河州。壬寅，金人犯汝州，守將王宣率親兵迎戰，天大雨，虜大敗遁去。癸卯，上發建康府。惠逢遣兵復積石軍。乙巳，夜，雷。丁未，太尉、威武軍節度使、提舉萬壽觀劉錡薨於臨安府。壬子，王宣自汝州班師。乙卯，上至臨安府，乘馬還大内。丙辰，金人犯蔡州，侍衛馬軍司統制趙樽擊卻之。辛酉，右正言劉度入對，言：「今者視師回鑾，願止取親臨行陣折馘執俘有軍功者方得推恩外，一切賞典所宜謹惜，以革僥倖之門。」翌日進呈，上曰：「朕嘗諭度，朕此行不濫與一人官爵，及濫減一年磨勘，卿等所共見也。」壬戌，雪。乙丑，御前中軍統制王宣敗金人於蔡州確山縣。於是，趙樽自信陽歸德安，而宣亦還屯襄陽府。丙寅，瘞欽宗重於招賢寺，立虞主，上親遣奠。執政議上宜服袍履，權禮部侍郎黄中言曰：「三年，天下之通喪，堯舜三代之所共也。後世以日易月，已有愧於古矣，然猶於二十七日釋服之後，因事則服之，庶幾反正。本朝典故，大葬啓攢必服其初服是也。若曰今十月而葬，不可復服，則真宗九月而葬，何爲亦服其初服乎？以故事考之，衰服爲當。」前二日，左僕射陳康伯等進呈，上覽奏曰：「朕爲人子，豈可使事兄之禮過於事父。」中至都堂，右僕射朱倬謂中曰：「徽考大行有故事矣。」中曰：「此前日之誤，今所當改，奈何復因之。」倬因謂：「上意實然，臣子務爲恭順可也。」中曰：「責難於君乃爲恭也？」金人復取蔡州。

閏二月癸酉，金人破河州。癸未，御前右軍統制楊從儀率諸將攻大散關，拔之。己丑，廣東轉運判官林孝澤獻助軍錢十五萬緡，湖南轉運判官黄績、何佾獻四萬緡。詔激賞庫收。辛卯，參知政事楊椿提舉在外宫觀。椿爲臺諫所擊，四上疏丐免，乃有是命。癸巳，樞密都承旨徐嘉充館伴大金國信使，權知閤門事孟思恭副之。先是，北使高忠建等將入境，責臣禮及新復諸郡。接伴使洪邁移書曰：「自古鄰邦往來並用敵禮，向者本朝皇帝上爲先帝、下爲生靈勉抑尊稱，以就和好。而岐國無故興師背盟，自取夷滅。竊聞大金新皇帝有仁厚愛民之心，本朝亟諭將帥止令收復外，不許追襲。乃蒙貴朝首遣信使。但一切之禮，難以復仍舊貫，當至臨淮上謁，更俟惠顧，曲折面聞。」乙未，知盱眙軍周淙言：「蒲察徒穆奴婢赤馬自燕來報契丹侵擾金國等事〔六〕。上謂大臣曰：「上天悔禍，夷狄相攻。今先遣使請和，則其國中可卜，儻舊疆復還，得奉祖宗陵寢，尤見天意眷顧，誠國家之福也。」

三月甲辰，總領湖廣江西財賦向伯奮守司農卿〔七〕，總領四川財賦王之望試太府卿，以二人餉軍無闕故也。丁未，金國報登位使高忠建等入國門。始，忠建責臣禮及新復諸郡，接伴使洪邁以聞，且曰：「土疆實利不可與，禮際虚名不足惜也。」禮部侍郎黄中聞之，亟奏曰：「名定實隨，百世不易，不可謂虚。土疆得失一彼一此，不可謂實。」議者或又言：「土地實也，君臣名也。趣今之宜，當先實而後名，乃我之利權。」兵部侍郎陳俊卿曰：「今力未可守，雖得河南，不免爲虚名。臣謂不若先正名分，名分正則國威張，而歲幣亦可損矣。」戊申，録文宣王四十九世孫孔瑨爲右迪功郎。四川宣撫使吴璘復德順軍。璘初至城下，自將數十騎遶城，守陴者聞，呼相公來，觀望咨嗟，矢不忍發。虜氣索〔八〕。於是璘按行諸屯，預治夾河戰地，前一日當陣斬一將，數其罪以肅軍，諸將股慄，乃先以數百騎嘗虜。虜一鳴鼓，鋭士躍出，突我軍，遂空壁來戰。我軍得先治地，無不一當十，逮苦戰久，日且暮〔九〕，璘忽傳呼某將戰不力，其人即殊死鬬〔一〇〕，虜大敗，遂遁入壁。質明，我再用兵，虜堅壁不戰。會天大風雪，虜引衆夜遁。璘入城，市不改肆，父老擁馬迎拜，幾不得行。壬子，金國報登位使高忠建、副使張景仁見於紫宸殿。詔館伴使徐嘉等以所定禮示之，忠建固執，上特許殿上進書，及陞階，猶執舊禮，尚書左僕射陳康伯以誼折之，忠建語塞，乃請宰相受書。康伯奏曰：「臣爲宰相，難以下行閤門之職。」忠建奉書跪不肯起，康伯呼嘉至榻前，厲聲曰：「館伴在館所議何事？」嘉徑前掣其書以進。虜氣沮。上嘉歎之。癸卯，金人圍淮寧府。甲寅，金人犯鎮戎軍。丁巳，言者請倣漢武故事，詔侍從、臺諫各舉内外之臣可備使命者，以爲緩急之用。詔各舉一員。戊午，金人陷淮寧府。虜之叛盟也，淮、襄諸軍復得海、泗、唐、鄧、陳、蔡、許、汝、嵩〔二〕、壽等十州，自是但餘四州而已。己未，上始御經筵。自去秋以用兵權罷講讀，至是復之。權刑部侍郎黄祖舜進論語解義，乃令國子監板行，仍賜詔書獎諭。辛酉，上諭宰執曰：「近傳到虜中賞格，卿等見否？」陳康伯曰：「見之。」上曰：「其意何如？」康伯曰：「觀其語云，邊釁既生，未底寧息。恐是京師總兵蓄官所請，欲復取所失州縣耳。」上曰：「朕熟金國用兵始末，自粘罕、阿離不等在時〔三〕，軍政極嚴，不用賞典，止用威脅其下，而人自畏服。今賞格如此之重，必是人不用命也。」康伯等曰：「聖識高遠，非臣等所及。」川陝宣諭使虞允文至西縣之東，總領四川財賦王之望自利州往會之。允文之出使也，與京西制置使吳拱〔一三〕、荆南都統制李道會於襄陽。至是，又與四川宣撫使吳璘會於河池。前後博議經略中原之策，令董庠守淮東〔一四〕，郭振守淮西，趙樽守信陽，李道進新野，吳拱與王彦合軍於商州，吳璘、姚仲以大軍出關輔，因長安之糧以取河南，因河南之糧而會諸軍以取汴，則兵力全而餉道省。至如兩河可傳檄而定，遂驛疏以聞。先是，之望數以軍興費廣爲言，朝廷令勸諭民户獻納。之望因是親至梁、洋，諭豪民使之輸財焉。壬戌，上謂輔臣曰：「近大將入覲，有以寶貨鞍馬爲獻者。惟馬不可闕，餘皆卻之。蓋慮以進奉爲名，公肆掊尅，有害軍政耳。」時主管侍衛馬軍司公事成閔自淮東赴行在，故上語及之。上因言：「宫中平時服食器用無非儉素，如彘肩、豆腐間以供膳，器皿之屬亦無稜道。今御厨所用是也。」朱倬曰：「當書之爲後世法。」上曰：「此何足爲後世法。」陳康伯曰：「此盛德事，外間有未知者，豈可不書。」是春，淮水暴漲，中有如白霧，其闊可里所，其長亘淮南北。又有赤氣浮於淮南，自高郵軍至興化縣，若血凝而成者。

夏四月己巳，殿中侍御史吳芾言：「大農之財，一歲所入幾五千萬，而内藏激賞不與焉。會其多寡，比景德全盛時十增其四，地不足而賦加多，則取於民者已盡，不可以復求矣。惟當痛節浮費。蓋今天下之兵，内外何翅三十萬，大農每歲養兵之費幾十之九，若更加募，何以贍之。今欲兵之足，莫如核實，不得令虛張人數，揀其銳驍，汰其疲弱，使人皆可用，則官無費財，是一舉而兩得之也。」時將士陳亡者衆，軍多虛籍，故芾言及之。禮部侍郎黄中言：「足食之計在於量入爲出，今天下財賦半入内帑，有司莫能計其虛盈，請悉以歸左藏。」且引唐楊炎告德宗語，曰：「陛下仁聖，豈不能如德宗之爲哉。」上善之。辛未，詔淮南新復州軍舉人，許於近便州軍一處併試，每終場十三人解一人。上宣諭宰臣陳康伯等曰：「卿等曾詢訪今歲民間蠶麥何如。向雖多雨，二麥稍黄，今已登場，而價不聞翔踴。朕已令外市麪，以知其直。二者約度雖小有所傷，而成熟亦不減七八分矣。」

臣留正等曰：君人者，養人者也。食則憂天下之饑，衣則憂天下之寒。書稱文王卑服即康功田功，則田功云者，知小民稼穡之艱難，不遑暇逸，以就天下養民之功云爾。此文王之所以造周也。太上皇帝當蠶麥既成，迺潛遣市於外，因物之貴賤，以察知歲之豐儉。惟慮天下之民不得其所養，如是則雖處九重之深，而民之利病何患乎不知，憂勤之心，文王無以過之。中興之業，蓋有所本矣。

壬申，和義郡王楊存中還行在，乃罷存中措置兩淮，而以判建康府張浚兼之。浚出入將相三十年，素爲士卒所畏愛。至是，復總軍政，皆樂爲用。癸酉，蠲淮東殘破州軍上供銀絹米麥、經總制錢一年。甲戌，宰執論淮上屯田事。上曰：「士大夫言此者甚衆，然須先有定論。用諸民乎？用諸軍乎？若論既定，當先爲治城壘廬舍，使老少有所歸，蓄積有所藏，然後可爲。」上又曰：「卿等用人，當取慤實爲上。若好名沽激，如畫餅然，終不可食耳。」戊寅，御史中丞汪澈參知政事。辛巳，總領四川財賦王之望得虞允文檄，論對撥糴本事。之望嘗爲允文所薦，及議軍儲，二人始有隙。甲申，殿中侍御史吴芾言：「軍器監陳洪持禄苟容。駕部員外郎趙廱假手登第，不當居天下清選。」上曰：「武臣子孫只宜爲武官，清望須還白屋。今以將家居之，則公議自然藉藉。」乃罷廱。壬辰，起居郎吕廣問權尚書禮部侍郎。翌日，上謂大臣曰：「廣問老成，不沽激，往時薦之者多。」因曰：「朕有一人材簿，每臨朝，臣下有薦揚人材者，退則記姓名於簿，遇有選用，披而尋之，無不適當。」陳康伯又論備邊當擇良將。上曰：「偏裨中有驍勇者〔一五〕，卿等可以所聞見隨其高下具名以聞。俟於諸軍汰去怯懦，次第代之。」是月，大雨。淮水溢數百里，漂溺廬舍人畜，死者甚衆。初，金國爲契丹耶律窩斡所擾〔一六〕，有衆數萬〔一七〕，漸逼居庸關，金主褒大懼，與其下謀，謂窩斡兵勢如此〔一八〕，若南宋乘虛襲我國，其危矣。設有所求，當割河南與之。既而窩斡之衆内叛〔一九〕，金國得窩斡戮之，契丹之患息，其割地歸本朝之意亦寢矣。

五月庚子，秘書省正字周必大守監察御史。壬寅，興元都統制姚仲以大軍至原州之北嶺，與金人合戰，官軍大敗。甲辰，宰執奏：「近探報皆言黄河南北蝗蟲爲災，今已數年，天意可見。而江、淮之間蠶麥大稔，此實聖德所召。」上愀然曰：「去歲完顔亮興師無名，彼曲我直，豈無天理。朕德不足以動天，祖宗仁澤所致，今幸蠶麥告登，更望有秋。設或邊事未息，必可枝梧。」戊申，御營宿衛使楊存中復爲醴泉觀使，御營宿衛司限五日結局。辛亥，鎮江都統制張子蓋與金人遇於石湫堰，敗之。甲寅，權户部侍郎吴芾入對，上因論財賦在得人，遂言：「川陜用兵，全得一王之望之力，大軍十數萬衆，數月與虜角敵，而蜀人不知，他人安能辦此。之望在蜀幾如蕭何之在關中。」芾曰：「之望與臣有連，其人爲政尚嚴，平日在蜀令行禁止，故於財賦亦不督而辦。」上曰：「朕初不知與卿有連，見大臣言之望婚嫁未畢，亦欲令歸。但蜀中不可無之望，姑令在彼，候事稍定，朕當大用之。」癸亥，上謂大臣曰：「自去年完顔亮犯順之後，中原士民不忘祖宗之德，歸正者不絶。朕恐士大夫分南北彼此，浸失招徠之意。卿等可審處。如有官能辦事者，與沿邊差遣。士人從便入學，及令應舉。其餘隨宜收恤。如此則非惟已來者得安，未來者聞之必欣慕而至。」於是陳康伯等次第行之。判建康府張浚言：「軍籍日益凋寡，補集將士必資西北之人，能戰忍苦，方爲可仗。臣體訪得東北今歲蝗蟲大作，米價踴貴，中原之人極難於食。欲乞朝廷多撥米斛或錢物，付臣措置招徠〔二〇〕，吾人人心既歸，虜勢自屈。」〔二一〕詔以米萬石予之。浚以爲淮楚之人自古可用，乘其困擾之後，當收以爲兵。乃奏置御前萬弩營，募民强壯堪充弩手之人，以御前效用爲名，於建康府置營寨安泊。詔皆從請。於是兩淮之人欣然願就，率皆强勇可用。浚親訓撫之。又奏差陳敏爲統制。敏起微賤，聲迹未振。浚擢於困廢中，敏感激盡力圖報，未幾成軍。浚謂虜長於騎，我長於步，制騎莫如弩，衛弩莫如車，乃令專制弩治車。甲子，内降詔曰：「朕以不德，躬履艱難，荷天地祖宗垂裕之休，獲安大位三十有六年。憂勞萬機，宵旰靡怠，屬時多故，未能雍容釋負，退養壽康。今邊鄙粗寧，可遂如志。皇子瑗，毓德允成，神器有託。朕心庶幾焉。可立爲皇太子，仍改名眘。所司擇日備禮册命。」四川宣撫使吴璘遣將攻熙州。是月拔之，獲其都總管劉嗣。初，三大將之出也，興州路得秦、隴、環、原、熙、河、蘭、會、洮州，積石、鎮戎、德順軍，凡十二郡。金州路得商、虢、陜、華州凡四郡。獨虜以重兵扼鳳翔，故散關之兵未得進。

六月戊辰，名望仙橋東新宮曰德壽。己巳，宗正少卿史浩守起居郎兼太子右庶子，將作監張闡爲宗正少卿兼太子右諭德。故事，宮僚進見當拜，奏事當稱姓名，侍立不坐。太子悉命復故。庚午，以復與金國連和，三招討並除管軍而結局。

大事記曰：是時北方大亂，内有耶律之變，而我師之出，興州路得十二郡，金州路得四郡，吴璘復大散關，入德順軍，父老擁拜，幾不可行。命張浚判建康，措置兩淮。浚出入將相三十年，衛士見之以手加額，士卒聞之皆樂爲用。於是屯盱眙、楚、泗以扼渦潁，又募海舟由海窺東萊，由清泗窺淮陽。而海州之役，浚勉張子蓋以功名。子蓋率精鋭先入，虜大敗於石湫堰〔二二〕，國勢非復前日矣。奈何虜欲和則與之和，欲地則與之地，成閔、吴拱、李顯忠領三衙而三招討結局矣〔二三〕，王之望奏吴璘回興州，而宣撫限五日結局矣。意者聖心倦勤，復仇之義將有待於後耶。

甲戌，殿中侍御史張震、右正言袁孚同班入見，論宰相朱倬之罪。倬聞，亦丐免。乙亥，尚書左僕射、同中書門下平章事朱倬罷爲提舉江州太平興國宫，制曰：「君子邦家之基，曾未聞於成效。元良天下之本，乃欲覬於疇庸。」翰林學士洪遵之詞也〔二四〕。上出御札曰：「朕宅帝位三十有六載，荷天之靈，宗廟之福，邊事寖寧，國威益振。惟祖宗傳序之重，兢兢焉懼不克任，憂勤萬機，弗遑暇佚，思欲釋去重負，以介壽臧。蔽自朕心，亟決大計。皇太子賢聖仁孝，聞於天下，周知世故，久繫民心。其從東宫，付以社稷，惟天所相，非朕敢私。皇太子可即皇帝位，朕稱太上皇帝，退處德壽宫。皇后稱太上皇后。應軍國事並聽嗣君處分，朕以澹泊爲心，頤神養志，豈不樂哉。尚賴文武忠良同德合謀，求底於治。」詔洪遵所草也。

臣留正等曰：堯以天下禪舜，舜以天下禪禹，揖遜相繼，可謂盛矣。然其傳也，非父子。至於成周，自文王傳之武王，武王傳之成王，父作子述，亦云美矣，然而未嘗親授受也。故夫以父子之親，行揖遜之道，其惟我國家乎。仰惟高宗以知子之明，順承天意，濬發神斷，全以所口畀之壽皇〔二五〕。而我壽皇荷付託之重，十閏之間，兢兢業業，終始如一。用能增光大業，馴致丕平。及夫倦勤萬機，則又復舉神器授之聖子，三聖矩疊規重，蓋自開闢以來所未有也。於皇休哉。

龜鑑曰：或謂揚子雲：「五百歲而聖人出，有諸？」子雲曰〔二六〕：「堯、舜，君臣也而並，文、武，父子也而處，因往而推來，雖千一不可知也。」〔二七〕吁！世之相去如彼其久也，聖人繼作如此其少也。堯、舜、文、武之盛，其可以數數見之乎。我朝自建隆至紹興，相去纔二百年，太祖、太宗以兄弟相禪，高宗、孝宗以父子相傳，載之琬琰，蔚爲首稱。留衛公正贊之曰：堯、舜揖遜盛矣，然其傳也，非父子。文、武述作美矣，然其授受也不親。以父子之親，行揖遜之禮，是高、孝之美，又將有光於堯、舜、文、武矣。顧不偉歟。

丙子，上行内禪之禮，有司設仗紫宸殿下。先是，上嘗諭太子以傳禪意，太子流涕固辭。至是，遣中使召太子入禁中，復加面諭，太子推遜不受，即趨殿側便門，欲還東宮。上勉諭再三乃止。於是，上御紫宸殿，百官起居畢，尚書左僕射陳康伯、知樞密院事葉義問、參知政事汪澈、同知樞密院事黃祖舜陞殿。康伯奏言：「臣等輔政累年，罪戾山積。聖恩寬貸不誅，今陛下超然高蹈，有堯舜之舉，臣等不勝欣贊。但自此不獲日望清光，犬馬之情，無任依戀。」因再拜泣下，上亦爲之揮涕，曰：「朕在位三十六年，今老且病，久欲閑退。此事斷在朕意，非由臣下開陳也。卿等宜悉力以輔嗣君。」康伯等復奏曰：「皇太子賢聖仁孝，天下共知，似聞謙遜太過，未肯即御正殿。」上曰：「朕已再三邀留，今在殿後矣。」上即入宮，百官移班殿門外，宣詔畢，復入班殿庭。頃之，皇太子服袍履，内侍扶掖至御榻前，拱手側立不坐。應奉官以次稱賀，内侍扶掖至於七八，乃略就坐。宰相率百僚稱賀，上遽興，康伯等陛殿奏言：「願陛下即御座，正南面，以副太上皇帝付託之意。」天顔愀然曰：「君父之命，出於獨斷，此大位懼不敢當，尚容辭避。」

臣留正等曰：堯命舜以位，舜遜於德弗嗣，非獨謙德之美如此，蓋以天下重任授之者，且不敢輕，受之者其可以易乎。臣竊觀壽皇之初受禪也，壓於慈訓，不得已而踐尊位，側立拱手於黼扆之側，已坐復興，不敢遽即南面。迨夫輔臣懇請再三，猶有「此大位懼不敢當」之語，真可與舜匹休矣。彼漢文帝之即位也，東鄉遜者三，南鄉遜者再，而其臣袁盎者，猶且以高世之行推之，況於謙畏之心出於真誠者乎。是宜大書特書，以垂示萬世者也。

班退，太上皇帝即日駕之德壽宫。上服赭袍玉帶，步出祥曦殿門，冒雨掖輦以行〔三八〕，及宫門弗肯止。上皇麾謝再三，且令左右扶掖以還。顧謂曰：「吾付託得人，斯無憾矣。」左右稱萬歲，百官扈從上皇至德壽宫。

大事記曰：歷觀高宗之所以立孝宗者，雖出於范宗尹之造膝〔二九〕、岳飛之密疏、張浚之建請、趙鼎之贊決，然以藝祖之後爲嗣，必本於選人婁寅亮之一言，適有以契乎高宗之心，藝祖在天之靈可以慰矣。自六歲育於宮中，起居飲食未嘗離膝下，則其保之也至矣。九歲封建國公，置資善堂，范沖爲翊善，朱震爲贊讀，令建國公見翊善、贊讀必拜，則其教之也嚴矣。年十六封普安郡王，時紹興十三年也。秦檜雖有動搖國本之心，而孝宗之聖德著明，高宗之聖心堅定，非檜所得容其私。三十年，立爲皇子，上曰：「朕志素定已九年矣。」三十二年，立爲太子。未幾，是月丙子，上遂内禪，皇太子即皇帝位。太上皇帝居德壽宮，又曰：「此事斷自朕意，非由臣下開陳。」嗚呼盛哉！太祖、太宗兄弟相傳以開創業之基，高宗、孝宗父子相禪以植中興之業。創之於先，固所以爲二百年太平之治，興之於後，又所以遺萬世無疆之休也〔三〇〕。

丁丑，車駕詣德壽宮起居。戊寅，有旨：「朕欲每日一朝德壽宮，以修晨昏之禮。昨日面奉太上皇帝聖旨，謂恐廢萬機，勞煩群下，不蒙賜許。可委禮官重定其期。」禮部侍郎黄中奏：「謹按漢高皇帝五日一朝太上皇，今欲乞依前項故事。」詔從之。大赦，制曰：「顧睿訓之博臨，懼渺躬之弗稱。凡今者發政施仁之目，皆得之問安侍膳之餘。爰舉舊章，用覃曠澤。」

龜鑑曰：「『凡今者發政施仁之目，皆得之問安視膳之餘』，此非即位之詔乎。進而得之，諄諄之訓，退而得之，渾渾之書，此非聖政之序乎。炎、興詔令命官裒集，必欲恪意奉承，是一政一事，無不遵之也。稽山宸翰分賜宰執目使奉以周旋，是一字一畫無不敬之也。侍從、臺諫條陳事務，重言責也，亦檢舉紹興之制而行之也。卿監、百執事日輪面對，廣言路也，亦舉行紹興之典而用之，述太上之意以責守臣令長，承太上之問而擇監司、郡守，知光堯之念岳飛，則亟復元官〔三〕，聞光堯之召尹焞，則亟訪岩穴，不愆不忘，率由舊章，吾於孝宗其見之。

又曰：「祖宗朝尊禮舊弼，優待故老，有任在京宮觀及入侍經筵者甚衆，至於過闕入覲、郊祀陪位並歸第就醫之類，所以示眷禮便詢訪者，惟恐不至。故一時人臣立朝之節雍容可觀。宜令國史院檢討聞奏，當議遵用。」又曰：「應諸路出産時新口味果實之類，所在州軍因緣貢奉煩擾，致使所在居民以出産之物爲苦，不唯因口腹之故廣害物命，亦使斯民冒犯險阻，或至喪失軀命，豈不甚痛。太上皇帝已降詔禁約，切慮歲久未能遵奉，自今一切並罷。如州縣奉行滅裂，因緣多取，以違制論。」又曰：「國家愛養士卒非不優厚，訪聞軍中管轄人等，或使資陪工價，或令科買物色，多方尅剥，比至請錢，除減幾盡。自今主帥仰各體國，務加優恤，以養士氣。如尚不悛，當議顯戮，以勵諸軍。」又曰：「昔太祖皇帝創業之初，親製軍政以遺後世。如南北倉請糧之制，平時固欲習其筋力，以戒驕惰。然禁約私役，至爲嚴切。自今不許私役戰士蓋造私第，營葺房廊，修築園圃及興販工作等。如敢更有違犯，委御史臺彈奏，當重置典憲。」〔三〕癸未，宰臣奏事，陳康伯因奏：「臣等以前二日朝德壽宮，太上皇帝宣諭，車駕每至宮，必於門外降輦，已再三諭之，既以家人之禮相見，自宜至殿上降輦。令臣等奏稟此意。」上曰：「夜來太上皇帝有旨，令朕只朝朔望。朕於子道問寢侍膳尤宜勤恪，卿等可詳議以聞。如宮門降輦，在臣子於君父禮所當然。太上皇帝雖曲諭，朕端不敢。」甲申，詔：「朕躬有過失，朝政有闕遺，斯民有戚休，四海有利病，凡可以佐吾元元、輔朕不逮者，皆朕所樂聞。言而可行，賞將汝勸。弗協於理，罪不汝加。」監潭州南嶽廟朱熹上封事，言：「聖躬雖未有過失，而帝王之學不可以不熟講。朝政雖未有闕遺，而修攘之計不可以不早定。利害休戚雖不可遍以疏舉，然本原之地不可以不加意。帝王之學必先格物致知，以極夫事物之變，使義理所存，纖悉畢照，則自然意誠心正，而可以應天下之務。」又曰：「今日之計，不過修政事，攘夷狄，然計不時定者，講和之説疑之也。」又曰：「四海利病繫斯民之休戚，斯民休戚繫守令之賢否，監司者，守令之綱，朝廷者，監司之本，本原之地亦在朝廷而已。」丁亥，詔曰：「朕惟太上皇帝臨御三紀，法令典章，粲然備具。其議設官，裒集建炎、紹興以來所下詔旨，條列以聞，朕當與卿等恪意奉承，以對揚慈訓。」詔胡銓復元官，差知饒州。禮部侍郎黄中等劄子：「奉聖旨，太上皇帝有詔，卻五日之朝，朕心未安，有司宜詳議以聞。臣等今詳議，除旦、望皇帝詣德壽宮朝見外，欲乞於每月初八並二十二日朝見，並如宮中之儀。」詔從之。司農少卿朱夏卿奏：「今來德壽宮合支供米炭，未承所屬報到數目。」詔劄與提舉官，據每月合用米炭前期報所屬，依數支供，付户部施行。壬辰，殿中侍御史張震奏：「竊見紹興二年詔書，略曰：昔我太祖皇帝嘗令百官輪次面對，自今後行在百官日輪一員而對，朕當虚佇，以聽其言，且觀其行。陛下初承聖緒，欲望舉行舊典，特降詔旨許令百官日以序進，則數月之間，議論畢陳，而賢愚可以概見。俟其既周，即復依舊。五日輪對亦不爲煩。」詔從之。

大事記曰：自即位初年，詔百官五日一輪對。自是引見一班或三四班，而視其所由，退而考察所行〔三三〕。故王曉以朝見而除郎官，王藺以陛辭而除御史〔三四〕，鄭聞、沈度以歸自輔藩而除樞掾。宰屬賈光祖論州郡不當獻羨的〔三五〕，則曰議論人物有似楊輔。近臣問郡守得對者，孰爲稱旨，則曰：潘慈明氣寒，周頡又下慈明一等。或内召小臣，或特引布衣，如朔，如光朝，如掞之，皆以議論剴切，即蒙擢用。其後生氣驕、言論卑鄙，一經奏對，悉了其爲人。故有晨奏事而暮批除，夕引見而朝放辭者，而碌碌者頗以輪對爲憂。此百官陛對之制，而天日照臨，賢否畢見也如此。

是月，劄下工部長貳，先將軍器所私役占破借使工匠盡令改正，專一造作軍器，務要精緻，如敢依前違戾，監官取旨黜責，合干人重行決配，委御史臺覺察。上手書召判建康府張浚，既見，上改容曰：「久聞公名，今朝廷所恃惟公。」浚言：「人主以務學爲先，人主之學以一心爲本。一心合天，何事不濟。所謂天者，天下之公理而已。必兢業自持，使清明在躬，則賞罰舉措無一不當，人心自歸，醜虜自服。」上竦然曰：「當不忘公言。」浚見上天錫英武，力陳和議之非，勸上堅意以圖事功。於是加浚少傅，進封魏國公，除江淮宣撫使，節制屯駐軍馬。右正言袁孚言：「乃六月中旬，霖雨累日，浙西州郡以山水發洪，壞廬屋舟楫，而人被其害。近又聞江、浙之間，飛蝗爲害。此二者同出於一月之內，天其或者仁愛陛下之深，警戒陛下之切，欲陛下修德以應之乎。」

秋七月壬寅，詔曰：「永惟邦本，實在斯民。民之休戚，實繫守令。太上皇帝精擇循良，留神惠養，垂及渺躬，其敢怠忽。咨爾分土之臣，毋滋獄訟，毋縱吏姦，毋奪民時以事土木，毋掊民財以資餉遺，有一於此，必罰無赦。至於俾民安其田里，愁嘆不生，增秩賜金，若古令典。」

臣留正等曰：舜之承堯，咨十二牧在命九官之前，蓋民者邦之本，牧民者政之本也。堯之時，黎民既已時雍，天下既已無窮人矣，及其咨舜，猶首及於困窮之民，此舜之咨牧所以必首之以食哉。推時也〔三六〕，壽皇臨御之初，首述太上之意，戒守令以四事，嚴之以必罰，而勸之以厚賞，聖聖相承，專務惠養〔三七〕，真堯、舜之用心，而有宋之家法也。

丁未，賜知臨安府趙子潚御札，罷京尹供饋營辦。上曰：「更宜子細求訪，應有擾民之事一一條具聞奏。如今次停罷供饋等，所省錢二萬餘貫，可以盡與民間除去科擾。」戊申，詔追復岳飛元官，以禮改葬，訪求其後，特與録用。是日，地震，大風拔木。癸丑，詔御前激賞庫並撥歸左藏庫。今後諸路發到綱運準此。己未，詔：「職田米自今輒敢折納見錢，並計贓坐罪。」

臣留正等曰：興廉黜貪，帝王所以善俗也。古者卿以下有圭田，以圭名取於純潔，欲其食之以養廉，今之職田是也。月奉之外，有此歲入，可以自養，然猶未滿其欲，而高其直以取錢，將以勸廉而反以資貪，可謂背戾之甚，此宜明聖所以加誅也。

辛酉，詔進士李珂議論可採〔三八〕，召赴都堂審察。又詔：「今後直言上書，並付中書門下後省看詳，有可採者申尚書省取旨。」壬戌，詔：「將來聖節，諸路監司、州軍應合進金銀錢絹等，緣天申聖節已行進奉，合進之數權與蠲免。」判建康府張浚奏：「臣面奉聖訓，令措置收糴米斛，今來江浙豐稔，宜趁時措置。其糴本乞從御前支降。」詔内庫支降銀三十萬兩。癸亥，殿中侍御史張震奏：「四川有名無實之錢，遞相積壓，州縣各據本年分所收錢物具鈔赴總領所送納〔三九〕，而總領所即據其已前年分所欠之數，批改鈔旁，理作舊欠。則舊欠雖足而新欠仍在。恭睹登極赦文，積年未納之錢，截自紹興三十年以前，並與除放，甚大惠也。應州縣納總領所鈔旁，若已改批作三十年以前所欠，並聽執用元鈔，作本年分改正豁除。」詔從之。先是，虜遣僕散忠義及紇石烈志寧經略四州地〔四〇〕，爲我師所敗。於是，以檄至盱眙軍云：「既有通和之意，自宜各守元立封疆。」邊臣以聞。乃下詔曰：「敵人來索故禮，從之則不忍屈辱，不從則邊患未已，中原歸正人源源不絶，納之則東南力不能給〔四一〕，否則絶向化之心。宰執、侍從、臺諫，各宜指陳定論以聞。」群臣繼有論列，而宰執獨無奏章。上以問參知政事史浩，浩奏略云：「先爲備守是謂良規。若夫議戰與和，則亦在彼不在此。彼戰則戰，彼和則和，和不忘戰，姑爲雪恥之後圖。戰不忘和，乃欲緩師而自治。」又曰：「第當堅壁力禦攻衝，謹俟乘機以圖恢復。」先是，史浩議欲城瓜洲采石〔四二〕，下張浚議。浚謂如此是示虜以削弱之形，不若先城泗州。浩既參知政事，浚所規畫浩必沮撓，如不賞海州之功，沮死驍將張子蓋，散遣東海舟師，皆浩之爲也。命參知政事汪澈視師湖北、京西。是月，劉珙使虜〔四三〕，不至而復。先是，洪邁、張掄使回，見張浚，具言虜不禮我使狀，且令稱陪臣，浚謂不當復遣使，而史浩議遣使報虜以登寶位。竟遣珙行，至境，虜責舊禮不納而還。

八月乙丑朔，詔知閤門事孟思恭奉使受賂，可罷見任。丙寅，詔曰：「永惟民之戚休，繫於牧守。咨爾部使者，其悉乃心，察列城之政，舉循良，劾貪暴，及疏怠曠職者以聽陞黜。至於任非所長，無他大過者，亦條列以聞，朕當命以他官。其令諸路帥臣、監司限兩月，悉具部内知州治行臧否，連銜聞奏。」丁卯，詔祖宗格法，差破禁軍自有定數。比年三省、樞密院諸房及百司，例作名目差占，抽强壯披帶之人以充擔擎看管雜役，實爲蠹兵之弊。仰諸房百司除依數目差破，餘令拘收。如敢影占，重置典憲。辛未，諫議大夫任古奏孟思恭奉使受賂，而朝廷不能正其典刑。夫人之有過而不能治，在國法爲可廢。國之有法而不能施，在朝廷爲可羞。願陛下澄源塞流，使斯輩貪利敗國之心，潛銷於冥冥之中，則專對於外可以無辱命之憂，乃降授武功大夫、吉州刺史。戊寅，上詣德壽宫，奉上光堯壽聖太上皇帝、壽聖太上皇后尊號册寶。行禮追册皇后郭氏。初，后歸於潛邸，愭、愷、惇皆其所生云。

九月丁酉，詔：「朕仰稽祖宗故事，開講其日可召輔臣觀講。」戊戌，詔：「比下求言之詔，欲急聞過失，四方有獻言者，並付後省看詳。今已踰月，未聞推擇來上，可令催促。」詔：「蜀去行都萬里，人材豫當儲蓄以備緩急。欲舉一忠慤明敏之士〔四四〕，周知蜀利害者爲都轉運使。可令集侍從、臺諫各舉所知，以俟採擇。」甲辰，侍讀洪遵進讀三朝寶訓，至太宗問君子少小人多何也？吕蒙正曰：「此繫時運盛衰。」上曰：「朕以爲不然。正在人君如何。」

臣留正等曰：「大哉壽皇斯言，真可爲萬世法也。人君一心之取舍，君子小人消長之機也。

何則，君子所向者爲公正，爲忠直，小人所向者爲私邪，爲佞柔。君子所守者一定而不可移，小人則觀望希合，隨時上下而無所主。是以君子之道常直而難合，小人之言常遜而易從。自非聖智不惑之君，未有不屈彼而伸此者。昔者舜、禹、共、兜雜處堯朝，堯能賢舜、禹而退共、兜，故大治。孔子與季孟皆仕於魯，魯公賢季孟而退孔子，故大亂。由是觀之，君子、小人之消長，果何繫乎？時運盛衰哉？特在人主取舍何如耳。

壬子，户侍周葵等言：「臣僚於合得請給數外陳乞，援例增添。今後並從本部稽察。雖有舊降指揮，許執奏不行。」詔從之。甲寅，詔胡銓、王十朋並召赴行在。周操除右正言。

臣留正等曰：舜、湯選舉，不仁者遠。人君即政之初，天下特觀其一舉措之間，足以逆覘其治象之爲何如也。壽皇嗣登大寶，妙柬人材，如銓、如十朋、如操者，顧未可亟以皋陶、伊尹之事業聞之，然其砥節勵行，實當時海内之所傾心者也。乃於一日之頃，或賜之命召，或擢之諫垣，使朝廷凡所召用類皆如此，豈不足以大慰天下之望哉。舜、湯得其一，壽皇有其三，其光明盛大之舉，不止加前哲一等矣。易曰：聖人作而萬物睹。萬物之睹，睹此而已，顧不休哉。

龜鑑曰：敬觀高宗尊號之上，名曰光堯，是以堯尊其父而以舜處其子也。重華叶帝之事，亦嘗講聞其大略乎。舜典一篇，乃舜即位初年之事，而紹興已受禪之後，隆興未改元之前，孝宗初政，即此而論之，真可同日語。是故戊寅大赦，其與眚災肆赦同一心。丁亥寬恤，其與欽哉，惟恤同一意，時政有闕，許令直言，其明四目、達四聰之義歟。咨爾分土之臣，明示朕意，其咨四岳，咨十二牧之舉歟。循良貪暴，陞黜有詔，是何異三考之黜陟。貪利受賂，明正典刑，是何異四凶之誅殛。尊禮舊弼，如勉留康伯，再相魏公，即因堯輔佐之遺意也。收召善類，如起胡銓，叙王十朋，擢周操，即十六子，堯不能舉而舜舉之也。瑟之万絃，玉之始琢，聳人觀聽，表表若是，以即位之一年考之，則二十八年之聖政皆可自是而推矣。

庚申，給事中金安節等奏：「奉聖旨，福州居住致仕王繼先，已經大赦，可令任便居住。臣竊以王繼先罪惡稔積，群情久憤，太上皇帝用公議逐之，天下稱快，欲乞寢罷令任便居住指揮。」詔：「王繼先依赦任便居住，不得輒至行在。」壬戌，詔：「吴幬(四五)、劉藻、黄開、陳騤、陳岩肖、周允聞、沈堯聞、沈堯咨、汪必明、褚觀、劉祖禮上書，皆已親覽，有補治道。京朝官可減二年磨勘，選人與循一資。布衣進士與免將來文解一次。」是月，封皇子愭爲鄧王，愷爲慶王，惇爲恭王。

冬十月丙寅，侍讀洪遵讀三朝寶訓，至真宗論政理，謂宰相曰：「朝廷但守清静之理，凡事務詳酌而行，勿使庸人擾之。」上曰：「天下本無事。」遵對曰：「誠如聖諭。」詔：「侍從、兩省、臺諫、卿監各舉可任監司、郡守之人，分爲二等：一見今可用，一將來可用，限一月聞奏。如所舉增秩賜金，舉主同之。不如所舉，罰亦同之。及見任監司、郡守才與不才，亦限一月内，逐一具姓名臧否品目來上。」左僕射陳康伯乞解機政。御筆曰：「太上皇帝儲卿以佐朕，卿遽力請，豈朕凉菲不足與爲治。況今邊陲未爲無事，卿縱欲捨朕而去，寧忍違太上皇帝之意耶。」太上御筆曰：「皇帝來奏，卿上章力乞解罷，欲吾親筆諭卿，皇帝以卿元老耆舊，方委任機務，留卿之意甚堅，卿可體至意，不得再有陳請。」丁卯，大理少卿李洪引見奏事。上曰：「陸廉公事，候將來結案日更來奏知。」江淮宣撫使張浚劄子，奏：「臣近措置招集御前萬弩手，其所招人多是莊農，間有稍稍出衆之人，恥與爲伍。臣昨乞别置武騎毅士三百員，以待謀慮過人、勇敢絶衆者，至今未蒙指揮。臣續體訪得淮北歸正忠義及見今將佐之家，往往有武勇壯健、曾習弓馬者甚多，以所請既薄，不願前來。契勘諸軍見招武勇效用，每月食錢九貫、米九斗，皆是旋刺南兵，艱於教習。今來大約可將武勇效用三人請受，以給毅士二名。」詔從之。庚午，侍讀洪遵進讀寶訓，至太祖嘗視朝罷，坐便殿俛首不語者久之。内侍王繼恩請其故，太祖曰：「爾謂帝王可容易行事乎？朕早來乘快指揮一事〔四六〕，史官必書於簡册，故不樂也。」上曰：「若朽索之馭六馬，何敢輕忽。」又曰：「爲人上者，奈何不欽。」〔四七〕又讀寶訓至太平興國九年，太宗謂宰相曰：「朕每日所爲，自有常節。行之已久，甚覺得力。凡人食飽，無不昏濁，儻四肢無所運用，更復就枕，血脉凝滯，諸疾自生。欲其清爽其可得乎！」上曰：「祖宗不特明治道，又達養生之理，所以治道清静。」又讀至綾錦使王贊上織錦匠凶濫之罪，上令引對，反言贊私役工庸，鞫之皆實，特詔杖贊，降秩，賜織匠采帛。上曰：「祖宗精於治道如此。」遵奏云：「願陛下以祖宗爲法，天下幸甚。」右正言周操奏：「國家内設百官，必資久任，以責成效。今則不然，自丞簿不數月望爲郎，自郎不數月望爲卿監，利於速化，人則幸矣，職業不修，國家何賴。若乃監司、郡守之數易，則其害又有大於此者。監司一易則擾一路，郡守一易則擾一州。臣願陛下面諭大臣，自今内外除授之際，恪意精選，務在久任。」詔令三省遵守。編類聖政所詳定官徐度劄子：「討論慶曆至建中靖國所載勳臣名次，或有未盡，悉令添入。元祐、靖康、建炎以後有合籍記者，已降指揮，令聖政所接續編纂。今申請乞下吏部盡數抄録，並移文諸路，搜訪勳勞實迹繳申朝廷。」詔從之。壬申，右正言周操言：「三省有六房，其屬爲六部，而御史臺有六察，所以相爲表裏也。祖宗之意，正欲御史糾六房、六部之稽違者。今之六房、六部人吏，積習玩侮，情弊百出。欲望申嚴行下，六察官每月糾察所隸官司，親加詢究，小事具奏，大事隨長貳上殿。庶幾察官各舉本職。」詔令檢舉見行條令施行。甲戌，詔：「諸路州縣老疾貧乏乞丐之人，在法以常平米斛養濟。自十一月一日起支，至次年三月終。令户部檢坐條法指揮，申嚴行下，務行實惠。」丁丑，殿侍張震奏：「兩宫册寶，執事者例蒙慶賜。奉承於兩宮者，皆已拜官爵，而吏胥無知，舞文巧請，尚書省人吏大者轉官、與減二年磨勘〔四八〕，小者減半，而太常寺等處人吏又不與焉。此何爲者。願明降指揮並行追寢。」詔從之。戊寅，殿中侍御史張震奏：「切見去年李顯忠所保明横澗山賞〔四九〕，並采石賞，與吳璘保明方山原賞，隴州賞，厚薄不侔。如臣愚見，欲立爲功賞格式，頒下諸將。如拔某城、斬某將、破某衆者謂之奇功，其次爲第一、第二、第三等，各當轉若干官，並須各有實狀，就其軍中以次保明推恩。」詔令檢正左右司同共看詳，立格聞奏。右正言周操奏：「去冬虜騎退歸〔五〇〕，諸將貪天之功，以爲己力，節次奏功，數目浩瀚〔五一〕，略無限節。欲乞下張浚、陳俊卿公共商議，如何措置，以杜僥倖。」詔令張浚、陳俊卿覈實聞奏。是月，以王之望爲川陝宣諭使。時虜將合喜方與吳璘爭德順軍，或上棄三路之議〔五二〕。宣諭使虞允文力請勿棄，章十餘上，乃罷允文而命之望。詔璘審度事勢，從長措置，務要保護川蜀。蓋示以棄地之意也。尋詔允文往璘軍前計事畢赴行在。賜樞密院編修官陸游、尹穡進士出身。以權知院史浩、同知黃祖舜之薦也。

十一月甲午，殿中侍御史張震奏論國子監已減正、録二員，不宜復置。上曰：「館職學官，祖宗設此儲養人材。朕欲待方來之秀，不可定員。」丙午，臣僚言：「近日於淮東西總領司各樁苗米一百萬石，備宣撫司移屯支用。内撥浙西常平米一十三萬二千餘石往淮東，江東常平米三十七萬四千餘石往淮西。切惟常平一司，蓋備水旱盜賊緩急之用，積年陳腐及移易借兑殆居其半。一旦三分取一，兩路所積幾無餘矣。間遇水旱盜賊之變，將何以爲備乎。」詔户部看詳。户部申：「乞於兩浙漕司和糴米撥一十三萬二千餘石赴淮東，江東西漕司和糴米並江西上供米、建康中納米九千石，共三十七萬四千餘石往淮西，其江浙常平米更不取撥。」從之。庚戌，進呈方滋論沙田疏。上問：「沙田事，或以爲可取，或以爲可捐？」陳康伯等奏曰：「君子、小人各從其類，小人樂於生事，不惜爲國斂怨，君子務存大體，惟恐有傷仁政，此所以不同。」上曰：「然。」迺詔措置沙田蘆場指揮更不施行。甲寅，殿中侍御史張震言：「竊見乾德四年，詔曰：『自今内臣年及三十以上，兼見在朝廷繫職，方許養一子。』至皇祐五年，詔：『内侍以一百八十人爲額。』嘉祐中，韓絳奏：『内臣員多，請住養子。』至治平以後，始復許奏薦。而熙寧中，神宗諭輔臣曰：『方今宦者數已多，而隸前省官，又入内〔五三〕，空絶人之世，仁政所不取。且獨不可用三班使臣代其職事乎？』吴充對曰：『此盛德事。臣等敢不奉行。』至於自來條例，又須限以年甲，試以詩書，籍定姓名，遇闕撥填。宜立爲定制。」詔令内侍省開具見在人數聞奏。今年會慶節權免進子。乙卯，臣僚言：「祖宗時，贓罪削籍配流者，雖會赦不許放還叙用，近睹登極赦，應命官除名、追降官資及勒停並永不取叙人，並收敍元官〔五四〕，甚失祖宗痛繩贓吏之意。乞自今官吏嘗經勘斷犯入己贓，並不許收敍。如有已放行收敍者，即爲改正。」從之。辛酉，御史中丞辛次膺奏：「臣恭奉詔書，除常朝便殿引對外，應行事陪位立班、從駕及非泛朝謁，並諸請假，並已降指揮，殿下令閤門人扶掖。今後如遇德壽宮起居，臣欲乞趁赴立班，許臣就用本臺知班二人扶掖。」從之。又詔張燾朝謁禮數並依辛次膺已得指揮，仍許乘轎入出皇城門，至宮門内上下馬處。參知政事、督視湖北京西軍馬汪澈言：「荆、鄂兩軍屯守襄漢，糧斛浩瀚，悉泝漢江，霜降水落，舟膠不進，舟人逃遁，官物耗散，而軍食又不繼。臣今者相視得襄陽古有二渠，長渠溉田七千頃，木渠溉田千頃。自兵火後，悉已湮廢。臣今先築堰開渠，並合用牛具、種糧或募民之在邊者，或取軍中之老弱者雜耕其中。來秋穀熟，量度收租，以充軍儲。既省餽運，又可安集流亡。乞以措置京西營田司爲名，令姚岳兼領。」從之。

十二月戊辰，詔今日早朝集侍從臺諫赴都堂條具方今時務，仍聽詔旨。詔曰：「朕覽張燾所奏，犂然有契於衷，已令侍從、臺諫集於都堂。今賜卿等筆札，宜取當今弊事，悉意以聞。退各於聽治之所，盡率其屬，諭以朕旨，使極言之，毋得隱諱，朕將有考焉。」初，張燾以故老召，除知樞密院事。上問爲治之要。燾因奏言：「太上皇帝紹興初嘗舉行祖宗故事，詔百官赴都堂，令條具當今弊政與夫救之之宜，乞檢舉行之。」故有是詔。

癸酉，給事中金安節言：「承指揮，成彥忠皇城司任滿賞，並兩任翰林司滿賞，特與遥郡上轉行兩官。按尚書省右選令，諸武功大夫實歷邊任，有五人保舉，磨勘轉遥郡刺史，已後並理十年轉遥郡團練使，至遥郡防禦使止。祖宗之法，不輕以授人如此。彥忠今年五月方轉遥郡刺史，今來半年於刺史上轉行兩官，則是二十年磨勘五月之内一旦得之。於考績之法，無乃戾乎。欲望付有司依格施行。」詔從之。給事中金安節覈駁劉允升皇城司濫賞曰〔五五〕：「凡外之將帥，效命邊庭，亦必有功而後加爵，豈可以僥倖一時微賞，而反過於親臨行陣、出入萬死一生者乎！今劉允升幹辦皇城任滿，比之去年立軍功者，勞逸異矣。遽以一官轉承宣使，其以承宣爲皇城任滿，遂將轉節度使乎？竊恐行之則將士解體。望愛惜名器以待勳勞。」從之。庚辰，臣僚言：「國朝檢校官一十九員，上者曰太師、太尉、太傅、太保、司徒、司空，而除授則自司徒遷太保，各以序進。陛下方講修聖政，宜下有司討論，立爲定式。」給事中黄祖舜等言：「看詳臣僚所陳六事，其一曰六等檢校官，舊制也，今則皆無有〔五六〕。而自節度徑除太尉，歷開府儀同三司以至少保。其二曰節度，以移鎮爲恩寵，舊制也，今則一定而不易。其三曰承宣，分大中小鎮，觀察分大小州，舊制也，今則皆徑作一官矣。其四曰横行，自右武大夫以至通侍爲十三等以待年勞及泛恩者，非有功效顯著〔五七〕，不帶遥郡，舊制也，今則自右武大夫當遷官者率於遥郡改轉，纔五遷即至遥郡承宣，一落階遂爲正任承宣使。其五曰武功大夫，實歷十年，用七舉主始轉行〔五八〕，舊制也，今或自小使臣爲宣贊舍人，纔遷一官，徑至右武郎。其六曰總管、鈐轄、都監，分六等差遣〔五九〕，非正任觀察使及管軍不以爲總管，舊制也，今降此而得之者紛紛皆是。逐項所陳，委得允當。欲乞施行，自降指揮日爲始。」詔並從之。辛巳，起居郎兼權中書舍人周必大奏：「皇叔蘄州防禦使士㰘湊用恩平郡王璩減年磨勘轉官。竊見南班正任十年一轉，初無回授之法。又宗室歲得減年，依條許與子孫遥郡刺史以下收使。今士㰘於恩平郡王璩實爲叔祖，乃用姪孫減年，於法爲不合、於體爲不順。一也。法許用之於郡刺史以下，今乃施之於正任防御使以上，相去遼遠。二也。欲望追寢前命。」從之。上曰：「昨聞臣僚言，秦檜誣岳飛，舉世莫敢言，李若樸爲獄官獨白其非罪。呂忱中發王晌，所司皆迎合，林待問爲勘官，獨直其冤狀。卓傑捕趙鼎送葬酒，又搜其家私書，欲傅致士大夫之罪，翁蒙之爲縣尉，毅然拒之。沈昭遠爲王鐵家治盜，欲煅煉富民，多取其陪償。王正己爲司理，卒平反之。此皆不畏强禦，節概可稱。三省詳加訪問，其人如在，可與甄録。」丁亥，内降付下寛恤事十八條，内一項：「訪聞諸路鄉村惡少無賴，以販鬻私茶鹽爲業，良善之民，多被强賣，稍不聽從，日後犯敗必行供指，逮得賄賂乃與除免。自今應犯販私茶鹽不得信憑供指妄有追呼。違者許越訴，承勘官吏宜重置於法。」又一項：「訪聞州縣捉獲盜賊，獄吏輒教令廣引豪富之人，指爲窩藏，至有一家被盜，鄰里富室爲之騷然，賊情未得，而胥吏之家賄賂充取，平居富民或與吏輩小有眦睚，一得賊徒，使之通注，其禍尤酷。自今除緊切干證外，不得泛濫追呼。如違，許越訴，別移所司推勘，指教舉節吏人反坐〔六〇〕，官員重作施行。」

臣留正等曰：昔史臣論，漢宣帝興於民間，具知閭里奸邪、吏治得失，及親政〔六一〕，孜孜民事，選良二千石與之共理〔六二〕，詔旨惻怛，爲民而下者大半。卒之吏稱民安，爲漢中興之主。壽皇即位未三月，內出寬恤十八事，凡民情之疾苦，纖悉委曲，無不周知。如州縣秋苗，官吏規取溢數以濟貪暴，如豪右兼并圖免過割，致貧民產去稅存之害，與夫一時搶攘甫定之際，所以勞來安集之策，未易以概舉。至於治私販，鞫盜賊，有司並緣爲奸，尤切致意，可謂憂民之憂矣。二十八年之間，撫摩愛養，民安閭里，道洽政治，豈非知所先務哉。今二者之弊，州縣積習，民猶以爲病，申敕之可也。故特詳著焉。

龜鑑曰：讀寬恤十八事之語，真見其有勤求民瘼之心。讀毋縱吏奸、毋棄民時之語，真見其有勤恤民隱之心。聞林機之論，則責以不體朕意；聞王大寶之對，則諭以不可擾民。江東之和糴既免，福建之上供復蠲，官司之貼換纔除，而芻藁之椿積繼罷。出內帑銀絹以輸民租，出爵募民以激富室。或賜僧牒，或賜米斛，以恤饑荒。或置社倉，或置屯田，以備水旱。江東得劉恭父而民不饑，浙右遺朱文公而民得飽。矜憐惻怛，是其仁民之實者，然也。

又寬恤事內[六三]，「令省部繫政令之原[六四]，人吏他日出職，當在民上，所宜廉謹，以立基本。訪聞積習成弊，官員士庶理訴公事，賄賂未至則行遣問回[六五]，問難不已，所求如欲，則雖不可行，亦必舞法以遂其請。有此等被抑之人，許詣登聞鼓院陳訴，當議重置於法。」是月，命宰相陳康伯兼樞密使。詔吳璘班師。詔下，寮屬交諫曰：「將在軍，君命有所不受。此舉所繫甚重，奈何退師。」璘知朝論主和，於是棄德順軍，倉卒引退。虜乘其後[六六]，正兵三萬，得還者僅七千人，偏裨將佐所存無幾。上尋悔之。是冬，上召陳俊卿及張浚子栻赴行在所。浚請臨幸建康，以動中原之心，用師淮堧，進舟山東，以遥爲吳璘之援。上見俊卿等，問浚動静飲食顔貌，曰：「朕倚魏公如長城，不容浮言摇奪。」時虜以十萬屯河南，聲言窺兩淮。浚以大兵屯盱眙、泗、濠、廬，虜不敢動，第移文索海、泗、唐、鄧、商州及歲幣。浚言虜詐，不當爲動。卒以無事。栻之見上也，即進言曰：「陛下上念宗社之讎恥，下閔中原之塗炭，惕然於中，而思有以振之。臣謂此心之發，即天理也。願益加省察，而稽古親賢以自輔，毋使其少息，則今日之功可以立成。」上大異之。

校證

〔一〕污腥羶　原作「歎淪胥」，據再造本、文海本回改。

〔二〕虜　原作「敵」，據再造本、文海本回改。

〔三〕黄旗紫蓋蓋應於東南郡　「蓋應於」，再造本、文海本均作「盍應於」，中興聖政對應文字全佚，繫年要録卷一九六注引何俌龜鑑作「應於」。「東南郡」，李校改「東南郡」爲「東南耶」，謂：原誤作「東南郡」，據文意改。汪按：再造本、文海本亦作「東南郡」，中興聖政對應文字全佚，繫年要録卷一九六注引龜鑑作「東南耶」。因校改根據不足，暫從原文，待詳考。

〔四〕倦勤　「倦」原爲空闕。文海本作「惓」，即「惓」。繫年要録卷一九六注引龜鑑作「倦」。「惓」、「惓」、「倦」形異義同，故補「倦」。

〔五〕虜使　原作「北使」，據再造本、文海本回改。

〔六〕蒲察徒穆奴婢赤馬　原作「富察圖們奴婢齊瑪」，據再造本、文海本回改。

〔七〕向伯奮　李校：原作「句伯奮」，據（繫年）要録卷一九八改。汪按：再造本、文海本亦誤作「句伯奮」，李校是，文獻中「向伯奮」屢現，而「句伯奮」僅見於宋史全文，今從李校。

〔八〕虜　此「虜」及本月下文七「虜」字，除「虜之叛盟」之「虜」原作「金」外，其餘原均作「敵」，並據再造本、文海本回改。

〔九〕日且暮　李校：原脱「暮」字，據（繫年）要録卷一九八補。汪按：再造本「暮」字不脱，文海本脱，再造本可爲校補依據。又原文「日且」下有「吴」字，再造本、文海本均無，「吴」字似爲「暮」之訛，今據删。

〔一〇〕殊死　原作「誅死」，據再造本、文海本、繫年要録卷一九八校改。

〔一一〕嵩　再造本、文海本均同，按宋無「嵩州」，繫年要録卷一九八作「亳」，似是。

〔一二〕粘罕阿離不　原作「尼雅滿、斡里雅布」，據再造本、文海本回改。

〔一三〕吴拱　原作「吴珙」，再造本、文海本、繫年要録卷一九八均同，然繫年要録卷一九四載，吴拱於紹興三十一年十一月癸巳任湖北京西制置使，此後於卷一九五至卷一九九，「京西制置使吴拱」凡四見，「湖北京西制置使吴拱」凡二見，可知此「吴珙」爲「吴拱」之訛。又吴拱爲吴玠長子，吴玠諸子拱、扶、撝、擴、揔名字中均帶「扌」旁，據以校改。下文「吴拱」原亦作「吴珙」，然再造本、文海本、繫年要録卷一九八均作「吴拱」，據以校改。

〔一四〕董庠　原作「董庠」，再造本、文海本字不規範，據繫年要録卷一九八、楊萬里誠齋集卷一二〇虞允文神道碑、歷代名臣奏議卷九三校改。

〔一五〕驍勇　原作「驍男」，據再造本、文海本、繫年要録卷一九九、李幼武宋名臣言行録别集上卷二陳康伯校改。

〔一六〕耶律窩斡　「窩斡」二字原脱，據再造本、文海本補。

〔一七〕有　原作「威烏克」，據再造本、文海本、繫年要録卷一九九校改。
〔一八〕窩斡　原作「威烏克」，據再造本、文海本回改。下文二「窩斡」同此。
〔一九〕既而　「而」字原脱，據再造本、文海本、繫年要録卷一九九補。
〔二〇〕招徠　原作「招褒」，不文，文海本字不清，據再造本、繫年要録卷一九九校改。朱熹晦庵集卷九五張浚行狀、杜大珪名臣碑傳琬琰之集中卷五五朱熹張浚行狀均作「招來」，可參。
〔二一〕虜　此「虜」與本月下文二「虜」字，原均作「敵」，並據再造本、文海本回改。
〔二二〕虜　此「虜」與下文「虜欲和」之「虜」，原均作「敵」，並據再造本、文海本回改。
〔二三〕結局　「結」字原脱，再造本、文海本同，據上下文及繫年要録卷二〇〇注引吕中大事記補。
〔二四〕洪遵　原作「洪邁」，據再造本、文海本、繫年要録卷二〇〇、徐自明宋宰輔編年録卷一六等校改。
〔二五〕□字原闕，文海本作「侔」，再造本、繫年要録卷二〇〇作「付」。
〔二六〕子雲　「雲」字原脱，再造本、文海本同，據上文及繫年要録卷二〇〇注引龜鑑補。
〔二七〕雖千一不可知也　原作「雖千世亦可知也」，繫年要録卷二〇〇注引龜鑑作「雖千百世可知也」。據再造本、文海本、揚雄法言卷六校改。
〔二八〕冒雨　原作「冒兩」，據再造本、文海本、繫年要録卷二〇〇、宋史卷三三孝宗紀校改。
〔二九〕造膝　再造本、文海本、明夏良勝中庸衍義卷六引「胡安國曰」同，繫年要録卷二〇〇注引大事記作「造端」，類編皇朝中興大事記講義卷一四原無此段文字，整理者據繫年要録、宋史全文所引補入，作「造端」。從文意看，似作「造端」是。

〔二〇〕創之於先固所以爲二百年太平之治興之於後又所以遺萬世無疆之休也　再造本、文海本、繫年要録卷二〇〇均同，類編皇朝中興大事記講義卷一四此句作「有以創之於先，固所爲二百年太平之治，有以興之於後，又有似遺萬世無疆之休也」。

〔二一〕元官　原作「元宫」，據再造本、文海本、繫年要録卷二〇〇注引龜鑑校改。

〔二二〕重置典憲　「置」原作「宜」，據再造本、文海本、繫年要録卷二〇〇校改。

〔二三〕考察　原作「致察」，文海本同，據再造本、吴泳鶴林集卷一九論今日未及於孝宗者六事劄子、繫年要録卷二〇〇注引大事記校改。「考」亦作「攷」，「攷」、「致」形近致誤。

〔二四〕藺　「藺」字原空闕。據再造本、文海本、繫年要録卷二〇〇注引大事記、鶴林集卷一九論今日未及於孝宗者六事劄子補。

〔二五〕獻羨的　文海本同，再造本字不清，繫年要録卷二〇〇注引吕中大事記作「獻羨餘」，鶴林集卷一九論今日未及於孝宗者六事劄子作「獻羨」，作「獻羨餘」似是。

〔二六〕推時　文海本同，再造本、繫年要録卷二〇〇注引「臣留正等曰」作「惟時」。

〔二七〕專務　原作「事務」，文海本同，再造本字模糊，作「事務」文不通，據繫年要録卷二〇〇注引「臣留正等曰」校改。

〔三八〕詔進士李珂　「詔」原作「招」，文海本同，不文，據再造本、繫年要録卷二〇〇校改。「李珂」，繫年要録卷二〇〇作「李琦」。
〔三九〕具鈔　原作「貝鈔」，據再造本、文海本、繫年要録卷二〇〇校改。
〔四〇〕虜　此「虜」與下文「示虜以削弱之形」「具言虜不禮我使狀之」之「虜」，原均作「敵」，並據再造本、文海本回改。
〔四一〕力不能給　原作「方不能給」，據再造本、繫年要録卷二〇〇校改。文海本「力」作「一力」。
〔四二〕欲城　李校：原作「欲滅」，據（繫年）要録卷二〇〇改。汪按：再造本作「欲城」，文海本字不規範難辨。誠齋集卷一一六張魏公傳亦作「欲城」。作「欲城」是，再造本、誠齋集可作校改依據。
〔四三〕虜　此虜與下文「遣使報虜」、「虜責舊禮」之「虜」，原均作「金」，並據再造本、文海本回改。
〔四四〕忠慤　原作「忠殼」，再造本、文海本同，據文義及繫年要録卷二〇〇、歷代名臣奏議卷一〇〇理宗時監察御史吴昌裔論蜀變四事狀、鶴林集卷一五進御故實紹興淳熙預儲蜀帥校改。
〔四五〕吴幬　原作「吴幬」，據再造本、文海本、繫年要録卷二〇〇校改。
〔四六〕此句文海本、繫年要録卷二〇〇文字略同。再造本句尾闕文，有紅筆加「未當」二字，而下句失「史官」二字。又羅從彦豫章文集卷二遵堯録記：「旦來前殿我乘快指揮一事，偶有誤失，史必書之。」趙汝愚宋朝諸臣奏議卷二錢顗上神宗要務十事記作：「早來誤指揮一事，史官必書之」，都言及失誤事。

〔四七〕不欽　再造本、文海本同，繫年要録卷二〇〇作「不敬」。按「爲人上者，奈何不敬」爲尚書夏書中語，宋人避翼祖名諱，改「敬」爲「欽」。

〔四八〕轉官　原作「幹官」，文海本字難辨，據再造本、繫年要録卷二〇〇校改。

〔四九〕横澗山　原作「獚澗山」，文海本同，據本書前文及再造本、繫年要録卷二〇〇校改。

〔五〇〕虜　此「虜」及下文「虜將合喜」之「虜」，原均作「敵」，並據再造本、文海本回改。

〔五一〕數目　原作「數日」，文海本字難辨，據再造本、繫年要録卷二〇〇校改。

〔五二〕或上棄三路之議　「上」，原作「生」，文海本同，據再造本、繫年要録卷二〇〇校改。

〔五三〕而隸前省官又入内　再造本、文海本同，繫年要録卷二〇〇作「……而隸前省官又入内侍」。長編卷二二七作「……而隸前省者又不入内」。歷代名臣奏議卷二九三：「……而隸省者又不入内……。」

〔五四〕收叙　原作「取叙」，文海本同，再造本、繫年要録卷二〇〇作「收叙」，「收叙」爲常用術語，故據校改。

〔五五〕覈駁　再造本闕文，文海本作「線駁」，繫年要録卷二〇〇作「繳駁」。疑作「繳駁」是。

〔五六〕無有　原作「無句」，文海本同，作「無句」文不通。據再造本、繫年要録卷二〇〇校改。

〔五七〕功效　原作「功致」，文海本同，據再造本、繫年要録卷二〇〇校改。

〔五八〕用七舉主始轉行　「七舉主」原作「七季正」，文海本作「七季王」，再造本闕文，繫年要録卷二〇〇作「七舉主」。陳傅良止齋集卷二二繳奏内侍張安仁轉官狀第二狀：「紹興三十二年十月十七日敕武功大夫實歷七年用七舉主並轉横行。」樓鑰攻媿集卷二九繳馮輔之等轉官：「武臣大夫實歷七周年用七舉主始轉横行。」據後三書校改。

〔五九〕六等　原作「去等」，文海本同，作「去等」文不通。據再造本、繫年要録卷二〇〇校改。

〔六〇〕舉節　再造本、文海本字模糊似「舉節」，繫年要録卷二〇〇作「情節」。

〔六一〕親政　原作「親疏」，再造本闕文，據文海本、繫年要録卷二〇〇校改。

〔六二〕二千石　「石」原作「名」，據再造本、文海本、繫年要録卷二〇〇注引「臣留正等曰」校改。

〔六三〕寬恤　原作「宣恤」，不文，再造本字模糊，文海本作「宣恤」，據繫年要録卷二〇〇校改。

〔六四〕令　文海本同，再造本、繫年要録卷二〇〇作「一」，從上讀。

〔六五〕間回　文海本同，再造本闕文，繫年要録卷二〇〇作「迂回」。作「間回」文不通，作「迂回」可通。

〔六六〕虜　此「虜」及下文三「虜」字，原均作「敵」，並據再造本（有二處闕文）、文海本回改。